요 한 복 음 설 교 · 1

사람의 몸으로 오신 하나님

| 김영규 지음 |

쿰란출판사

요한복음은 인류에게 하나님의 아들이신 예수 그리스도를 알려 주는 신성한 책입니다. 흔히 요한복음을 얘기할 때 3장 16절을 얘기합니다.

"하나님이 세상을 이처럼 사랑하사 독생자를 주셨으니 이는 그를 믿는 자마다 멸망하지 않고 영생을 얻게 하려 하심이라"(요 3:16).

이 한 구절 속에 복음의 핵심적인 단어들이 다 들어 있습니다. 하나님, 세상, 사랑, 독생자, 믿는 자, 멸망, 영생.

요한복음은 전도 책자로 많이 사용됩니다. 사도 요한이 요한복음을 기록한 목적도 그렇습니다.

"오직 이것을 기록함은 너희로 예수께서 하나님의 아들 그리스도이심을 믿게 하려 함이요 또 너희로 믿고 그 이름을 힘입어 생명을 얻게 하려 함이니라"(요 20:31).

그러나 요한복음은 결코 초신자(初信者)가 이해하기 쉬운 책은 아닙니다. 그 교리적인 내용이 너무 깊기 때문입니다. 기독교에서 가장 난해한 교리인 예수님의 신성과 인성, 성삼위의 관계를 거침없이 언급하고 있습니다. 요한복음 1장 내용을 보세요.

"태초에 말씀이 계시니라 이 말씀이 하나님과 함께 계셨으니 이 말씀은 곧 하나님이시니라"(요 1:1).

"만물이 그로 말미암아 지은 바 되었으니"(요 1:3).

"그 안에 생명이 있었으니 이 생명은 사람들의 빛이라 빛이 어둠에 비치되 어둠이 깨닫지 못하더라"(요 1:4-5).

"말씀이 육신이 되어 우리 가운데 거하시매 우리가 그의 영광을 보니 아버지의 독생자의 영광이요 은혜와 진리가 충만하더라"(요 1:14).

예수님의 선재, 창조 사역, 성부와의 관계, 성육신, 빛과 어둠, 말씀, 은혜, 진리, 믿음, 영생. 이런 무게 있는 주제들이 초반에 제대로 이해할 틈도 없이 계속 등장합니다.

처음 요한복음을 설교할 때는 단순히 예수님을 알게 하고 믿게 하려는 의도에서 시작했습니다. 그러나 진행할수록 그 내용과 깊이를 감당할 수 없었습니다. 주일날 짧은 설교 시간에 세세히 설명할 여유나 여력이 부족함을 느낍니다. 이 책은 주석이 아닙니다. 주일 설교입니다. 듣고, 깨닫고, 믿어, 변화되는 것이 목적입니다. 그래서 요한복음의 주제들을 대별하여 다음과 같이 몇 가지 설교 방향을 정했습니다.

첫째, 예수님이 누구신지 알리는 것입니다. 성육신 하신 하나님의 아들, 메시아이신 예수님, 특히 예수님의 신성에 대해서.

둘째, 예수님이 주시는 영생의 의미를 알게 하는 일입니다. 예수 그리스도께서 믿는 자에게 주시는 최대의 선물은 영생입니다. 영생이란 무엇일까요?

셋째, 행위 구원이 아닌 믿음으로 구원 받게 하는 일입니다. 구원은 행위의 결과가 아니라 예수 그리스도를 믿는 믿음의 결과임을 분명히 가르칩니다.

넷째, 하나님의 주권을 알게 하고 성령의 은혜를 의지하게 하는 일입니다. 결국 택하신 자, 부르신 자가 구원받는다고 가르칩니다.

다섯째, 성도 구원의 궁극적인 목표, 성화와 육체 부활에 이르게 하는 일입니다. 인간의 최종적인 행복은 주님과 함께하는 삶 자체에 있습니다. 유물론적인 축복이 아닙니다.

무신론자요 우상의 자식을 부르셔서 자녀 삼으심도 감사한데, 감히 주 예수 그리스도를 전하는 직책을 주신 하나님께 무한 감사와 영광을 돌립니다. 이 책을 발행할 수 있도록 힘써 주신 권사님과 모든 분들께 감사드립니다.

2013년 1월

김영규 목사

차례

/태초에 말씀이 계시니라/

요한복음 1:1-3

태초에 말씀이 계시니라 이 말씀이 하나님과 함께 계셨으니 이 말씀은 곧 하나님이시니라 그가 태초에 하나님과 함께 계셨고 만물이 그로 말미암아 지은 바 되었으니 지은 것이 하나도 그가 없이는 된 것이 없느니라

요한복음

신약성경에서 '요한' 하면 우선 두 사람이 떠오릅니다. 첫째는 세례 요한이고, 둘째는 열두 사도 중 한 사람인 요한입니다. 요한복음을 기록한 요한은 바로 사도 요한입니다. 그는 열두 사도 중 나이가 가장 어렸고, 가장 나중까지 견디면서 복음을 전하다가 순교한 것으로 전해집니다. 그는 요한복음뿐 아니라 요한일, 이, 삼서 세 편지와 신약의 마지막 책인 요한계시록을 기록하였습니다. 일찍이 그는 갈릴리 어부의 아들로 태어나서 고기잡이를 업으로 하다가 주님의 부르심을 받았습니다. 그의 형제는 야고보인데, 같이 사도가 되었다가

가장 먼저 헤롯에게 순교를 당했습니다.

요한은 성격이 과격해서 '우레의 아들' 이란 별명을 얻었습니다. 하지만 주님을 영접한 후에는 사랑의 사도로 변했습니다. 한때 그는 예수님의 다음 자리에 앉아 보겠다는 야망으로 다른 사도들의 시기를 받기도 했습니다. 그가 사랑의 사도로 변한 것은 주님이 누구신지 알고 난 다음부터입니다. 그는 주님을 따르는 과정 속에서 예수님이 누구신가를 영혼 깊이 깨달았습니다. 주님이 누구신지 알고부터 그의 모든 삶이 바뀌었습니다. 야망 대신에 섬김으로, 미움과 경쟁 의식 대신에 사랑으로, 세상적 육신적인 삶 대신에 천상적이고 영적인 삶으로 변화되었습니다.

그가 기록한 요한복음은 대략 주후 90년경 소아시아의 에베소에서 기록한 것으로 추측됩니다. 전설에 의하면 그는 에베소에 머물면서 예수님의 모친 마리아를 끝까지 모셨다고 합니다.

그러면 요한복음이 전하려고 하는 메시지의 중심은 무엇일까요? 한마디로 예수님의 신성입니다. '예수님은 하나님이시다!' 라는 것입니다.

예수님의 생애를 기록한 책은 성경에 네 권이 있습니다. 마태복음, 마가복음, 누가복음, 요한복음! 네 사람은 매우 다른 입장에서 예수님의 생애를 기록하였습니다. 마태는 율법을 생명으로 여기는 유대인들에게 예수를 소개하기 위해서 기록했습니다. 그래서 마태가 본 예수는 유대인의 왕입니다. 아브라함과 다윗의 자손 예수임을 강조하기 위해 그 족보로부터 시작합니다. 예수님의 생애는 모두가 구약의 예언대로 이루어진 것임을 강조합니다.

마가는 로마 사람들에게 예수를 소개합니다. 로마 사람들은 세상일에 바쁜 정복자들이요 행동주의자들입니다. 그래서 구구한 설명을 통해서 예수를 소개하지 않습니다. 오히려 쉴 새 없이 전개되는 예수님의 이적들을 통해서 예수가 누구인가를 말하려고 합니다. 설명보다는 사건의 상세한 전달로 예수가 누구인지 말합니다. 마가가 관찰한 예수님은 이적을 행하는 하나님의 종의 모습입니다.

누가는 헬라인들에게 예수를 소개하려고 합니다. 사색을 좋아하고 논쟁적이고 철학적인 헬라인들에게 미려한 문체로 예수를 소개합니다. 누가는 주로 한 인간으로서의 예수의 모습을 기록합니다. 그래서 누가가 기록한 예수의 족보는 아담까지 거슬러 올라갑니다.

그러면 요한은 어떤 관점에서 예수님을 바라봅니까? 요한이 관찰한 것은 예수 안에 감춰진 신성입니다. 흔히 마태, 마가, 누가복음을 합쳐서 공관복음이라고 합니다. 보는 관점이 같다는 뜻입니다. 이와는 달리 요한복음은 제4복음서라고 부릅니다. 마태, 마가, 누가와는 다른 관점에서 기록했다는 뜻입니다. 공관복음은 예수의 외적인 사역을 중심으로 기록했습니다. 이에 반하여 요한복음은 예수의 내면적 모습을 주로 관찰하고 전합니다.

요한은 어떤 특정한 사람들을 대상으로 삼지 않았습니다. 오히려 이 세상 모든 사람들이 나라와 민족과 풍속과 신분을 초월하여 예수가 진정 누구신지 알기를 원했습니다. 겉으로 드러난 예수의 모습도 중요하지만, 감추어진 예수의 근원과 내면의 모든 것이 더 중요합니다.

요한은 예수를 하나님의 아들로 소개합니다. 그것은 예수님의 신성을 강조하는 칭호입니다. 하나님이신 예수님, 경배의 대상이신 예수님, 믿고 따라야 할 예수님! 그래서 요한은 관념적인 믿음보다 실제로 믿고 의지하는 것을 중요시했습니다. 그러므로 요한복음에는 '믿음' 이라는 명사는 없고 '믿는다' 라는 동사만 98회나 사용됩니다.

요한은 일곱 가지의 이적을 소개합니다. 그러나 요한은 사건 자체보다 그 사건의 의미를 설명하고, 이적을 행하신 주님이 누구신가를 알리는 데 주력합니다. 그래서 요한복음에는 주님이 자신을 나타내는 문구가 많습니다. "나는 세상의 빛이요", "나는 생명의 떡이니라", "나는 양의 문이니라", "나는 선한 목자라", "나는 길이요, 진리요, 생명이니라", "나는 참 포도나무라."

요한이 전하려고 한 것은 예수에 대한 변론이 아니라, 예수에 대한 증거입니다. 그러므로 예수님 자신의 발언을 많이 전합니다. "내가 진실로 진실로 네게 이르노니……"라는 문구가 25회나 나타납니다. 그와 더불어서 요한은 예수님과 사람들 사이의 대화를 많이 전하고 있습니다. 특히 예수님 생애의 가장 중요한 구원 역사인 죽음과 부활을 전하는 데 많은 부분을 할애합니다. 전체 21장 중에 절반 가량인 12장부터를 예수님 생애의 마지막 한 주간에 대한 기록으로 채우고 있습니다. 인류의 구원, 거듭나고 하나님의 자녀가 되는 것, 그것이 요한이 바란 중요한 목표였습니다.

우리는 모두 기독교인이라고 자부합니다. 그러면서도 예수에 관해 많은 것을 모르고 따라갑니다. 예수님을 따르던 제자들도 예수님의 진정한 모습을 다 전하지는 못했습니다. 우리가 볼 수 있듯이 마태도, 마가도, 누가도, 요한도 예수님의 모습을 다 그리지는 못했습니다. 다행히도 하나님은 네 명의 기록자를 통하여 예수님의 생애를 그리도록 하셨습니다. 이 네 명이 기록한 모습을 합치면 진정한 예수님의 모습이 드러납니다. 앞으로 계속되는 요한복음 설교를 통해서 예수님을 깊이 알게 되고, 사도 요한처럼 변화되기를 주님의 이름으로 축원합니다.

태초에 말씀이 계시니라

"태초에 말씀이 계시니라"(1절, Ἐν ἀρχῇ ἦν ὁ λόγος, in the beginning was the Word).

첫째로 말씀드릴 것은 예수님의 호칭입니다. 요한은 예수님을 태초부터 계시는 말씀이라고 시작합니다. 태초란 말의 의미보다 먼저 예수님을 말씀이라고 부르는 요한의 의도를 알아야 합니다. 요한은 공관복음의 저자들과는 전혀 다른 독자적인 관점을 가지고 있습니다. 요한복음 1장에만 보아도 예수님을 부르는 호칭이 일곱 가지 이상 됩니다. '말씀, 하나님, 빛, 하나님의 아들, 하나님의 양, 메시아, 이스라엘의 왕, 인자' 등 매우 상징적인 이름들입니다.

요한은 맨 먼저 예수님을 '말씀'이라고 부릅니다. 요한은 요한계시록 1장 8절에서 예수님이 친히 하신 말씀을 전합니다.

"나는 알파와 오메가라."

알파는 그리스 문자로 첫 글자이고, 오메가는 마지막 글자입니다. 말씀이란 그리스어로 '로고스'(λόγος)입니다. 이 단어는 여러 가지 의미로 사용됩니다. 신약성경에만 보아도 말, 이야기, 설화(마 12:32, 22:15; 행 5:32), 교리(딤후 2:17), 이유(벧전 3:15), 사건(행 15:6), 구실(마 5:32) 등으로 사용되었습니다. 이 로고스란 말은 일반적으로 이성이나 생각, 또는 계산을 뜻하기도 합니다. 그러나 요한이 말하는 '말씀'이란 계시의 도구로서의 말씀을 의미합니다. 요한이 예수님을 말씀이라고 부른 것은 예수님 자신이 곧 계시의 완성이시기 때문입니다. 예수님은 하나님께서 사람의 모습으로 사람들 앞에 나타나신 현현(顯現)입니다.

어떤 사람들은 요한이 예수님을 로고스라고 부른 것은 그리스 철학의 영향 때문이라고 말합니다. 철학자 헤라클레이토스, 플라톤, 스토아 철학자들, 유대인 철학자 필로 등은 로고스를 어떤 이성 정도의 개념으로 생각했습니다. 필로는 하나님께서 우주를 창조하실 때 직접 창조하지 않으시고 로고스를 통하여 창조하셨다고 했습니다. 그가 말한 로고스란 인간의 이성 정도를 가리킵니다.

그러나 이러한 헬라 철학의 로고스는 사도 요한이 말한 로고스와 전혀 다릅니다. 헬라 철학이 말하는 로고스는 비인격적인 무엇이지만, 요한이 말하는 로고스는 바로 인격적인 예수님 자신을 가리킵니다. 헬라 철학이 말하는 로고스는 물질세계에서 동떨어진 곳에 존재합니다. 왜냐하면 헬라 사상에 있어서 물질세계는 악하기 때문입니다. 헬라 사상에 의하면 육체는 악하고 영혼만 쓸모 있습니다. 그러나 요한이 전하는 로고스 예수님은 성육신하신 분입니다. 영혼만 가지신 분이 아니라 오히려 말씀(로고스)이 육체가 되셨습니다. 아무튼 요한이 예수를 로고스라 한 것은 헬라 철학과는 상관없는 일입니다.

로고스는 헬라 철학보다 오히려 구약성경과 관련이 있습니다. 창세기 1장에 보면 하나님은 말씀으로 천지를 지으셨습니다. 히브리서 1장 1절에 보면 하나님은 예부터 인간에게 자신을 알리는 계시의 방법으로 "여러 모양으로 말씀하셨다"고 했습니다. 이러한 계시로서의 말씀은 매우 중요하기 때문에, "풀은 마르고 꽃은 시드나 우리 하나님의 말씀은 영원히 서리라"(사 40:8)고 했습니다. "일점 일획도 결코 없어지지 아니하고 다 이루리라"(마 5:18)고 하셨습니다. 이제 이렇게 말씀으로만 계시하시던 하나님이 사람의 모양으로 나타나셨습니다.

요즈음은 비디오의 시대입니다. 가수들의 노래도, 오케스트라의 연주도 모두 다 스크린으로 보면서 듣습니다. 텔레비전이 나오기 전에는 라디오 문화가 있었습니다. 뉴스도 연속극도 오직 소리로만 듣고 상상할 뿐이었습니다. 그러나 이제는 소리만 듣고 상상하는 것이 아니라 사람의 표정과 차림, 환경과 배경을 다 생생하게 눈으로 바라봅니다.

바로 예수님을 로고스라고 부른 것은 그런 의미가 있습니다. 옛날에는 말씀으로만 나타나셨던 하나님이 이제는 눈에 보이는 실물로 나타나셨습니다. 창세 때 말씀만으로 나타나신 하나님, 시내 산에서 이스라엘 앞에 음성으로 말씀하신 하나님, 가나안 시절에 선지자들의 입을 통하여 말씀하시던 하나님께서 이제는 더 이상 말씀만 하시지 않고 직접 나타나셨습니다. 그것도 우리와 똑같은 인간의 모습으로! "나를 본 자는 아버지를 본 것이니라", "나와 아버지는 하나이니라." 요한복음 1장 14절에는 분명히 선언합니다. '말씀이 육신이 되셨다!'

이제 예수님을 말씀이라고 부른 까닭을 아실 줄 믿습니다. 예수님은 바로 하나님 계시의 절정, 클라이맥스입니다. 말씀의 계시가 시각, 청각, 후각, 촉각의 오감을 통하여 분명히 느낄 수 있는 모습으로 나타나신 분입니다.

태초에……계시니라

둘째로 말씀드릴 것은 예수님 존재의 기원입니다.

> "태초에"(1절, *Ἐν ἀρχῇ*, In the beginning).

예수님은 역사의 분기점입니다. 세계 역사는 'B.C.'와 'A.D.'로 나누어집니다. 'B.C.' 란 그리스도 이전이란 뜻이요, 'A.D.' 란 주님 이후라는 뜻입니다. 그만큼 예수님이 차지하는 역사적 위치는 인간에게 절대적입니다.

그러면 예수님의 역사는 서기 원년 팔레스타인에서 탄생하신 것에서 시작됩니까? 어떤 사람들은 석가나 공자 또는 소크라테스의 탄생을 예수님의 탄생과 견주어 말하기도 합니다. 그러나 예수님의 존재는 탄생과는 별개입니다. 예수님이 인간의 모습으로 오시기 이전에도 예수님은 존재하셨습니다. 예수님 탄생의 의미는 14절 말씀처럼 말씀이 육신이 되셔서 우리 가운데 나타나셨다는 것입니다.

그러면 예수님은 언제부터 존재하신 분입니까? 태초부터 계신 분입니다. 여기서 요한이 말하는 태초란 시간적으로 어떤 출발점을 말하는 것이 아닙니다. 영원 전부터의 모든 시간을 의미합니다. 우리가 상상할 수 있는 시간적인 태초는 창조의 시기입니다. 하늘과 땅과 우주와 인간이 존재하기 시작한 태초의 시간입니다.

> "태초에 하나님이 천지를 창조하시니라"(창 1:1).

요한이 말하는 태초란 이러한 창조의 시간보다도 앞서는 무한의 시간 이전을 의미합니다. 우리가 상상하는 창세 때보다 더 앞선 무한의 시간부터 존재하시는 예수님이시다! 이것이 바로 요한이 전하려고 한 메시지입니다. 요한은 기회 있을 때마다 예수님의 영원 존재를 알려줍니다. 요한복음 8장 56절에 보면, 예수님 자신이 말씀하시기를 아브라함도 예수를 소망하고 기뻐했다고 하면서, 자신은 아브라함이 있기 이전부터 계셨다고 했습니다.

'계시니라'(ἦν)는 말은 존재(be)의 미완료과거형(was)입니다. 역사상의 어느 시점을 생각할지라도 그 시점에서 이미 예수님은 계시더라! In the beginning was the Word. 태초라는 시간(in the beginning)에서 보니까 '예수님은 이미 계시더라!' (was the Word) 바로 그 뜻입니다. 여기서 '계시니라' (ἦν)는 말은 그가 만들어지거나 피조물로서 비로소 존재하기 시작한 분이 아님을 분명히 하고 있습니다. 그는 만들어진 분이 아니라 그냥 계신(was) 분입니다.

오늘날 어떤 사람들은 예수가 불제자였다고 강변합니다. 몇 년에 석가가 태어나고, 몇 년에 예수가 태어났다고 굳이 연대를 거론합니다. 이는 인간적인 판단일 뿐입니다. 사도 요한의 말씀을 들어 보십시오. 예수님은 태초부터 이미 계신 분입니다. 주석가 벵겔은 이 요한의 메시지를 가리켜 "우레의 아들이 전한 우레 같은 메시지"라고 했습니다.

우리는 항상 존재의 외적인 모습만을 보고 모든 것을 판단하는 경향이 있습니다. 하나님은 언제나 사람을 외모로 취하지 말라고 하셨습니다. 예수님을 외모로 취하지 마시기 바랍니다. 비록 그분이 베들레헴 말구유에 인간의 모습으로 오셔서 가장 비천한 동물과 함께 계셨을지라도 그분은 영원 전부터 계신 분입니다. 그가 나사렛에서 목수의 일을 하시고 유대인들의 손에 못 박혀 죽임을 당하셨을지라도, 그분은 여전히 영원 전부터 존재하시던 분입니다.

그가 하나님과 함께 계셨습니다

"이 말씀이 하나님과 함께 계셨으니"(1절, *καὶ ὁ λόγος ἦν πρὸς τὸν θεόν*).

셋째로 말씀드릴 것은 성부와 성자의 관계입니다. 예수님은 영원 전부터 하나님과 함께 계셨습니다. 하나님과 함께 계셨다는 것은 그가 하나님과 구별되는 분이심을 뜻합니다. 영원 전부터 계시되 하나님(성부)과는 구별되는 분! 그분이 성자 예수님이십니다.

하나님과 함께 계셨다는 말, 특히 '함께 계셨다'(*πρὸς τὸν θεόν*)는 말은 상당한 의미가 있습니다. '*πρὸς*'(프로스)란 말은 함께(with)란 뜻인데, 비슷한 말인 '*παρά*'(파라)와는 뜻이 다릅니다. '*παρά*' 라는 말이 단순히 근방을 의미한다면, '*πρὸς*' 란 말은 어느 대상을 향하여 움직이는 'unto' 란 의미가 있습니다. 말하자면 '*πρὸς*' 란 움직이며 행동하는 모습을 나타냅니다. 영어 단어에서 'in' 이라는 단어와 'into' 라는 단어가 다른 것과 같습니다.

즉, 로고스이신 예수님이 하나님 아버지와 함께 계셨다는 것은, 아무 관계도 없이 같이 있었다는 뜻이 아니라 하나님 아버지와 동적인 관계, 깊은 내면의 교류가 있는 움직이는 관계로 존재했다는 뜻입니다. 그래서 주님 자신도 요한복음 10장 30절에서 "나와 아버지는 하나"라 하셨고, 다시 38절에서 말씀하시기를 "아버지께서 내 안에 계시고 내가 아버지 안에 있다"고 하셨습니다.

그러면 예수님께서 하나님과 함께 계셨다는 것은 무엇을 의미할까요? 그것은 바로 그다음 구절에서 알 수 있습니다.

> "이 말씀은 곧 하나님이시니라"(1절).

온 세상 사람들이여, 들으라! 예수님은 곧 하나님이시다! 내가 3년 반 동안 따라다니며 목격한 예수는 바로 하나님이시다! 이것이 바로 사도 요한이 말하려고 하는 메시지의 핵심입니다. 예수님은 바로 신성을 가지신 하나님이십니다.

하나님 아버지와 똑같이 계시고, 하나님 아버지와 역동적으로 교통하시는 하나님이십니다. 요한은 요한복음 17장에서 성자의 위치를 이렇게 강조합니다. '창세 전에 예수님은 성부 하나님의 영화를 함께 가지셨습니다(5절). 예수님의 소유는 모두 성부 하나님의 소유입니다. 성부가 받을 영광을 아들도 다 받습니다(10절). 창세 전부터 성부는 성자를 사랑하셔서 영광을 다 주셨습니다(24절).'

'아버지께서 내 안에 계시고, 내가 아버지 안에 있는 것' (21절), 그것이 바로 예수님의 위치입니다.

예수님은 하나님과 함께 계실 뿐 아니라 바로 하나님 자신입니다. '이 말씀, 곧 예수는 하나님이시다!' 그래서 요한은 여러 가지 신성한 이름들을 예수님께 붙였습니다. '생명, 빛, 하나님의 아들, 생명의 떡, 하늘로부터 내려온 산 떡, 길, 진리, 선한 목자' 등등.

여러분은 오늘 예수님을 누구라고 알고 따르십니까? 유대 땅에 태어난 목수의 아들 예수로만 알고 계시지는 않습니까? 많은 사람이 지구상에 존재했던 어떤 인물보다 예수를 존경합니다. 한 인간으로서의 예수를 인정하지 않는 사람은 거의 없습니다. 사람을 사랑한 예수! 가난한 자와 병든 자와 모든 소외당한 사람들을 위해서 살았던 사회사업가인 예수! 많은 이적들을 행하여서 많은 추종자들을 거느렸던 종교인 예수! 유대인의 율법을 심오하게 설파하여 청중을 감동시켰던 설교자 예수! 유대주의 교권과 로마의 정권에 저항했던 혁명가 예수! 자신의 몸을 찢어 많은 사람의 희생물로 삼았던 예수!

이렇게 모든 방면에서 예수를 인정한다 할지라도 아직도 부족한 것이 있습니다. 예수가 하나님이심을 믿지 않는다면 의미가 없습니다. 예수님이 비록 비천한 신분의 한 인간 모양으로 나타나셨을지라도 그는 분명히 하나님이십니다.

경배를 받으실 분이요 영광을 받으실 분입니다. 사도 바울은 예수님 속에 모든 신성이 충만하게 들어 있다고 전합니다.

> "하늘에 있는 자들과 땅에 있는 자들과 땅 아래에 있는 자들로 모든 무릎을 예수의 이름에 꿇게 하시고 모든 입으로 예수 그리스도를 주라 시인하여 하나님 아버지께 영광을 돌리게 하셨느니라"(빌 2:10-11).

예수를 하나님으로 알고 바로 섬기는 믿음, 그것이 바로 우리를 구원하는 믿음입니다.

만물이 그로 말미암아 지은 바 되었으니

넷째로 말씀드릴 것은 예수님과 우주 만물의 관계입니다.

> "만물이 그로 말미암아 지은 바 되었으니"(3절).

만물이 그로 말미암아 지은 바 되었습니다. 만물이란 모든 피조물을 다 가리키는 말입니다. 10절에 보면 '세상' 이란 말이 세 번 나옵니다. 그러나 의미상으로 본다면 다 같은 뜻은 아닙니다. 처음의 세상이란 말은 피조물 전체를 가리키고, 나중의 세상이란 말은 인간 세계를 가리킵니다. 3절에 나타난 만물이란 인간을 포함해서 피조물 전체를 가리킵니다. 우리 눈에 보이는 모든 세계가 예수로 말미암아 지어졌습니다. 이를 소극적으로 본다면 이 세상에 존재하는 보잘것없는 미물 하나라도 그가 짓지 않은 것이 없습니다. 단 한 가지도 예외

없이 다 그가 만들었습니다.

"지은 것이 하나도 그가 없이는 된 것이 없느니라"(3절).

그로 말미암아 지은 바 되었다는 말은, 예수를 통해서 지었다는 뜻입니다. 하나님이 세상을 지으시되 성자 예수님을 통하여 지으셨습니다. 적어도 창조에 관한 한 하나님 아버지와 성자는 동일한 권위를 가집니다. 요한이 보고 알게 된 예수는 천지를 지으신 하나님 자신이십니다. 태초부터 계시는 예수, 하나님과 함께 계신 예수, 그분은 성부와 더불어 만물을 지으신 창조자의 자리에 계십니다. 예수는 이름만 가진 허장성세의 하나님의 아들이 아니라, 세상을 지으신 실권 있는 하나님의 아들이십니다.

여기서 예수님이 만물을 지으셨다는 것은 예수님 자신이 만물과는 다른 입장에 있음을 알려 줍니다. 다시 말씀드리면, 예수님은 피조물이 아니라는 뜻입니다. 지은 자와 지음을 받은 것이 동일할 수는 없습니다. 그러므로 하나님 아버지는 만물로 하여금 예수의 발 앞에 무릎을 꿇고 경배하도록 하셨습니다.

사도 요한은 예수님의 생애와 행적을 통하여 많은 이적과 기사를 체험했습니다. 요한일서 1장에서 그는 이렇게 표현했습니다.

"태초부터 있는 생명의 말씀에 관하여는 우리가 들은 바요 눈으로 본 바요 자세히 보고 우리의 손으로 만진 바라 이 생명이 나타내신 바 된지라 이 영원한 생명을 우리가 보았고 증언하여 너희에게 전하노니 이는 아버지와 함께 계시다가 우리에게 나타내신 바 된 이시니라 우리가 보고 들은 바를 너희에게도 전함은 너희로 우리와 사귐이 있게 하려 함이니 우리의 사귐은 아버지와 그의 아들 예수 그리스도와 더불어 누림이라 우리가 이것을 씀은 우리의 기쁨이 충만하게 하려 함이라"(요일 1:1-4).

예수를 바로 알고 믿읍시다

우리는 자칭 타칭 그리스도인입니다. 우리는 지금 예수를 누구로 알고 믿고 있습니까? 주님은 제자들에게 "사람들이 인자를 누구라 하느냐?"(마 16:13)고 물으셨습니다.

인자(人子)! 그 명칭 자체는 사람의 아들이란 뜻이지만, 그 의미는 반어법으로써 오히려 신성을 나타내는 말입니다. "사람의 모습으로, 사람에게서 난 예수를 사람들이 누구라고 부르느냐?" 예수님은 3년 반을 따라다닌 제자들에게 새삼스럽게 물으셨습니다. 저도 오늘 우리 모두에게 묻습니다. 우리에게 예수님은 누구시며 어떤 분입니까? 이것은 오늘 우리에게 매우 중요한 질문입니다.

만일 예수가 순전히 한 인간에 불과하다면, 그가 아무리 훌륭한 이적을 행하고 훌륭한 교훈을 가르쳤을지라도 우리가 예수에게 얻을 수 있는 것은 실제로 없습니다. 다만 그가 살아간 대로 모방하고 도덕적인 감화를 받는 것이 전부일 것입니다. 그 이상의 어떤 실질적인 힘이나 능력의 도움을 받을 수 없습니다. 그러나 만일 그가 진정으로 하나님이시라면 상황은 전혀 다릅니다. 최초의 추종자들이 체험했던 것처럼, 주님은 오늘 이 시간에도 우리에게서 귀신을 쫓아내시고, 중풍병자를 고치시고, 앉은뱅이를 일으키시고, 눈먼 사람을 다시 보게 하실 것입니다. 만일 주님이 신성을 가지신 하나님이시라면, 주님은 지금도 우리 마음에 오셔서 마음을 감동시키시고 죄에 대하여, 의에 대하여, 심판에 대하여 말씀하실 것입니다. 만일 주님이 살아 계신 하나님이시라면 주님은 지금도 우리의 죄를 속죄하시며 우리를 위하여 하나님 아버지 앞에서 탄원하고 계실 것입니다.

사람의 아들 예수만 보지 말고 하나님의 아들 예수를 보시기 바랍니다. 막연히 이적의 생산자 예수로만 알고, 도덕가 예수로만 알고 따라가는 것은 진정한 신앙이 될 수 없습니다. 그분은 바로 하나님이십니다. 예수님은 하나님 자신이 인간의 몸을 빌려서 나타나신 계시요 말씀이십니다. 그래서 요한은 예수님을 말씀이라고 부릅니다. 예수를 통하여 우리는 하나님의 모든 것을 볼 수 있습니다. '나를 본 자는 아버지를 본 것이니라!' (요 14:9)

예수를 통해 하나님을 보시기 바랍니다. 예수님은 태초부터 계셨습니다. 인간의 모습으로 역사상에 나타나시기 이전부터 계셨습니다. 하늘과 땅이 만들어진 태초 이전의 영원한 시간에 주님은 존재하셨습니다. 주님은 하나님 아버지와 함께 계셨습니다. 내적인 교통과 연합 속에 성부와 함께 계셨습니다. 주님은 만물을 지으셨습니다. 영원 전부터 영원히 계시며, 성부와 함께 계신 하나님이시며, 만물을 지으시고 지배하시는 예수! 이것이 요한이 전하려고 한 예수님의 신분입니다.

오늘 나와 예수님은 어떤 관계에 있습니까? 나는 예수님으로 말미암아 두 번 태어나게 되었습니다. 창세 때 말씀으로 지음을 받은 것이 첫 번째요, 죄로 멸망할 자리에서 주님의 십자가 희생으로 말미암아 하나님의 자녀로 거듭나게 된 것이 두 번째 탄생입니다. 주님은 돌아가신 과거에 계시지 않고 바로 지금 나와 함께 계시는 임마누엘의 하나님이십니다. 주님은 지금 내 삶의 모든 처소에서 나와 함께하십니다. 나의 전 생애를 통하여 나를 감찰하시고 도와주십니다. 나를 하나님의 나라로 인도하시며 하나님의 자녀로 살게 하십니다.

주님은 날마다 내 기도 소리를 들으시며 찬송과 경배의 처소에 임하십니다. 주님은 모든 신자들의 마음에 임재하십니다. 가정 속에 계시며, 직장에 계시며, 우리가 걸어가는 인생 행로 중에 항상 함께 계십니다. 바로 이 살아 계신 하나님이신 예수 그리스도를 중심에서 믿고 따르시기를 축원합니다.

/그 안에 생명이 있었으니/

요한복음 1:4-7
그 안에 생명이 있었으니 이 생명은 사람들의 빛이라 빛이 어둠에 비치되 어둠이 깨닫지 못하더라 하나님께로부터 보내심을 받은 사람이 있으니 그의 이름은 요한이라 그가 증언하러 왔으니 곧 빛에 대하여 증언하고 모든 사람이 자기로 말미암아 믿게 하려 함이라

그 안에 생명이 있었으니

예수님 안에 생명이 있습니다.

"그 안에 생명이 있었으니"(4절, in Him was life).

본문의 주제는 예수 그리스도 안에 있는 생명입니다.

먼저 생명이란 무엇인가에 대해 생각해 봅시다. 사람들이 가장 아끼는 것이 생명입니다. 억만금을 주어도 바꿀 수 없는 것, 온 세상을 다 준다 해도 결코 내놓을 수 없는 것이 생명입니다. 그러면 이 생명이란 무엇일까요? 생물학자들은 생명을 물질적인 작용에서 몇 가지로 정의합니다. F. 엥겔스는 "생명은 단백질의 존재 양식이다"라고 정의했습니다. 물질의 대사가 이루어지는 과정으로 보아서 단백질 효소가 주된 역할을 하기 때문입니다. 어떤 사람들은 생물체들의 생식, 번식 작용을 생명의 특징으로 보아서 DNA와 같은 핵산을 생명의 본체로 보기도 합니다. 또 어떤 사람들은 모든 생명체에서 나타나는 피드백 현상에서, 제어 작용을 생명의 특징으로 봅니다. 그래서 생명은 곧 제어라고 정의하기도 합니다.

이러한 생물학자들은 생명의 기원을 매우 우연적인 것으로 봅니다. 생명의 기원에 관해서 잘 알려진 이론은 1936년 A. I. 오파린이란 사람이 발표한 학설입니다. 그는 무기물이 원시 바다에서 유기물로 합성되고, 그 유기물이 일정한 형태를 가지게 되었는데 이것을 코아세르베이트(coacervate)라고 합니다. 19세기에 들어와서 L. 파스퇴르나 R. 코흐 같은 학자들은 생명속생설을 주장했습니다. 생명속생설(Biogenesis)이란 한마디로 어버이 없는 생명의 탄생은 없다는 설입니다. 동물이건 식물이건 생명체는 반드시 그 선조에게서 태어나게 되어 있지, 선조 없이는 절대로 나오지 못한다는 주장입니다. 그렇다고 하면 모든 생명체들의 조상을 한없이 더듬어 올라가면 무엇인가? 근원적인 존재가 있어야만 한다는 결론에 도달합니다. 우연한 존재란 있을 수 없지요.

그래서 생명의 근원에 대하여 크게 두 가지의 학설이 있습니다. 첫째는 자연발생설입니다. 생명체는 맨 처음에는 자연히, 우연히 발생했으나 나중에는 유전에 의해 이어졌다는 설입니다. 자연과학자들이 주장하는 학설입니다. 둘째는 창조론입니다. 생명은 맨 처음 하나님이 지으셔서 비로소 존재하기 시작했다는 가르침입니다. 창조론의 근거는 성경 계시입니다.

자연과학자들의 주장이 맞는지, 아니면 성경 계시가 맞는지 본 사람이 없습니다. 다만 선택이 있을 뿐입니다. 자연발생설을 믿든지, 아니면 창조를 믿든지. 그러나 그것은 어디까지나 선택일 뿐입니다. 내가 어떤 견해를 선택했다고 해서 있는 사실이 바뀌지는 않습니다. 가령 내가 자연발생설을 믿는다고 해서 하나님이 창조하신 사실이 변하지는 않습니다.

아무튼 지금까지 말씀드린 것은 물질적 생명에 관한 얘기입니다. 그러나 생명을 단순히 물질작용의 결과로만 볼 것인가에 대해서는 많은 의문이 있습니다. 가령, 많은 원소들을 유전자 구조로 배열만 해 놓으면 생명체가 되어 움직이느냐 하는 얘기입니다. 생명이란 물질 이상의 무엇이라고 느껴집니다. 특히 인간의 생명에 관하여 생각해 본다면 전혀 의미가 달라집니다. 사람의 생명은 단순한 물질작용 이상의 깊은 면이 있습니다. 생각하고, 사랑하고, 선과 악을 판단하고, 영원을 사모하고, 창조적 활동을 합니다. 이와 같은 정신세계를 물질로 설명하는 것은 한계가 있습니다. 그래서 우리는 성경 말씀으로 돌아가서 생각할 수밖에 없습니다.

성경은 하나님께서 모든 생명을 지으셨다고 선언합니다. 하늘과 땅의 모든 생명 없는 만물과 더불어 생명체들을 지으셨습니다. 특히 사람을 지으신 것은 특이합니다. 흙이라는 기존의 재료를 사용하셔서 육체를 지으셨습니다. 그리고 그 육체에 생기를 불어넣어서 생령이 되게 하셨습니다. 이 생령을 우리는 영혼이라고 부릅니다. 요한은 이 생명이란 말에 영원이란 말을 덧붙여서 사용합니다. 영원한 생명 곧 영생(*ζωὴν αἰώνιον*, everlasting life)이란 말입니다. 인간의 생명은 물질적인 것이 아니라 물질 이상의 것입니다. 즉, 영혼이 주체가 된 영원한 생명체가 바로 인간의 생명입니다. 인간의 생명은 영적입니다. 생각하고, 느끼고, 결정하고, 인식하고, 판단합니다. 인격적입니다. 선과 악을 분별하고, 영원을 바라보고, 하나님과 교통할 수 있는 능력이 있습니다. 인간 생명은 바로 영혼의 존재에 있습니다.

오늘 말씀을 봅시다.

"그 안에 생명이 있었으니……"(4절)라고 말씀합니다.

예수 안에 생명이 있습니다. 1장 1절에서 요한은 그리스도가 하나님이시며, 만물이 그로 말미암아 지어졌다고 선언합니다. 그리스도는 하나님이시며, 창조주이시며, 생명의 수여자이십니다. 생명이란 이와 같이 그리스도 속에 있고, 그리스도로부터 나옵니다. 요한은 한 걸음 더 나아가서 그리스도 자신이 곧 생명이라고 단정합니다.

> "내가 곧 생명이니……"(요 14:6).

요약해서 말씀드린다면, 하나님 자신이 바로 생명의 본질이십니다. 하나님을 떠나서는 생명을 생각할 수도 없고, 논의할 수도 없습니다. 하나님을 떠난 것 자체가 곧 사망입니다(I am the life; god' s essence). 신성을 가지신 그리스도가 바로 우리 인간 생명의 출처이십니다. 우리가 그리스도를 모시는 것은 바로 영혼의 생명을 받는 것입니다.

이 생명은 사람들의 빛이라

다음으로 생각할 것은 생명의 작용입니다. 생명이란 생명체로 하여금 살아 움직이게 합니다. 특히 인간의 생명은 눈에 보이지 않는 영혼에 작용합니다. 우리는 이 영혼의 생명을 눈으로 볼 수 없습니다. 그러므로 인간 생명의 존재 여부는 생명 때문에 나타나는 현상으로 알 수 있습니다.

그러면 인간의 생명 현상이 뭘까요? 오늘 말씀은 그것을 빛이란 말로 표현합니다.

"이 생명은 사람들의 빛이라"(4절).

인간의 생명 현상은 빛으로 나타납니다. 여기서 빛이라고 한 것은 비유적이고 상징적인 표현입니다. 사도 요한은 빛이란 말을 몇 가지 중요한 의미로 사용했습니다. 요한은 요한복음을 기록하면서 생명이란 말을 54회 사용하고, 빛이란 말을 23회 사용하고, 사랑이란 말을 60회 사용했습니다. 생명, 빛, 사랑! 이 셋이 연관성이 있습니다.

생명이 사람들 속에 있음으로써 빛이 나타납니다. 사람 안에 존재하는 빛, 그 가운데 가장 대표적인 빛이 바로 사랑입니다. 즉, 인간의 생명 작용으로 나타나는 가장 중요한 결과는 바로 인간 내면의 도덕성입니다. 이 도덕성이 바로 하나님 형상의 가장 중요한 부분입니다. 창세기 1장에 보면 인간을 창조하실 때 하나님은 인간에게 하나님 형상을 주셨습니다. 그 하나님 형상이 바로 인간 속에 있는 생명과 그 생명의 속성인 도덕성입니다.

"하나님을 따라 의와 진리의 거룩함으로 지으심을 받은 새사람을 입으라"(엡 4:24).

빛(*φῶς*)이란 말은 본래 태양을 뜻한 말로, 어둠(*σκοτία*)에 반대되는 말입니다. 어둠이 죽음, 죄, 불행, 지옥을 나타낸다면, 빛은 곧 생명, 의, 진리, 거룩, 천국, 행복을 나타냅니다.

오늘 여러분은 행복합니까? 행복하다면 무엇 때문에 행복합니까? 반대로 행복하지 않다면 무엇이 행복을 가로막고 있습니까? 인간의 행복은 생명의 빛에 있습니다. 동물적으로 생존하는 것이 행복이 아닙니다. 호의호식한다고 행복한 게 아닙니다. 동물과는 아주 다른 생명이 인간에게 있습니다. 인간의 생명은 육체에 있지 않고 영혼에 있습니다. 영혼의 생명은 인간의 마음에 의로운 생각을 줍니다. 정직하고 바른 것을 생각하게 합니다. 즉, 도덕의 빛을 줍니다. 영혼의 생명은 우리 마음에 사랑의 정서와 감성을 줍니다. 기쁨을 주고 소망을 줍니다. 영혼의 생명은 우리에게 하나님을 믿고 신뢰하는 의지와 믿음을 줍니다.

오늘 내 영혼 속에 생명이 충만함을 느끼고 있습니까? 혹시 육체는 살아 있는 것 같은데 영혼의 빛을 느끼지 못하지는 않습니까? 내 영혼이 살아 있는 증거는 바로 내 마음에서부터 나타나는 갖가지 생명의 빛입니다. 지정의(知情意)로 나타나는 빛들입니다. 오늘 바로 이 생명의 빛을 찾으시기 바랍니다.

유일한 생명 그리스도

본문이 강조하는 것은 생명의 유일성입니다. 생명의 주체는 바로 예수 그리스도십니다. 우리는 오직 예수님을 모심으로써 영혼의 생명을 얻습니다. 내 생명은 하나뿐입니다. 생명이 둘이나 셋이 있는 사람은 없습니다. 마찬가지로 생명의 근원도 하나뿐입니다. 지구를 비추고 살리는 빛이 태양 하나뿐이듯, 밤하늘의 달이 하나뿐이듯, 인간 생명의 근원도 하나뿐입니다. 바로 예수 그리스도가 우리의 생명입니다.

인간 세계에 영혼을 비출 수 있는 또 다른 빛의 근원은 없을까요? 전혀 없습니다. 오늘 말씀처럼 예수 그리스도만이 스스로 비추는 빛이기 때문입니다. 주님은 반사된 빛이 아니라 광원(光源)이시며, 원천(source)이시며, 오리지널 빛이십니다.

> "나는 세상의 빛이라"(요 8:12).

빛을 소유하신 분, 빛을 주시는 분이실 뿐 아니라 주님 자신이 빛이십니다. 그래서 본문은 주님을 '참 빛' 이라고 합니다. 생명의 빛은 오직 그리스도 안에 있습니다.

우리가 지구상에서 살아가는 데 절대적으로 필요한 네 가지 요소가 있습니다. 첫째는 태양빛입니다. 태양빛이 없다면 지구상의 모든 생명체가 죽습니다. 둘째는 공기입니다. 요즈음 대기 오염을 우려합니다. 지구상에 신선한 공기가 사라지면 더 이상 살 수가 없습니다. 셋째는 물입니다. 물이 없으면 못 살지요. 물은 모든 동식물을 살아남게 합니다. 넷째는 양식입니다. 빛과 공기와 물과 양식!

그런데 성경은 예수 그리스도를 바로 이 네 가지로 표현합니다. 예수님은 "나는 세상의 빛이라"(요 8:12) 하셨고, 성령을 받으라 하시면서 숨을 내쉬셨고, 바람에 비유하셨습니다(요 3:8, 20:22). 그리고 "나를 믿는 자는 그 배에서 생수의 강이 흘러나오리라, 내가 주는 물을 마시는 자는 영원히 목마르지 아니하리라"(7:38, 4:14) 하셨으며, "나는 하늘에서 내려온 살아 있는 떡이라……"(요 6:51)고 하셨습니다. 빛과 공기와 물과 떡으로 비유되신 그리스도! 그것은 그리스도가 우리 생존에 절대적으로 없어서는 안 되는 사활적 존재라는 뜻입니다.

주님은 빛이십니다. 낮에 비추는 태양이 초목을 살리듯이, 인간의 영혼은 주님에게서 오는 생명의 빛을 받아야만 살 수 있습니다. 다시 말씀드리면, 인간의 영혼은 의와 진리와 거룩과 사랑과 같은 영적 생명력을 받아야만 살 수 있으며, 이와 같은 영혼의 빛은 바로 그리스도의 생명 안에 있다는 뜻입니다. 그러므로 생명 충만한 삶을 살려면 생명이신 주님을 모셔 들이시기 바랍니다.

어둠이 빛을 알지 못했습니다

빛이 어둠에 비쳤습니다. 그런데 어둠이 빛을 알지 못했습니다.

"빛이 어둠에 비치되 어둠이 깨닫지 못하더라"(5절).

어둠이란 영혼의 생명이 없는 인간을 의미합니다. 우리 인생들은 모두 다 꺼진 등불들입니다. 영적으로 도덕적인 사망자들입니다. 물론 외형적으로는 양심의 흔적이 있고, 도덕성이 다소간 없는 것은 아니지만, 하나님과 교통할 수 있는 영적 인지력이나 하나님의 나라에 생존할 만큼의 의로움은 누구에게도 없습니다.

"여호와께서 하늘에서 인생을 굽어살피사 지각이 있어 하나님을 찾는 자가 있는가 보려 하신즉 다 치우쳐 함께 더러운 자가 되고 선을 행하는 자가 없으니 하나도 없도다"(시 14:2-3).

"의인은 없나니 하나도 없으며 깨닫는 자도 없고 하나님을 찾는 자도 없고 다 치우쳐 함께 무익하게 되고 선을 행하는 자는 없나니 하나도 없도다"(롬 3:10-12).

오늘 우리는 우리 자신을 알아야 합니다. 우리는 도덕적으로 꺼진 등불들입니다. 안으로부터는 전혀 빛을 낼 여력이 없습니다. 자신을 찬찬히 들여다보십시오. 나는 과연 스스로 의로운 빛을 제대로 낼 수 있는가? 바울은 자신 속에서 빛을 비추려고 할 때마다 또 다른 어두움이 나타나서 싸우는 것을 체험하면서 자신이 곤고한 사망의 굴레에 있다고 탄식했습니다. 의를 부르짖지만 돈이 발목을 붙잡고, 정의를 행하자니 사방의 박해가 길을 가로막습니다. 이래저래 우리는 말만 정의이지 실제로는 타협과 적당주의에 빛이 바랜 넝마 같은 의를 가지고 삽니다.

문제는 이러한 자신의 실상을 인간들이 인정하지 않는다는 것입니다. '깨닫다' 라는 말은 '*καταλαμβάνω*' (카타람바노)인데, 영문 성경에는 다음과 같은 말로 번역됩니다. comprehend, understand, distinguish, perceive, overcome 등. 영적으로 하나님과 단절된 인간은 자신이 얼마나 빛이 없는 존재인지 전혀 알지 못합니다. 이 문제를 이해하지 못하고, 구별하지 못하고, 받아들이지 못하고, 어둠을 넘어서지 못합니다. 자신이 어둠이란 사실을!

우리가 빛을 낼 수 있는 방법은 오직 한 가지뿐입니다. 진짜 빛을 받아서 반사하는 것뿐입니다. 즉, 예수 그리스도를 중심에 모시고 전적으로 의지해야 합니다. 스스로 빛을 내는 발광체인 양 교만하게 처신하면 안 됩니다. 오직 충실하게 주님의 빛을 반사하려고 애써야 합니다.

모든 종교, 모든 도덕가, 선을 추구하는 모든 사람이 알아야 할 것은 인간 속에 빛이 없다는 사실입니다. 우리가 만일 스스로 빛을 낼 수 있다고 자만한다면 우리는 구겨진 거울이 됩니다. 거울이 빛을 제대로 반사하려면 거울 면이 고르고 깨끗해야 합니다. 인간의 마음에서 더러움과 죄를 털어내고, 구겨진 양심을 바로 세우고, 겸손히 빛을 받아들여야 합니다.

생명이신 예수님, 영혼의 빛이신 예수님을 중심에 영접하세요. 인간은 스스로 빛을 낼 수 없습니다. 주님의 빛을 받아야만 합니다. 의에 주리고 목마른 자는 복이 있다고 하셨습니다. 그만큼 인간의 내부에 의를 행하고 비출 만한 생명력이 없음을 깨닫고 찾는 자가 복이 있다는 뜻입니다. 바울은 행한 것이 없이 거저 주시는 바 하나님의 의를 인간의 가장 큰 복이라고 했습니다. 의롭지 못한 인간이 의로움의 빛을 비출 수 있다면 얼마나 큰 행복인가!

> "일하는 자에게는 그 삯이 은혜로 여겨지지 아니하고 보수로 여겨지거니와 일을 아니할지라도 경건하지 아니한 자를 의롭다 하시는 이를 믿는 자에게는 그의 믿음을 의로 여기시나니 일한 것이 없이 하나님께 의로 여기심을 받는 사람의 복에 대하여 다윗이 말한 바 불법이 사함을 받고 죄가 가리어짐을 받는 사람들은 복이 있고 주께서 그 죄를 인정하지 아니하실 사람은 복이 있도다 함과 같으니라"(롬 4:4-8).

우리는 주님의 의로움과 선을 받아서 비추는 반사광들입니다. 밤의 달은 태양빛을 받아야만 빛을 낼 수가 있습니다. 우리는 그리스도의 생명을 받아야만 제대로 된 영혼이 될 수 있습니다. 주님을 모셔야만 영혼의 빛을 간직하고 나타낼 수 있습니다.

주님을 모셔 들이세요. 주님의 생명을 받으세요. 사랑의 빛을 받으세요. 기쁨의 빛을 받으세요. 행복의 빛을 받으세요. 긍정적인 마음의 빛을 받으세요. 소망의 빛을 받으세요. 정의의 빛을 받으세요. 선량함의 빛을 받으세요. 믿음의 빛, 신뢰의 빛을 받으세요. 예수님을 모시면 생명을 얻습니다. 그 생명 안에 이런 빛들이 있습니다. 빛은 인간 마음에 거주합니다. 주님을 중심에 모시고 빛을 발하시기 바랍니다.

/빛의 증언자/

요한복음 1:5-11

빛이 어둠에 비치되 어둠이 깨닫지 못하더라 하나님께로부터 보내심을 받은 사람이 있으니 그의 이름은 요한이라 그가 증언하러 왔으니 곧 빛에 대하여 증언하고 모든 사람이 자기로 말미암아 믿게 하려 함이라 그는 이 빛이 아니요 이 빛에 대하여 증언하러 온 자라 참 빛 곧 세상에 와서 각 사람에게 비추는 빛이 있었나니 그가 세상에 계셨으며 세상은 그로 말미암아 지은 바 되었으되 세상이 그를 알지 못하였고 자기 땅에 오매 자기 백성이 영접하지 아니하였으나

어둠이 빛을 알지 못했습니다

예수님은 빛으로 오셨습니다. 빛이신 예수님이 오셨을 때 세상의 반응은 어떠했을까요? 첫 번째 반응은 무지함입니다.

> "빛이 어둠에 비치되 어둠이 깨닫지 못하더라"(5절).

깨닫지 못하더라! 어, 이게 누구지? 알아보지 못했습니다. 알 수 없었습니다.

"내 백성은 나를 알지 못하는 어리석은 자요 지각이 없는 미련한 자식이라 악을 행하기에는 지각이 있으나 선을 행하기에는 무지하도다"(렘 4:22).

"일렀으되 이 백성에게 가서 말하기를 너희가 듣기는 들어도 도무지 깨닫지 못하며 보기는 보아도 도무지 알지 못하는도다"(행 28:26).

알아보지 못한 이유는 물론 영적 어둠 때문입니다. 하나님은 유일한 빛이십니다. 하나님과 단절된 사람들이 빛을 알 수는 없습니다. 영적인 관점에서 보면 너무나 분명한 사실입니다. 세상은 영적인 면을 전혀 모릅니다. 단지 이성적 작용으로 알고 있을 뿐입니다.

세상 사람들은 영적 안목으로 메시아를 확인하지 못했습니다. 단지 이성적인 판단을 했을 뿐입니다. 영적 세계를 모르는 것이 이성의 한계입니다. 현대인들이 가장 믿고 신뢰하는 것은 인간의 이성입니다. 자연과학과 모든 학문의 기반은 인간의 이성입니다. 사람이 세상 만물을 이해하는 수단이 바로 인간 이성입니다. 인간은 자신의 이성으로 넉넉히 세상 만물을 이해할 것으로 생각합니다. 뿐만 아니라 이성으로 모든 인간 문제를 해결할 수 있을 것으로 생각합니다.

21세기 문명은 두 가지 성과를 이루었습니다. 첫째는 과학의 놀라운 발전입니다. 첨단과학, IT(Information Technology) 산업이 눈부시게 발전했습니다. 둘째는 경제 발전입니다. 괄목할 만한 소득 증대를 이루었습니다. 그러면 이러한 발전으로 인류의 목표가 달성되었을까요? 인간이 추구하는 행복을 이루었습니까? 현재 지구상에서 스스로 가장 행복한 사람이라고 느끼는 사람들은 선진국 사람들이 아니고 최빈국 사람들입니다.

어째서 그럴까요? 과학과 문명이 발전된 곳일수록 좋은 것보다는 나쁜 것이 폭발적으로 늘어났기 때문입니다. 첫째는 범죄의 증가입니다. 살인, 간음, 폭력, 사기, 도둑질 등 온갖 범죄가 늘어납니다. 보세요! 집집마다 대문을 2중, 3중으로 걸어 잠그고 살아도 안전한 곳이 없습니다. 둘째는 인간 심성의 파괴입니다. 사람의 마음에서 사랑이 식어지고 점점 거칠고 과격해집니다. 정서가 메말라 갑니다. 셋째는 거주 환경의 악화입니다. 자연 파괴입니다. 경제 팽창은 난개발을 가져왔고, 신물질은 생태계를 오염시켰습니다. 마음 놓고 마실 물이 없고, 농사 지을 땅이 없고, 숨 쉴 공기가 없습니다.

현대 마케팅에서 가장 많이 사용되는 말이 '그린'(green)과 '에코'(eco)입니다. 정치인들은 녹색 성장을 외칩니다. 녹색당까지 생겼습니다. 모든 상품에 친환경이란 말이 붙어 있습니다. 그러나 자연 상태의 식품이나 상품은 거의 찾아볼 수 없습니다. 아시아나 아프리카의 열대우림은 태반이 파괴되고, 지구의 허파인 아마존 밀림도 점점 사라지고 있습니다. 이 모든 것들이 인간의 이성이 이룬 부작용입니다. 발전보다는 파괴가 더 늘어났습니다. 이런 빈약한 이성의 눈으로 하나님을 알고 메시아를 알아볼 수 있을까요?

이성은 경험과 논리에서 앞으로 나아가지 못합니다. 물질세계도 잘 알지 못하거니와 물질 이상의 것은 전혀 알지 못합니다. 대학 나오고 박사가 되었다고 하나님을 압니까? 영적 세계는 전혀 모릅니다. 첨단 과학이나 IT 산업은 하나님을 아는 데 전혀 도움이 되지 않습니다. 영혼이 무엇인지, 창조주 하나님이 누구신지, 천국이나 지옥이 무엇인지 도무지 모릅니다. 성경이 뭐라고 합니까?

"하나님의 지혜에 있어서는 이 세상이 자기 지혜로 하나님을 알지 못하므로 하나님께서 전도의 미련한 것으로 믿는 자들을 구원하시기를 기빼하셨도다"(고전 1:21).

신을 연구하는 학문이 신학입니다. 인간을 연구하는 학문이 철학입니다. 그런데 현대 신학은 이성주의의 기반 위에 세워져 있습니다. 성경 계시를 인정하지 않습니다. 신앙 없는 이성이 하나님을 알 리가 없습니다. 철학도 마찬가지입니다. 인간을 만드신 하나님의 계시를 부정하고 자신을 알려고 하는 것은 모순입니다. 현대 철학은 인간의 이성 너머 영혼의 존재 근처에도 가지 못합니다. 영혼이 있는지 없는지도 모릅니다. 신학자들도 하나님이 있는지 없는지 전혀 모릅니다.

신성을 지니신 예수 그리스도가 나타나셨습니다. 그런데 이성의 한계에 갇힌 인간들은 그리스도를 전혀 알지 못했습니다.

플라톤은 세상 사람들에 관해 이런 비유를 했습니다. "인간은 동굴 속에 묶여 있는 소년과 같다. 그는 앞만 보고 있다. 그는 자신의 등 뒤에 피워 놓은 불빛에 의해 만들어진 자신의 그림자를 세상으로 알고, 동굴의 벽에 부딪쳐서 돌아오는 자신의 소리를 세상의 소리로 알고 있다. 후일에 그가 동굴 밖으로 풀려 나왔다. 그러나 그는 동굴 밖의 아름다운 세상을 믿지 않았다. 참 빛인 태양은 눈이 부셔서 바라보지 못했다. 그는 동굴 속의 세계를 참인 줄로만 알았다."

오늘 우리는 자신의 생각과 편견으로 가득한 지식을 참이라고 생각합니다. 자신의 행위가 가장 옳다고 생각합니다. 영적 세계에 대해서는 아는 것이 전혀 없으면서도 말입니다. 우리는 이성의 한계, 경험의 한계에 갇힌 자신을 극복해야 합니다. 영적 무지에 대한 자기 인식이 있어야 합니다. 내가 영적 세계에 대해서 얼마나 무식한가?

온 세상이 빛을 거절했습니다

빛에 대한 두 번째 반응은 거절과 배척입니다.

무식은 무식으로 끝나지 않습니다. 무식은 진리를 배척합니다. 온 세상이 빛을 거절했습니다. 요한복음 1장 초반에 비슷한 말이 세 번 나옵니다. 5절에 깨닫지 못하더라는 말과, 10절에 알지 못하였다는 말과, 11절에 영접하지 아니했다는 말입니다. 참 빛이 세상에 왔지만 깨닫지 못하고 알지 못했습니다. 빛의 실상을 알지 못하고, 빛의 가치를 알지 못했습니다. 빛은 어둠과 너무 판이했습니다.

> "빛이 세상에 왔으되 사람들이 자기 행위가 악하므로 빛보다 어둠을 더 사랑한 것이니라"(요 3:19).

생각이 다르고, 가치관이 다르고, 구원의 길이 다르고, 절대자 하나님에 대한 인식이 달랐습니다.

빛이신 그리스도가 왔을 때, 사람들은 빛과 단절된 상태에 있었습니다. 본문에 '안다'(γινώσκω)는 말은 부부 관계를 의미하기도 합니다. 깊이 있는 교제 속에서 알게 되는 것을 의미합니다. 하나님과의 교제 를 통해서만 하나님을 알고 영적 세계를 알 수 있는데, 하나님과의 관계가 끊어졌으니 전혀 알 수 없는 것입니다. 영적 세계를 물질로 이해하려 하고, 신앙으로 알아야 할 것을 이성으로 알려고 하니 모르는 것은 당연합니다.

빛에 대한 거절은 소극적인 거절로 끝나지 않았습니다. 적극적으로 진리를 미워하고 배척하고 탄압했습니다. 요한복음 1장 11절은 그 극단적인 예를 말합니다.

빛이 자기 땅에 왔습니다. 바로 예수 그리스도가 선민 이스라엘의 땅에 오신 것을 말합니다. 이스라엘은 특별한 의미에서 하나님의 백성입니다. 아브라함 때부터 이미 그들은 하나님의 뜻을 나타내는 도구로서 사용되었습니다. 이러한 선민 이스라엘의 땅에 하나님 자신이 육신을 입고 나타나셨습니다. 그런데 뜻밖에도 그들은 빛 되신 주님을 영접하지 않았습니다. 영접하지 않은 것으로 끝나지 않고, 미워하고 시기하고, 마침내는 때리고 가두고 죽였습니다. 이사야 선지자는 이러한 이스라엘을 통탄하면서 이렇게 외쳤습니다.

> "하늘이여 들으라 땅이여 귀를 기울이라……내가 자식을 양육하였거늘 그들이 나를 거역하였도다 소는 그 임자를 알고 나귀는 그 주인의 구유를 알건마는 이스라엘은 알지 못하고 나의 백성은 깨닫지 못하는도다……슬프다 범죄한 나라요 허물 진 백성이요 행악의 종자요 행위가 부패한 자식이로다 그들이 여호와를 버리며 이스라엘의 거룩하신 이를 만홀히 여겨 멀리하고 물러갔도다"(사 1:2-4).

어떤 주석가는 이러한 유대인들의 소행을 이렇게 표현했습니다. 그들은 오리지널(original)보다 카피(copy)를 좋아했다! 복사판을 위해서 원본을 버렸습니다. 선지자의 원본이신 그리스도는 배척하고 사본인 모세는 하늘처럼 받들었습니다. 계시의 사본인 율법과 전통은 생명같이 귀하게 여기면서 계시의 원본이신 주님은 배척했습니다. 예루살렘에 돌로 지은 모형 성전은 끔찍하게 여기면서 성전의 원본이신 예수 그리스도는 버렸습니다. 속죄의 그림자였던 구약의 제사는 열심히 지내면서 속죄의 원본이신 예수 그리스도는 거절했습니다. 심지어는 나는 빛이 아니라고 확실히 증거했던 요한은 따르면서 참 빛이신 예수 그리스도는 배척했습니다. 이상하게도 유대인들은 오리지널은 배척하고 카피를 선택했습니다.

영적으로 어둡기는 이방인이나 유대인이나 마찬가지입니다. 이 세상은 참 빛이신 그리스도에 대해서 무지와 배척의 땅입니다. 본문에 보면 '세상'(κόσμος)이란 말이 네 번 나옵니다. 요한은 세상이란 단어를 유독 많이 사용했습니다. 요한복음에서 80회 사용했고, 요한일서에서 22회 사용했습니다.

'세상' 이란 말은 성경에서 몇 가지 의미로 사용됩니다. 첫째는 우주라는 뜻으로, 둘째는 땅(지구)이라는 뜻으로, 셋째는 땅에 거주하는 주민이라는 의미로, 넷째는 하나님을 떠나 사는 불신 인간 세상이라는 의미로 사용됩니다.

이 네 가지 의미 중에서 요한은 주로 네 번째 의미로 사용했습니다. 즉 본문에 나타난 세상이란 단어의 뜻은 '불신앙의 인류' 를 의미하는 말입니다.

불신 세상은 무지와 배척의 장소입니다. 하나님을 모릅니다. 모르는 데 머물지 않고 배척합니다. 생각해 보세요. 고목나무 귀신, 산신령, 말뚝 장대와 창조주 하나님이 같은 등급입니까? 세 살 먹은 어린아이라도 알 만한 것을 다 큰 어른들이 알지 못합니다. 불신 세상은 어둡습니다. 영적 암흑입니다. 빛을 비춰 주지 않으면 소생하지 못합니다. 지구는 종국적으로는 가능성의 땅이 아니라 절망의 땅입니다. 빛을 알지 못하는 땅, 빛을 거절하고 배척하는 땅입니다. 이 사실을 분명히 알고 사시기 바랍니다. 이 세상에 소망을 두지 마십시오. 사도 요한은 이렇게 권합니다.

"이 세상이나 세상에 있는 것들을 사랑하지 말라 누구든지 세상을 사랑하면 아버지의 사랑이 그 안에 있지 아니하니 이는 세상에 있는 모든 것이 육신의 정욕과 안목의 정욕과 이생의 자랑이니 다 아버지께로부터 온 것이 아니요 세상으로부터 온 것이라 이 세상도, 그 정욕도 지나가되 오직 하나님의 뜻을 행하는 자는 영원히 거하느니라"(요일 2:15-17).

빛의 증언자 요한

하나님께서는 이 어둠의 세상에 빛의 증언자를 보내셨습니다. 세상이 빛을 모르고 빛을 배척한다고 해서 그냥 끝내지 않으셨습니다. 감사하게도 하나님은 어둠의 세상에 빛을 증언하게 하셨습니다. 빛을 증언하라! 그래서 사람들로 믿게 하라!

"하나님의 지혜에 있어서는 이 세상이 자기 지혜로 하나님을 알지 못하므로 하나님께서 전도의 미련한 것으로 믿는 자들을 구원하시기를 기뻐하셨도다"(고전 1:21).

요한복음은 증언의 책입니다. '증언' 이란 말이 명사로 14번, 동사로 33번이나 나타납니다. 오늘 읽은 말씀 중에도 '증언' 이란 말이 세 번 나타납니다. 예수를 증언하는 것이 요한복음 기록의 목적입니다.

요한복음에 나타난 증언자는 다양합니다. 성부 하나님께서 그리스도를 증언하십니다. 성령이 증언하십니다. 보냄을 받은 사도들이 증언합니다. 선지자들에게 주셨던 예언 성취의 기독교 역사가 주님을 증언합니다.

주님을 증언하기 위해서 첫 번째로 보냄을 받은 사람은 세례 요한입니다. 요한복음을 기록한 사도 요한과는 다른 요한입니다.

"하나님께로부터 보내심을 받은 사람이 있으니 그의 이름은 요한이라 그가 증언하러 왔으니 곧 빛에 대하여 증언하고 모든 사람이 자기로 말미암아 믿게 하려 함이라"(6-7절).

세례 요한은 예수님보다 약 6개월 먼저 하나님의 계시를 받고 태어났습니다(눅 1장). 그의 부친 사가랴는 제사장이고, 그의 모친 엘리사벳 역시 제사장 아론 자손입니다. 요한은 30세쯤 되어 사람들 앞에 나타났습니다. 예수님이 구원 사역을 시작하실 무렵입니다. 요한은 예수님을 세상에 소개하는 역할을 했습니다.

"이튿날 요한이 예수께서 자기에게 나아오심을 보고 이르되 보라 세상 죄를 지고 가는 하나님의 어린 양이로다 내가 전에 말하기를 내 뒤에 오는 사람이 있는데 나보다 앞선 것은 그가 나보다 먼저 계심이라 한 것이 이 사람을 가리킴이라 나도 그를 알지 못하였으나 내가 와서 물로 세례를 베푸는 것은 그를 이스라엘에 나타내려 함이라 하니라 요한이 또 증언하여 이르되 내가 보매 성령이 비둘기같이 하늘로부터 내려와서 그의 위에 머물렀더라 나도 그를 알지 못하였으나 나를 보내어 물로 세례를 베풀라 하신 그이가 나에게 말씀하시되 성령이 내려서 누구 위에든지 머무는 것을 보거든 그가 곧 성령으로 세례를 베푸는 이인 줄 알라 하셨기에 내가 보고 그가 하나님의 아들이심을 증언하였노라 하니라"(요 1:29-34).

세례 요한은 헤로디아 사건으로 붙잡혀 옥에 갇혔다가 결국은 순교했습니다. 그는 옥중에 있는 동안에도 예수님께 사람을 보내어 질문을 했습니다. "당신이 과연 참 메시아신가요? 아니면 또 다른 메시아를 기다려야 하나요?" 세례 요한이 몰라서 질문을 했을까요? 그보다는 오히려 전 인류를 대신하여 질문을 했다고 보는 것이 옳습니다. 누가 인류를 건져 줄 구세주인가? 인간 세계에서 가장 중요한 질문을 세례 요한이 대신했습니다. 즉, 예수 그리스도를 세상에 알리는 역할입니다.

세례 요한에게 주목할 것은 전도자로서 그의 태도입니다. 본문을 보십시오.

> "그는 이 빛이 아니요 이 빛에 대하여 증언하러 온 자라"(8절).

그는 빛이 아니다! "*οὐκ ἦν ἐκεῖνος τὸ φῶς.*" 영어 번역에 보면 단순히 "He was not the Light"(NASB)라고 번역한 성경도 있지만, "He himself was not the Light"(NRSV)로 번역한 성경도 있습니다. 'himself' 를 붙인 것은 강조한 것입니다. 세례 요한 자신은 결코 빛이 아니다! 다만 참 빛을 증언할 뿐이다!

증언자는 자신을 드러내지 말아야 합니다. 세례 요한은 30여 년 동안 광야에서 극기적인 생활을 했습니다. 일설에 의하면, 그는 에세네파에 속해 있었다고 합니다. 에세네파는 사해 근처에서 금욕적인 생활을 하던 종파입니다. 마가의 기록에 보면, 세례 요한은 낙타 털옷을 입고, 메뚜기와 석청을 먹었다고 합니다. 세속에서 떠난 전형적인 선지자의 모습입니다. 누가복음은 그를 가리켜 "광야에서 외치는 자의 소리"(눅 3:4)라고 합니다. 얼굴도 없고 이름도 없이 소리만 외치는 자! 자기는 드러내지 않고 주님만 전하는 자! 그것이 바로 빛의 증거자 세례 요한의 모습입니다.

우리는 다 주님의 증언자들입니다. 증언자는 결코 빛이 아닙니다.

빛을 증언할 뿐입니다. 우리는 왜 주님을 제대로 증언하지 못할까요? 나 자신이 빛인 것처럼 처신하기 때문입니다. 나는 빛이 아닙니다. 증언자가 자존심 세우고, 체면 세우고, 남에게 지기 싫어하면 빛을 받을 수도 없고, 빛을 증언할 수도 없습니다. '나' 라는 존재를 내세우다 보니 빛에 대하여 반응할 수 없습니다. 세례 요한이 어떻게 했습니까? 그는 목 베임을 당할 때까지 주님만 증언했습니다. 결코 자기를 내세우지 않았습니다. 나는 결코 빛이 아닙니다. 다만 빛을 증언할 뿐입니다. 할렐루야!

빛을 받아들이고 빛을 증언하십시오

오늘 우리에게는 두 가지 결단이 필요합니다.

첫째, 빛을 영접하고 받아들이는 결단입니다.

과거에 우리는 빛을 알지 못했습니다. 거절하고 배척했습니다. 그러나 이제는 그리스도가 빛이신 것을 알았습니다. 빛을 받지 않고는 빛을 낼 수 없습니다. 빛을 받지 않고는 빛 된 삶을 살 수 없습니다. 빛을 받지 않고는 생명을 유지할 수 없습니다. 생명을 연구한다고 생명이 오지는 않습니다. 생명을 부르짖는다고 생명이 나타나지는 않습니다.

생명이 뭡니까? 물질적 작용이 생명이 아닙니다. 단백질이나 물질대사가 생명이 아니고, DNA가 생명의 실체가 아닙니다.

예수 그리스도가 생명입니다. 예수 그리스도는 영혼의 생명입니다. 그 안에 영생이 있습니다. 그 안에 하나님의 빛, 아름다운 신성이 있습니다. 도덕성, 의와 진리, 거룩, 사랑과 믿음, 소망이 그리스도 안에 있습니다. 생명은 그리스도께 있습니다. 결코 우연히 합성된 존재가 아닙니다. 하나님이 세상 만물을 만드시고, 동식물을 만드셨습니다. 그 하나하나의 개체에 생명을 주셨습니다. 예수 그리스도는 창조자이십니다. 생명의 소유자이십니다. 주님은 생명 자체이십니다. "내가 곧 생명이니! 나를 믿는 자는 그 배에서 생수의 강이 흘러나리라! 아들을 믿는 자에게는 영생이 있고, 아들이 없는 자에게는 생명이 없느니라!"

그러므로 먼저 부지런히 빛을 받아야 합니다. 빛이 다가올 때 거절하지 마십시오. 주님은 지금도 다양한 방법으로 다가오십니다. 어떤 때는 세례 요한과 같은 빛의 증거자들을 통해 다가오십니다. 때로는 성령께서 영혼 속에 깨우쳐 주십니다. 때로는 말씀 속에 다가오십니다. 때로는 기도 속에 다가오십니다. 이 증거들 앞에서 항상 마음을 여십시오. 주님의 참 빛을 받아들이십시오. 믿음으로 환영하고 영접하십시오. 빛을 거절하지 마십시오. 빛을 인정하십시오. 빛을 환영하십시오. 빛을 받아들이십시오.

둘째, 빛을 증언하는 일입니다.

빛을 받아들인다면 자연히 다른 사람들에게 비출 수밖에 없습니다. 우리는 빛의 증언자들입니다. 증언자는 자신을 내세우지 않습니다. 오히려 자기를 부정합니다. "나는 빛이 아닙니다! 나는 빛을 받아서 반사할 뿐입니다." 충실히 빛을 받으십시오. 그리고 그 빛을 다른 사람들에게 비추십시오. 증언자가 되십시오. 우리는 빛을 받는 자요, 동시에 빛을 전하는 자입니다. 이 역할을 잘 감당하시기 바랍니다.

/하나님의 자녀가 되는 권세/

요한복음 1:12-13
영접하는 자 곧 그 이름을 믿는 자들에게는 하나님의 자녀가 되는 권세를 주셨으니 이는 혈통으로나 육정으로나 사람의 뜻으로 나지 아니하고 오직 하나님께로부터 난 자들이니라

나는 과연 하나님의 자녀인가?

저는 유복자로 태어나서 자랐습니다. 어려서부터 쓰지 않았던 말이 '아버지' 란 말입니다. 처음 교회에 출석하면서 사람들이 말끝마다 '하나님 아버지' 를 연발하는 것이 매우 이상했습니다. 그러나 이제는 아주 자연스럽습니다. 내가 하나님의 자녀인 것이 확실하기 때문입니다. 오늘 여러분은 어떻게 생각하십니까? 내가 하나님 자녀인 것을 확신하고 있습니까? 확신하고 있다면 무슨 근거로 그렇게 확신하게 되었습니까? 오늘 말씀을 통해서 자녀 되는 문제를 함께 풀어보겠습니다.

이 세상에 자녀가 되는 길은 근본적으로 한 가지입니다. 출생에 의해서입니다. 부모에게서 태어남으로 말미암아 우리는 필연적으로 어떤 부모의 자녀가 되었습니다. 그런 의미에서 본다면 우리는 모두가 하나님의 자녀입니다. 모두가 하나님이 지으신 피조물이요, 지금도 하나님의 세계에서 살고 있기 때문입니다.

"주께서 내 내장을 지으시며 나의 모태에서 나를 만드셨나이다 내가 주께 감사하옴은 나를 지으심이 심히 기묘하심이라 주께서 하시는 일이 기이함을 내 영혼이 잘 아나이다"(시 139:13-14).

그러나 다른 한편에서 본다면, 낳았다고 다 자식은 아닙니다. 실질적으로 부모 자식의 관계를 유지하고 있는지의 여부가 중요합니다. 실질적 관계가 있으면 자녀이고, 실질적 관계가 없으면 자녀가 아닙니다. 요즘도 매일 수십 명의 아이들이 서울의 길거리에 버려집니다. 낳아서 버리는 부모와 버림받은 자식을 부모 자식 관계로 볼 수는 없습니다. 그런가 하면 부모를 거역하고 집 나간 자식도 자식이라 할 수 없습니다. 혈통적 관계가 중요한 것이 아닙니다. 실질적 관계가 중요합니다. 제아무리 부모의 품에서 태어났어도 서로 미워하고 원수처럼 지낸다면 자식이 아닙니다.

그런 의미에서 본다면 모든 인류는 하나님의 자녀가 아닙니다. 왜냐하면 사람들은 모두 다 스스로 하나님을 버리고 떠났기 때문입니다. 아담 이후로 모든 인류는 스스로 하나님의 낯을 피하여 숨었습니다. 하나님도 진노하셔서 하나님의 품에서 내쫓으셨습니다. 성경은 이러한 관계를 원수 되었다고 표현합니다. 사람은 모두 하나님께 지음 받은 피조물임에도 불구하고, 지금은 모두가 하나님과 원수 되었고, 버림받았고, 자녀가 아닙니다. 태어났다고 자식은 아닙니다.

그럼에도 불구하고 태어난 것 때문에 자식이라고 강변하는 족속이 있습니다. 바로 유대인들입니다. 그들은 아브라함의 혈통으로 태어났기 때문에 하나님 자녀라고 생각합니다. 그러나 성경은 분명히 선언합니다.

> "모든 사람이 죄를 범하였으매 하나님의 영광에 이르지 못하더니"(롬 3:23).

영접하는 자마다 하나님의 자녀가 되는 권세를 주셨습니다

그러면 하나님과 원수 된 사람들이 하나님의 자녀가 되는 길이 있을까요? 있습니다. 그 길이 바로 예수 그리스도를 믿고 영접하는 일입니다. 12절 말씀을 보십시오.

> "영접하는 자"(12절, *ὅσοι δὲ ἔλαβον αὐτόν*, but as many as received Him).

영접하는 자가 하나님 자녀가 됩니다. 유대인들은 잘못된 선민사상으로 하나님이 보내신 메시아를 배척했습니다. 그러한 민족적인 배척 중에서도 극히 일부의 사람들이 개인적으로 주님을 영접했습니다. 베드로를 비롯한 사도들, 공회원 니고데모와 요셉, 수가 성 여인 등. 11절과 12절은 대조적입니다. 앞서 11절에서 영접하지 않았다(*οὐ παρέλαβον*)는 말은 집단적인 행동의 의미입니다. 그러나 12절에 나오는 영접한다(*λαμβάνω*)는 말은 개별적으로 영접한다는 뜻입니다. 민족적인 배척과 그런 중에도 일부 개인들의 영접은 대조적입니다.

하나님의 자녀가 되는 것은 집단적인 것이 아니라 개별적인 것입니다. 혈통이나 조상이나 민족이나 국가를 초월해서 누구든지 영접하면 됩니다. 차별이 없고 제한도 없고 조건도 없습니다. 영접하는 자는 누구나 자녀가 됩니다. 그래서 '영접하는 자마다'(as many as)라고 했습니다. 얼마든지 영접만 하면 하나님의 자녀입니다!

영접이 중요합니다. 중심에서 주님을 영접해야 합니다.

영접이 뭡니까? 귀한 사람을 환영하고 받아들이고 대접하는 일입니다. 아브라함은 지나가는 나그네를 영접했습니다. 그 가운데 하나님과 천사들도 있었습니다. 반대의 경우도 있습니다.

사무엘하 10장 1-5절에 보면, 다윗이 암몬과 화친하기 위하여 조문 사절을 보낸 적이 있습니다. 나하스와의 교분을 생각해서 정중히 사절단을 보냈습니다. 그런데 나하스의 아들 하눈이 다윗을 의심했습니다. '다윗이 암몬을 침략하려고 정탐 사절을 보냈구나' 라고 생각했습니다. 그래서 사절단을 영접하기는커녕 모욕을 주었습니다. 사절들의 수염을 다 깎아 버렸습니다. 그런가 하면 하체가 드러나도록 옷을 잘라 버렸습니다. 수염을 생명처럼 아끼는 유대인들이요, 더운 여름에도 두루마기를 입고 다니는 유대인들에게 치욕이 아닐 수 없었습니다. 다윗은 이 소식을 듣고 대로하여 결국은 암몬을 정벌합니다.

그리스도를 어떻게 대하십니까? 나의 구원자이십니다. 나의 주인이십니다. 중심에서 환영하고 영접하십시오. 베들레헴의 여관 주인은 예수를 알아보지 못하고 마구간에 재웠습니다. 예수가 메시아이신 줄 알았다면 다른 손님을 다 내보내고 예수님을 영접했겠지요. 대제사장들과 서기관들과 바리새인들도 예수를 영접하지 않았습니다.

영접은커녕 성 밖으로 내쫓아 못 박아 죽였습니다. 지금도 여전히 예수님은 배척당하고 계십니다.

그런 중에 우리는 예수님을 영접했습니다. 내 인생의 구주로 모셔 들였습니다. 그 결과 우리는 지금 하나님의 자녀가 되었습니다.

영접은 신앙의 결과입니다.

"그 이름을 믿는 자들에게는"(12절, *τοῖς πιστεύουσιν εἰς τὸ ὄνομα αὐτοῦ*, to the believing in the name of him).

이름이란 인격입니다. 이름을 믿는 것은 인격을 믿는 것입니다. 앞서 영접한다고 했는데, 영접이란 곧 믿는다는 뜻입니다.

우리는 어려서 어른들로부터 이런 놀림을 많이 받았습니다. "얘, 너는 갓난아이 적에 저기 한강 다리 밑에서 주워왔단다." 그러면 반색을 하고 질문합니다. "누가 주웠어요?" "어떻게 찾았지요?" "그때 모습이 어땠어요?" 그러면서 한편으로는 찜찜합니다. '진짜 나를 주워다 기른 것은 아닐까?' 가끔 어머니가 무섭게 매를 때릴 때면 부쩍 의심이 갑니다. '나를 주워다 기른 것이 틀림없어. 그렇지 않고서야 이렇게 아프게 때릴 수가 있나?' 그러면서도 한편으로 마음에 작정합니다. '에라, 모르겠다. 나를 낳아 주신 것으로 믿어 버리자. 주워다 길렀건 낳아서 길렀건 나는 지금 자식이 아니냐?' 그리고 배짱 좋게 나아갑니다. 매를 맞아도 부모요, 의심이 가도 부모로 인정합니다. 이것이 곧 믿음입니다.

예수님은 나를 구원하실 구원자이십니다. 예수님은 내 죄를 대신하여 십자가에서 죽으셨습니다. 인정하고 믿으십시오.

오늘 말씀에 보면 '그 이름을 믿는 자'라고 했습니다. 믿는다는 말이 현재분사로 강조되어 있습니다. *πιστεύουσιν εἰς*(believing in). 이것은 계속되는 행동과 습관을 의미합니다. 그러므로 여기서 믿는다는 것은 지식적으로 예수를 안다는 의미가 아닙니다. 지속적인 신뢰입니다.

예수님은 이름이 많습니다. 메시아, 하나님의 아들, 세상 죄를 진 하나님의 어린 양, 랍비, 세상의 빛, 길, 진리, 생명, 선한 목자, 양의 문 등. 이 모든 이름에 나타난 대로 신뢰하는 것이 곧 믿음입니다. 예수님을 신뢰함은 물론 가르치신 율법, 도리, 권면, 나타내신 사랑, 보여주신 은총을 있는 그대로 신뢰하십시오.

이 세상에 믿지 못하면 어떻게 부모 자식 사이가 될 수 있겠습니까? 하나님이 보내신 그리스도를 믿지 못하면 어떻게 하나님을 믿을 수 있겠습니까? 하나님이 보내신 그리스도를 믿지 못하면 결국 하나님의 자녀가 될 수 없습니다. 사도 바울은 갈라디아서 3장 26절에서 선언하기를, "너희가 다 믿음으로 말미암아 그리스도 예수 안에서 하나님의 아들이 되었으니……"라고 합니다. 이는 요한의 말과 같습니다.

믿는 자에게는 '자녀가 되는(*γενέσθαι*) 권세(*ἐξουσία*)'를 주셨습니다. 권세란 말에 주목하십시오. 우리가 누구의 자녀가 되었다는 것은 일종의 특권입니다. 우리가 하나님의 자녀가 된 것은 더할 나위 없는 큰 특권입니다. 그래서 오늘 말씀은 자녀가 되는 권세라고 했습니다.

권세(*ἐξουσία*)란 말은 문자적으로는 행동의 자유라는 뜻입니다. 진정한 권세란 무엇에나 자유롭습니다. 특히 자녀는 노예가 아니므로 자유롭습니다. 사도 바울은 갈라디아 교인들에게 보낸 편지에서 그리스도인이 얻은 자유에 대하여 이렇게 기록합니다.

"기록된 바 아브라함에게 두 아들이 있으니 하나는 여종에게서, 하나는 자유 있는 여자에게서 났다 하였으며 여종에게서는 육체를 따라 났고 자유 있는 여자에게서는 약속으로 말미암았느니라……형제들아 너희는 이삭과 같이 약속의 자녀라 그러나 그때에 육체를 따라 난 자가 성령을 따라 난 자를 박해한 것같이 이제도 그러하도다 그러나 성경이 무엇을 말하느냐 여종과 그 아들을 내쫓으라 여종의 아들이 자유 있는 여자의 아들과 더불어 유업을 얻지 못하리라 하였느니라 그런즉 형제들아 우리는 여종의 자녀가 아니요 자유 있는 여자의 자녀니라 그리스도께서 우리로 자유롭게 하려고 자유를 주셨으니 그러므로 굳건하게 서서 다시는 종의 멍에를 메지 말라"(갈 4:22-5:1).

그리스도인은 사탄의 권세로부터 자유롭습니다. 죄로부터 자유롭고, 모든 악의 환경에서 자유롭습니다(롬 8:20-21). 모든 사망에서 자유롭고 모든 환난과 질고에서 자유롭습니다. 하나님의 자녀 된 자는 이와 같이 모든 것에서 자유하는 권세를 가집니다. 권세란 말은 나아가서 합법적인 권리를 의미합니다. 우리는 하나님의 자녀가 된 그날부터 합법적인 모든 특권을 누립니다. 상속권을 가집니다.

그러므로 우리가 하나님의 자녀가 되었다는 것은 단순히 자녀가 될 가능성이 있다는 말이 아닙니다. 단순히 어떤 능력을 받았고, 한두 가지 유익이나 권리가 있다는 말이 아닙니다. 실제로 우리는 하나님 나라의 상속자이며, 자녀로서의 권능을 가지고 있고, 영적인 기능을 부여받았습니다. 죄를 다스리며, 악에서 자유하며, 영생을 가지며, 의와 거룩과 진리를 소유합니다. 건강을 누리며, 평안을 누리며, 기쁨을 누립니다. 영접하고 믿는 자마다 누구든지 이와 같은 하나님의 자녀로서의 권세를 부여받습니다.

여기서 자녀가 된다고 할 때 '된다'(γενέσθαι)는 말이 부정과거형으로 되어 있습니다. 한 번 됨으로 영원히 된다는 뜻입니다. 믿는다는 말은 현재분사형으로 되어서 현재적으로 지속되는 행위를 의미한다면, 그 결과로 자녀가 되는 것은 영원 불변적인 자격입니다. 내가 지금 믿는 그 신앙에 근거하여, 하나님은 우리를 영원히 자녀로 삼으신다는 뜻입니다. 믿고 영접하면 하나님의 자녀가 되는 권세를 주십니다. 지금 당장 영접한다면 지금 당장에 하나님의 자녀가 됩니다. 믿고 영접하십시오. 하나님의 자녀의 신분을 회복하십시오.

혈통으로나 육정으로나 사람의 뜻으로 나지 않습니다

그러면 실제로 어떤 과정을 거쳐서 어떻게 자녀가 될까요? 예수님을 영접한 사람들은 의문을 가집니다. '내가 지금 예수를 영접했는데 실제로 변한 것이 무엇인가? 아무 느낌도, 외적인 변화도 없지 않은가?' 그래서 사도 요한은 계속 설명합니다. 13절 말씀을 봅시다.

> "이는 혈통으로나 육정으로나 사람의 뜻으로 나지 아니하고 오직 하나님께로부터 난 자들이니라"(13절).

먼저 알아야 할 것은 우리가 자녀 되는 과정은 물질세계에서 일어나지 않는다는 사실입니다. 요한은 그것을 세 가지로 부정합니다.

첫째, 혈통으로 나지 않습니다(οἵ οὐκ ἐξ αἱμάτων).

유대인들은 자신들이 혈통적으로 아브라함의 자손이므로 하나님의 자녀라고 생각합니다. 그러나 그것은 잘못된 생각입니다. 아브라함 자신이 어디 혈통이 좋아서 하나님의 자녀가 되었습니까? 성경은 오히려 아브라함의 믿음을 강조합니다. '아브라함이 하나님을 믿으매 이를 그의 의로 여기셨더라!' (창 15:6; 롬 4:3, 9; 갈 3:6)

요즈음에도 어떤 사이비 이단자들을 보면 피가름이란 교리가 있습니다. 교주와 피를 섞어야만 깨끗해진다고 합니다. 그래서 수천 명씩 합동 결혼식을 합니다. 제아무리 교주와 피를 섞어 보세요. 하나님의 자녀가 되나! 마귀의 자식이지요. 요즘도 어떤 사람들은 혈통이나 관계를 들먹입니다. 아버지가 장로님이고 어머니는 권사님입니다. 외삼촌이 목사님입니다. 나는 가만히 있어도 천국 갑니다. 그렇습니까? 하나님의 자녀가 되는 일에 혈통은 아무 의미가 없습니다.

둘째, 육정으로 나지 않습니다.

육정(θελήματος σαρκὸς)이란 말은 육체의 욕구란 뜻으로, 인간의 본능을 의미합니다. 성적인 욕구와 같은 본성적 작용에 의해 태어나는 것을 말합니다. 우리가 하나님의 자녀가 되는 것은 결코 인간의 본능적 작용에 의한 것이 아닙니다. 인간은 본성적으로 악할 뿐입니다(렘 17:9; 창 8:21).

셋째, 사람의 뜻으로 나지 않습니다.

사람의 뜻(θελήματος ἀνδρὸς)이란 인간의 의지적 작용을 의미합니다. 어떤 사람들은 신앙을 단순한 인간의 의지로 이해합니다. 보편적인 사상이나 철학, 종교 활동을 그렇게 볼 수는 있을 것입니다. 그러나 하나님의 자녀가 되는 과정을 그렇게 볼 수는 없습니다. 가령 우리가 몇십 년 입산 수도를 했다고 합시다. 그 결과 하나님의 자녀가 될 수 있을까요? 또는 우리가 평생토록 자선사업만 했다고 합시다. 그 결과 우리가 하나님의 자녀로 인정받을까요? 평생 윤리와 도덕을 외치면서 살았다고 합시다. 그렇다고 하나님의 자녀가 될까요? 천만의 말씀입니다. 물론 인간적인 판단으로는 그렇게 생각할 수도 있겠지요.

그러나 하나님의 자녀가 되고 안 되고는 인간의 자의적(恣意的)인 판단이 아니라 하나님이 결정하실 문제입니다. 만일 어느 날 젊은 청년 하나가 갑자기 나를 찾아와서 이런 제안을 했다고 합시다. "나를 당신의 자녀로 삼아 주십시오. 나는 지금까지 도덕적이고 양심적으로 살았습니다. 나는 머리가 좋습니다. 나는 좋은 직업을 가지고 있으며 국가에 충성하는 사람입니다. 나는 사회인으로서의 모든 자격을 가진 사람입니다. 그러니 당신은 의무적으로 나를 당신의 자녀로 삼아 주셔야만 하겠습니다."

여러분은 모두 이러한 제안이 얼마나 무례한 것인지를 아실 것입니다. 하나님의 자녀로 삼든지 말든지 그것은 전적으로 하나님이 판단하실 문제입니다. 노동조합을 만들어 하나님께 집단적으로 대항한다고 하나님의 자녀로 받아들여질 성질의 것이 아닙니다. 인간의 의지가 종교를 만들 수는 있을지라도, 하나님과의 인격적인 관계는 만들어 내지 못함을 알아야 합니다.

하나님의 자녀가 되는 일은 혈통으로도 아니고, 인간의 본능적인 작용으로도 아니고, 인간의 의지로도 아닙니다. 그러면 무엇입니까?

오직 하나님으로부터 납니다

"오직 하나님께로부터 난 자들이니라"(13절, *ἀλλ' ἐκ θεοῦ ἐγεννήθησαν*).

우리가 하나님의 자녀가 되는 일은 인간 편에서 행할 작업이 아닙니다. 하나님이 하시는 작업입니다. 출발점이 인간이 아니고 하나님이십니다. 그래서 거듭남(born again), 중생(regeneration), 위로부터 남(born from above) 등으로 표현합니다.

우리가 예수 그리스도를 영접하면 그 순간부터 우리는 예수님의 인격과 접목됩니다. 로마서 11장 17절에 보면 바울은 이렇게 설명합니다. 우리는 모두가 돌감람나무인데 참감람나무에 접목이 되었습니다. 돌감람나무란 아무짝에도 쓸모없는 나무입니다. 도덕적으로 악하고 영적으로 어두워진 인간의 모습을 상징합니다. 이러한 돌감람나무가 의롭고 선하시고 능력이 충만한 그리스도에게 접붙임을 당했습니다. 바로 그리스도와의 결합입니다. 돌감람나무란 품종이 나쁜 것인데, 좋은 줄기에 접목되면서부터 좋은 열매가 맺히기 시작합니다. 우리는 돌감람나무인데 참감람나무 줄기이신 그리스도와 결합하여 좋은 품종이 됩니다. 이것이 바로 우리가 하나님께로부터 나는 과정입니다.

거듭남은 외형적인 변화와 내면적인 변화 두 단계로 진행됩니다.

첫째, 양자로 삼으시는 법적인 선언입니다.

이 과정을 교리적인 말로 칭의(의롭다고 칭함), 혹은 수양(양자 삼음) 등으로 표현합니다. 칭의란 죄인임에도 불구하고 예수 그리스도의 속죄를 받았기 때문에 완전한 무죄자로 인정한다는 뜻입니다. 죄인은 결코 하나님의 자녀가 될 수 없기 때문입니다. 수양이란 양자 삼는 일입니다. 자녀가 되는 길은 출생도 있지만 입양하는 길도 있습니다. 출생이나 입양이나 법적인 효력은 동일합니다.

성경은 하나님께서 우리를 양자로 삼으셨다고 선언합니다.

"무릇 하나님의 영으로 인도함을 받는 사람은 곧 하나님의 아들이라 너희는 다시 무서워하는 종의 영을 받지 아니하고 양자의 영을 받았으므로 아빠 아버지라 부르짖느니라 성령이 친히 우리의 영과 더불어 우리가 하나님의 자녀인 것을 증언하시나니"(롬 8:14-16).

이러한 법적인 선언은 우리가 예수 그리스도를 구주로 믿고 영접하는 순간에 이루어집니다. 지금 이 순간 내가 만일 예수를 나의 구주, 나의 하나님으로 모셨다면 하나님은 즉시 선언하십니다. '여기 김영규는 지금부터 나의 자녀임을 선언하노라!' 비록 내가 죄인이요 아직도 해결해야 할 허물이 많지만 내가 하나님이 보내신 예수 그리스도를 믿고 영접했기 때문에 자녀로서 하자가 없습니다. 이와 같은 선언은 법정적이어서 영원불변합니다. 결코 번복되지 않습니다. 여기에 견고한 구원이 있습니다.

양자란 법적으로 볼 때에는 자녀로서의 아무런 하자도 없습니다. 그러나 우리가 이렇게 신분상 확실한 하나님의 자녀가 되었다 할지라도 여전히 한구석에 부족한 것이 있습니다. 그것은 아직도 우리가 내면적으로 여전히 하나님의 자녀답지 못한 모습을 가지고 있다는 점입니다. 그래서 하나님은 다음 단계의 작업을 하십니다.

둘째, 우리를 성령으로 거듭나게 하십니다.

단순히 법적인 선언만으로 우리를 자녀로 삼으시는 것이 아닙니다. 하나님의 자녀다운 사람으로 만드는 내적인 작업을 하십니다. 어떻게 할까요? 바로 하나님의 성령이 우리 마음에 오셔서 작업을 하십니다. 성령은 우리 마음에 오셔서 영원히 사십니다(요 14:16). 성령은 우리로 하여금 하나님의 자녀임을 믿게 만드시고, 하나님을 아버지로 시인하게 하십니다. 그리고 우리가 하나님의 자녀답게 살도록 인격을 변화시키십니다.

"보혜사 곧 아버지께서 내 이름으로 보내실 성령 그가 너희에게 모든 것을 가르치고 내가 너희에게 말한 모든 것을 생각나게 하리라"(요 14:26).

"진리의 성령이 오시면 그가 너희를 모든 진리 가운데로 인도하시리니 그가 스스로 말하지 않고 오직 들은 것을 말하며 장래 일을 너희에게 알리시리라"(요 16:13).

"오직 성령이 너희에게 임하시면 너희가 권능을 받고"(행 1:8).

혈통적으로나 육적인 본능으로나 인간의 의지로써가 아닌, 하나님의 성령으로 우리는 변화됩니다. 마음이 변하고, 생각이 변하고, 인생관이 변하고, 말이 변하고, 행동이 변합니다. 정말 변할까요? 그렇습니다.

저는 대학교 3학년 때 예수님을 영접했습니다. 그전에는 술을 고주망태가 되도록 마셨습니다. 어떤 때는 밤늦게 시내버스에서 정신을 잃고 종점까지 실려 가기도 했습니다. 담배도 하루 한 갑, 많으면 두 갑씩 피웠습니다. 당시 어머니는 구멍가게를 하셨습니다. 연탄, 야채, 과일, 과자, 음료수 등. 요즘 같으면 체인점 본부에서 물건을 다 공급해 줍니다. 그러나 예전에는 상당수 물건을 청량리 시장에서 힘들게 머리로 이어다가 팔았습니다. 하루 몇 푼 벌지도 못하는데 매일 아들 술값, 담뱃값을 대주셨습니다. 그런데 제가 예수님을 영접한 후에 술과 담배를 끊기로 작정했습니다. 처음에는 힘들었습니다. 그러나 그 문제로 기도한 후에 변화가 일어났습니다. 술 냄새가 너무 지독하고 역겨워서 맡을 수가 없었습니다. 담배도 마찬가집니다. 냄새만 맡아도 골이 아파 견딜 수 없었습니다.

오늘 이 자리에 계신 여러분, 변화되는 것이 두려울 뿐이지 변화를 원한다면 하나님께서 얼마든지 변화시켜 주십니다. 내 안에 계시는 성령께서 얼마든지 거룩하게 변화시켜 주시기 때문입니다. 성령께서는 우리에게 부활의 능력까지 주십니다. 육체적 사망의 굴레를 벗도록 능력을 주십니다. 성령의 도우심을 구하십시오.

"만일 너희 속에 하나님의 영이 거하시면 너희가 육신에 있지 아니하고 영에 있나니 누구든지 그리스도의 영이 없으면 그리스도의 사람이 아니라……예수를 죽은 자 가운데서 살리신 이의 영이 너희 안에 거하시면 그리스도 예수를 죽은 자 가운데서 살리신 이가 너희 안에 거하시는 그의 영으로 말미암아 너희 죽을 몸도 살리시리라"(롬 8:9-11).

하나님의 자녀는 혈통 대신 하나님의 씨로 납니다.

"하나님께로부터 난 자마다 죄를 짓지 아니하나니 이는 하나님의 씨가 그의 속에 거함이요"(요일 3:9).

"너희가 거듭난 것은 썩어질 씨로 된 것이 아니요 썩지 아니할 씨로 된 것이니"(벧전 1:23).

육정으로 나는 대신 영으로 납니다.

"육으로 난 것은 육이요 영으로 난 것은 영이니"(요 3:6).

하나님의 자녀는 사람의 뜻이 아니라 하나님의 뜻으로 납니다.

"그가 그 피조물 중에 우리로 한 첫 열매가 되게 하시려고 자기의 뜻을 따라 진리의 말씀으로 우리를 낳으셨느니라"(약 1:18).

이렇게 해서 우리는 속으로부터 하나하나 하나님의 자녀로 변화되어 갑니다. 이 변화에 기꺼이 자신을 맡기시기 바랍니다.

여러분은 하나님의 자녀임을 확신합니까?

영접하는 자 곧 그 이름을 믿는 자에게는 하나님의 자녀가 되는 권세를 주셨습니다.

하나님의 자녀는 혈통으로 나지 않습니다. 육정 곧 인간의 본능으로 나지 않습니다. 사람의 의지로 될 수 없습니다. 오직 한 가지, 하나님께로부터 납니다. 하나님만이 인간을 하나님의 자녀로 만드실 수 있습니다.

하나님은 오늘 우리를 부르셨습니다. 예수 그리스도를 영접한 우리를 하나님의 양자로 삼으셨습니다. 그리고 우리 마음에 성령을 주셔서 우리로 하여금 하나님을 아버지라고 고백하게 하셨습니다. 우리 속에 영생과 부활의 능력을 주셨습니다. 우리로 하여금 하나님의 품에 살도록 자녀의 특권을 주셨습니다. 천국의 상속권을 주셨습니다. 믿음으로 영접하여 하나님의 자녀가 되십시오. 그리고 자녀 된 삶의 특권을 영원히 누리시기를 주님의 이름으로 축원합니다.

/말씀이 육신이 되어/

요한복음 1:14-18

말씀이 육신이 되어 우리 가운데 거하시매 우리가 그의 영광을 보니 아버지의 독생자의 영광이요 은혜와 진리가 충만하더라 요한이 그에 대하여 증언하여 외쳐 이르되 내가 전에 말하기를 내 뒤에 오시는 이가 나보다 앞선 것은 나보다 먼저 계심이라 한 것이 이 사람을 가리킴이라 하니라 우리가 다 그의 충만한 데서 받으니 은혜 위에 은혜러라 율법은 모세로 말미암아 주어진 것이요 은혜와 진리는 예수 그리스도로 말미암아 온 것이라 본래 하나님을 본 사람이 없으되 아버지 품속에 있는 독생하신 하나님이 나타내셨느니라

말씀이 육신이 되어 우리 가운데 거하시매

"말씀이 육신이 되어 우리 가운데 거하시매"(14절).

1절에서 요한은 태초에 말씀이 계셨고, 이 말씀이 하나님과 함께 계셨다고 했습니다. 그런데 14절의 말씀에는 이 말씀이 육신이 되셨고, 우리 가운데 거하신다고 했습니다. 말씀은 물론 하나님이신 예수님을 가리키는 말입니다. 그러므로 말씀이 육신이 되셨다는 것은 하나님이신 그리스도가 육신이 되셨다는 말씀입니다. 이 짤막한 말씀

속에 몇 가지 매우 중요한 의미가 포함되어 있습니다.

첫째, 완전한 신성의 표현입니다.

'사람'(ανθρωπον)이 되었다고 하지 않고 '육체'(σὰρξ)가 되었다고 한 점입니다. 이것은 하나님이 사람으로 변신되었다는 것이 아니라, 하나님이 사람의 육체로 나타나셨다는 뜻입니다. 다시 말하면, 하나님이 신성을 포기하시거나 신성을 잠시 보류하신 것이 아니라, 신성을 지니신 채로 사람의 몸을 입으셨다는 뜻입니다. 그래서 세례 요한은 공개적으로 외쳐서 증거했습니다.

"내 뒤에 오시는 이가 나보다 앞선 것은 나보다 먼저 계심이라"(15절).

세례 요한은 예수님보다 6개월 앞서서 이 세상에 태어났습니다. 그래서 그는 예수님이 자기보다 뒤에 오셨다고 했습니다. 여기서 요한은 예수님이 자기처럼 태어났다고 하지 않고 오셨다고 했습니다. 왜냐하면 예수님은 자기보다 먼저 계셨기 때문입니다. 여기서 먼저 계셨다는 말은 단순히 세례 요한 자신보다 시간적으로 먼저 계셨다는 의미가 아니라 영원 전부터 계셨다는 뜻입니다. 1절에서 말씀한 바와 같이 태초에 계셨습니다. 이것은 바로 예수님의 영원한 신성을 증명합니다.

요한복음에서 적어도 예수님의 신성을 외친 6명의 증인들이 있습니다. 첫째는 세례 요한이요, 둘째는 나다나엘이요(1:49), 셋째는 베드로요(6:69), 넷째는 날 때부터 소경 되었다가 고침 받은 소경이요(9:35-38), 다섯째는 마르다요(11:27), 여섯째는 도마(20:28)입니다. 여기에 예수님 자신도 자신의 신성을 선언하셨습니다(5:25, 10:36).

그러므로 말씀이 육신이 되신 것은 신성을 버리심이 아니라 신성 위에 인성을 취하신 것입니다. 예수님은 신성을 조금도 버리시지 않고 인성을 입으셨습니다. 사도 바울은 이 점을 빌립보서 2장 6-8절에서 이렇게 설명합니다.

> "그는 근본 하나님의 본체시나 하나님과 동등됨을 취할 것으로 여기지 아니하시고 오히려 자기를 비워 종의 형체를 가지사 사람들과 같이 되셨고 사람의 모양으로 나타나사 자기를 낮추시고 죽기까지 복종하셨으니 곧 십자가에 죽으심이라"(빌 2:6-8).

둘째, 완전한 인성의 표현입니다.

말씀이 육신이 되셨다는 것은 단순히 육체적 껍데기만 입으셨다는 뜻이 아닙니다. 완전한 인성을 가지셨다는 뜻입니다. 예수님이 신성을 가지셨다고 해서 인성이 없다든지 인성이 불완전하다고 말할 수는 없습니다. 초대교회의 어떤 이단자들은 예수님의 인성을 부인하고, 예수님의 육체를 거짓 육체라고 주장했습니다. 그러나 예수님은 분명히 자신의 몸을 가지셨고 사람의 모든 품성을 가지셨습니다. 우리와 똑같이 피곤해하시고, 배고파 하시며, 십자가에서 고통을 호소하셨습니다. 우리와 똑같은 감정으로 눈물을 흘리시며 슬퍼하셨고, 사랑하셨습니다. 예수님은 부분적 인간이 아니라 완전한 인간이셨습니다.

예수님의 인성은 속죄 사역에 매우 중요합니다. 구약의 제사 제도에 보면 사람들의 죄를 대신하여 누구나 양이나 소를 죽여서 바쳤습니다. 먼저 제물 중에 흠이 없는 것을 골라서 성전 앞으로 가져옵니다. 그리고 바치는 자가 제물 위에 손을 얹고 안수합니다. 이것은 제물과 바치는 사람이 일치된다는 뜻이요, 제물이 죽음으로 내가 죽는 것을 대신한다는 뜻입니다.

그러나 오늘날 대한민국 형법으로 생각해 보십시오. 어떤 사형수가 양이나 소를 한 마리 대신 죽임으로써 자신의 사형을 면할 수 있을까요? 사람의 죄는 사람만이 담당할 수 있습니다. 예수님은 완전한 인간이 되심으로써 인간들의 죄를 대신 지실 수 있었습니다.

셋째, 말씀이 육신이 되셨다는 것은 무죄성을 반영합니다.

예수님은 비록 우리와 똑같은 몸과 마음을 가진 인간으로 오셨을지라도 우리와 달리 죄가 없으십니다. 예수님의 무죄성은 사도들이 입증했습니다(히 9:14; 벧전 1:19). 또한 예수님 자신도 단호하게 증언하셨습니다.

"너희 중에 누가 나를 죄로 책잡겠느냐"(요 8:46).

이와 같은 예수님의 무죄성은 그가 비록 사람으로 나타나셨을지라도 그가 신성을 지니신 말씀이기 때문입니다. 예수님의 무죄성은 구세주로서 매우 중요합니다. 왜냐하면 사람들의 죄를 대신 지려면 먼저 그 자신이 순결해야 하기 때문입니다. 구약의 제사 제물에 보면 흠 있는 것은 절대로 바칠 수 없었습니다. 흠이나 점 있는 것은 그 자체가 부정하므로 자기의 허물을 감당하기에도 부족합니다. 우리 인간들은 누구나 하나님 앞에서 자기 자신의 죄를 지기에도 충분치 못하여 죽임을 당할 존재들입니다. 하물며 남의 죄를 질 사람은 없습니다. 그러므로 주님이 무죄한 자로서 인간이 되신 것은 참으로 인류에게 중요한 의미를 가집니다. 무죄한 인간으로 오심으로써 인간의 죄를 대신하실 수 있게 되었습니다.

말씀은 육신이 되신 후에 우리 가운데 거하셨습니다.

"우리 가운데 거하시매"(14절).

완전한 신성, 완전한 인성, 완전한 무죄성의 주님이 언제나 우리의 손과 발이 닿을 수 있고, 대화할 수 있는 처소에 함께 계십니다.

과거에도 하나님은 언제나 자기 백성 가운데 함께 거하셨습니다. 출애굽 시대에 하나님은 시내 산에서 성막을 지으라 명하셨습니다. 그리고 그 성막이 완성된 후 하나님은 그 성막 중에 임재하셨습니다. 이 성막은 언제나 이스라엘 백성 한가운데에 있었습니다. 하나님께서 이스라엘 공동체의 중심에 계셨습니다. 이 하나님의 임재의 처소로서의 성막을 가리켜 'Tabernacle' 이라고 합니다.

오늘 말씀에 나오는 '거하신다'(σκηνόω)는 말이 바로 이 구약의 성막이란 단어입니다. 그리고 이 성막이란 말은 신약에서 성도의 몸을 나타내기도 합니다.

"너희가 하나님의 성전인 것과 하나님의 성령이 너희 안에 계시는 것을 알지 못하느냐"(고전 3:16).

예수 그리스도께서 인간들 속에 함께 사시는 것은 구약의 하나님 임재와 차원이 다릅니다. 구약의 하나님은 일시적으로 계시다가 범죄하면 떠나시기도 했습니다. 또한 어떤 특정한 대상들에게만 나타나기도 하셨습니다. 그러나 예수님은 완전한 신성, 완전한 인성, 완전한 무죄성의 모습으로 오셔서 성도들 속에 사시고, 영원히 떠나지 않으십니다. 예수님은 완전하신 신인(神人)으로서 하나님과 인간 사이의 영원한 중보자이십니다. 예수님이 오신 것은 인간에게는 하나님과 영원한 동거의 시작입니다.

우리가 그의 영광을 보니 아버지의 독생자의 영광이요

"우리가 그의 영광을 보니 아버지의 독생자의 영광이요"(14절).

다음으로 말씀드릴 것은, 그리스도를 통해서 하나님의 영광을 목격하는 일입니다. 하나님의 영광을 보는 것은 계시적 의미가 있습니다. 즉, 하나님의 영광을 보는 것은 곧 하나님을 본다는 뜻입니다.

하나님이 자신을 나타내시는 것을 계시라고 합니다. 인간은 하나님의 계시가 없다면 하나님에 대해서 아무것도 알 수 없습니다. 그러므로 하나님은 성경 역사를 통하여 인간에게 자신을 나타내셨습니다. 그러나 그 계시는 완전하지 않았습니다. 구약 시대에 하나님의 영광이 구름, 폭풍, 불기둥과 구름기둥, 법궤 위의 그룹들, 여호와의 사자 등으로 나타났습니다. 그러나 그것은 어디까지나 임재를 암시하는 상징물이지 하나님 자신의 모습은 아니었습니다. 그러나 예수님이 보이신 영광은 과거의 상징물과는 차원이 다릅니다.

"본래 하나님을 본 사람이 없으되 아버지 품속에 있는 독생하신 하나님이 나타내셨느니라"(18절).

본래 하나님을 본 사람은 없습니다. 그러나 하나님의 품에 계신 독생하신 하나님이 나타내셨습니다.

하나님은 영이십니다. 아무도 하나님을 본 적도 없고, 볼 수도 없습니다. 그런데도 불구하고 하나님을 명백히 보게 되었습니다. 바로 육신으로 오신 예수 그리스도를 봄으로써 하나님을 보게 된 것입니다. 독생자(μονογενής)란 말은 의미심장한 말입니다. 유일무이의 출생자란 뜻입니다. 이 세상에 유일한 출생자, 때로는 외아들이라고 번역하기도 합니다. 예수님은 사람의 모습으로 오신 하나님의 하나밖에 없는 아들이십니다. 이 예수님을 보는 것은 곧 아버지를 보는 것입니다(요 14:9).

오늘 말씀에 예수 그리스도를 보니 하나님의 영광(δόξα)이라고 합니다.

"우리가 그의 영광을 보니"(14절).

여기에 '본다'는 말의 주어는 '우리'라는 복수형으로 되어 있습니다. 우리 모두는 누구나 다 하나님의 영광을 목격할 수 있습니다. 바로 주님의 생애를 관찰함으로써 말입니다.

첫째, 그의 인격 안에 하나님의 영광이 있습니다.

자기를 못 박는 원수들을 용서하는 자비심, 그뿐 아니라 자신의 몸을 희생물로 내어주는 사랑, 결코 불의를 용납지 않고 행하지 않으시는 의로움, 거짓 없는 진리, 오점이 없는 거룩이 있습니다. 그의 마음에서 우리는 신적인 영광을 볼 수 있습니다.

둘째, 구속 사역을 포함한 그의 모든 삶 속에 하나님의 영광이 있습니다.

전 인류를 대신하여 죽으신 십자가의 위대한 죽음, 신적인 권능으로 일어나신 부활 속에 하나님의 영광이 있습니다. 수많은 병자들을 고치시고 귀신을 쫓으시며, 풍랑을 잔잔케 하시며, 수천 명에게 양식을 만들어 주신 그의 신적인 능력 속에 하나님의 영광이 있습니다. 그의 가르침과 교훈들 속에 하나님의 영광이 있고, 언행 하나하나에 하나님의 영광이 있습니다. 최종적으로는 승천하시는 모습 속에 영광이 있습니다.

사도 요한은 최초의 이적을 얘기하면서 이렇게 말씀합니다.

> "예수께서 이 첫 표적을 갈릴리 가나에서 행하여 그의 영광을 나타내시매 제자들이 그를 믿으니라"(요 2:11).

그리스도를 통해 나타난 모든 것, 보이신 모든 것이 다 하나님의 영광입니다.

우리는 예수님을 통하여 하나님의 영광을 봅니다. 영광의 장식물이 아니라 영광의 본체를 봅니다. 그리스도가 사람의 모습으로 오시지 않았다면 우리는 영원히 그 영광의 본체를 볼 수 없었을 겁니다. 의, 진리, 거룩, 사랑, 능력, 권위와 같은 모든 것을 그냥 상징물로 볼 수밖에 없었겠지요. 그러나 이제는 예수님 안에 나타났습니다.

주석가 랑게는 인류 역사에 나타난 그리스도의 영광을 4단계로 이해했습니다. 제1단계는 하나님 아버지와 아들이 함께했던 선재적(先在的) 영광입니다(요 17:5). 제2단계는 이 세상에 나타나시기 전에 선지자가 본 영광의 그림자입니다(요 12:41). 제3단계는 성육신 후에 그의 삶을 통하여 나타난 영광입니다. 제4단계는 장차 성도들과 함께 나눌 완전한 영광입니다(요 17:24).

우리는 그리스도의 생애를 통하여 하나님의 영광된 모습을 보아야 합니다. 인간의 모습이 아닌 하나님의 모습을 목격할 수 있을 때 비로소 우리의 신앙이 시작됩니다. 사도 바울은 다메섹으로 가는 도

중에 그리스도의 빛을 목격하고 그 자리에 엎드러졌습니다. 그의 생애는 거기서부터 180도 전환되었습니다. 영광을 목격하고 그리스도를 믿은 것은 물론이고, 그리스도의 증인으로 평생을 보내게 되었습니다.

현대 기독교는 예수님을 인간화시키는 데 주력합니다. 그 결과 나타난 것은 세속화 외에 별다른 효과가 없습니다. 그리스도의 인간적 모습만 보지 말고 그 속에 충만한 하나님의 영광을 보시기 바랍니다. 그 인격과 성품 속에서, 그리고 그의 모든 행동과 말과 업적 속에서 하나님의 영광을 목격하시기 바랍니다. 그리고 신실한 신앙으로 들어오시기 바랍니다.

은혜와 진리가 충만하더라

우리가 예수님을 통해서 보아야 할 가장 큰 영광은 바로 은혜와 진리입니다. 은혜와 진리는 하나님의 본성입니다. 성경의 하나님을 요약하면 은혜의 하나님, 진리의 하나님입니다. 구약의 하나님도 은혜와 진리로 나타납니다. 목이 곧고 불순종적인 이스라엘 백성을 끝까지 참고 가나안까지 인도하시는 헤세드의 하나님이 곧 은혜의 하나님입니다. 구원이 없는 우상숭배와 잘못된 가르침을 철저히 배격하는 아멘의 하나님이 곧 진리의 하나님입니다. 헤세드와 아멘! 바로 하나님의 은혜와 진리를 말합니다.

신약에서 하나님의 은혜와 진리는 예수 그리스도를 통해서 완전히 드러납니다. 요한은 예수님을 빛으로, 생명으로 소개했습니다. 빛은 진리에서 나타나며, 그리스도를 통한 계시 속에 나타납니다. 생명은 하나님의 은혜로부터 오며, 은혜는 그리스도를 통한 속죄에 담겨 있습니다. 절대적 계시자요, 절대적 속죄자로서 예수님은 은혜와 진리의 본체십니다. 예수 그리스도는 곧 하나님의 은혜요, 예수 그리스도는 곧 하나님의 진리입니다.

"내가 곧 길이요 진리요 생명이니"(요 14:6).

본문 말씀에 보면 예수님을 통해서 나타난 은혜와 진리를 모세의 율법과 대조시킵니다.

"율법은 모세로 말미암아 주어진 것이요 은혜와 진리는 예수 그리스도로 말미암아 온 것이라"(17절).

모세의 율법에도 은혜와 진리가 없는 것은 아닙니다. 그러나 그것은 지극히 부족합니다.

첫째, 모세의 율법은 충분한 은혜가 되지 못합니다.

율법은 완전한 의를 요구합니다. 이에 어긋나면 가차 없이 정죄됩니다. 그리고 심판에 이릅니다. 거기에는 생명 자체가 없습니다. 그래서 사도 바울은 이렇게 고백합니다.

"전에 율법을 깨닫지 못할 때에는 내가 살았더니 계명이 이르매 죄는 살아나고 나는 죽었도다 생명에 이르게 할 그 계명이 내게 대하여 도리어 사망에 이르게 하는 것이 되었도다"(롬 7:9-10).

"무릇 율법 행위에 속한 자들은 저주 아래에 있나니 기록된 바 누구든지 율법 책에 기록된 대로 모든 일을 항상 행하지 아니하는 자는 저주 아래에 있는 자라 하였음이라"(갈 3:10).

둘째, 모세의 율법은 구원의 효력, 속죄의 효력이 없습니다.

모세의 율법에 제정된 제사법을 보십시오. 그 법을 그대로 지킨다 해도 본질적으로 속죄되는 것은 아닙니다. 소나 양을 제아무리 많이 잡아서 바쳐도 본질상 속죄될 수는 없습니다. 왜냐하면 소나 양의 죽음으로 사람의 죄가 씻어지는 것은 아니기 때문입니다. 소나 양이 상징하는 실체이신 그리스도만이 속죄할 수 있습니다. 모세의 율법은 구원 진리에 대한 그림자요, 모형과 상징에 불과합니다. 사람을 살리고 구원할 수 있는 진정한 진리는 그리스도 자신에게 있습니다.

> "율법은 장차 올 좋은 일의 그림자일 뿐이요 참 형상이 아니므로 해마다 늘 드리는 같은 제사로는 나아오는 자들을 언제나 온전하게 할 수 없느니라"(히 10:1).

구약적 제사는 모형이요, 예수님의 십자가는 실체입니다. 구약의 유월절 양은 그림자요, 예수님의 희생은 실체입니다. 구약의 율법들은 모형적 진리요, 예수님 자신은 실체적 진리입니다. 예수님 안에서 진리는 겉모양(appearance)과 실상(reality)이 조화되고, 공언(claim)과 존재(being)가 조화되고, 약속(promise)과 그 성취(fulfilment)가 조화되어 있습니다.

예수 그리스도를 통하여 나타난 은혜와 진리는 충만(πλήρης)합니다. 충만이란 말은 분량적으로 차고 넘친다는 뜻입니다. 충분하고도 넘칩니다. 구약에서 부분적으로 나타난 은혜와 진리가 그리스도를 통해서 총체적으로 나타났습니다. 구약의 그림자나 상징이 신약에서 실상이 되었습니다. 구약에 조금씩 드러나던 계시가 그리스도에게서 완성되었습니다.

말하자면, 계시적으로나 존재로서나 행위에서 그리스도 속에 하나님의 은혜와 진리는 충분히 드러났다는 말씀입니다. 그래서 사도 바울은 골로새서 1장 19절에서 "아버지께서는 모든 충만으로 예수 안에 거하게 하시고"라고 말합니다.

"그 안에는 신성의 모든 충만이 육체로 거하시고 너희도 그 안에서 충만하여졌으니"(골 2:9-10).

"교회는 그의 몸이니 만물 안에서 만물을 충만하게 하시는 이의 충만함이니라"(엡 1:23).

이러한 충만은 인간 편에서 볼 때 무한한 유익이 있습니다. 예수께서 사마리아 수가 성을 지나시다가 우물에서 물 긷는 여인을 만나셨습니다. 그 자리에서 물에 관한 얘기가 오고 갔습니다. 주님은 그 여인에게 물을 한 바가지 달라고 하셨습니다. 그러면서 그 여인에게 영원히 목마르지 않는 물을 주겠다고 제안하십니다. 여인은 그런 물이 어디 있느냐고 합니다. 그녀는 마르지 않고 솟아나는 샘물을 어디 파서 감추어 두었다고 생각했습니다. 그러나 그것은 우리의 영생을 의미하는 말씀이었습니다.

사람마다 삶에 갈증을 느낍니다. 이 여인도 결혼을 다섯 번이나 했지만 만족을 얻지 못한 삶의 실패자였습니다. 영원한 만족과 기쁨을 주는 삶이 그리스도에게 있습니다. 그러한 생명의 물이 그리스도에게서 넘쳐납니다. 남의 눈을 피하여 물을 긷지 않아도 됩니다. 왜냐하면 그 물은 사람이 길으러 가기 전에 넘쳐서 우리에게 다가오기 때문입니다. 과연 생명의 물이신 예수님은 수가 성 여인이 찾아오기를 기다리지 않고 그 여인 곁에 찾아가셨습니다.

인간이 진리를 찾아다닌다면 몇백 년, 몇천 년을 찾아다녀도 결코 찾지 못합니다. 그러나 그 진리가 우리에게 넘쳐서 다가오기 때문에 우리는 진리를 얻을 수 있습니다. 우리가 은혜를 구하러 백방으로 다닌다고 합시다. 어디서 하나님의 심판을 면할 만한 진정한 은혜를 구할 수 있을까요? 그러나 그 은혜가 우리에게 다가오기 때문에 우리는 은혜를 받을 수 있습니다. 바로 예수 그리스도는 우리가 찾기 전에 스스로 넘쳐서 우리에게 다가오시는 은혜와 진리십니다. 예수님은 비를 기다리는 천수답에 내리는 비와 같고, 사막에서 솟아나는 샘물과 같습니다. 파기 전에 솟아나며, 찾기 전에 내게 흘러나오는 은혜와 진리십니다.

우리가 다 그의 충만한 데서 받으니 은혜 위에 은혜러라

이제 그 은혜와 진리로 나타나신 그리스도의 혜택을 얼마나 받을 것인지 생각해 봅시다. 충만히 받으시기 바랍니다. 조금 받지 말고 넘치게 받으십시오.

"우리가 다 그의 충만한 데서 받으니"(16절).

우리가 다 받는다고 했습니다. 갈릴리 어부 베드로나 공회원 니고데모나 바리새인 바울이나 회당장 야이로나 로마군의 백부장이나 간음하다 잡혀온 부정한 여인이나 38년 된 병자나 맹인이나 청각장애인이나 걷지 못하는 사람이나 모두 다 그리스도의 충만함 중에서 받았습니다.

사도 요한은 오늘 자신이 그리스도에게서 받은 은혜와 진리를 은혜 위에 은혜라고 했습니다.

> "은혜 위에 은혜러라"(16절).

은혜 위에 은혜란 말은 은혜의 충만성과 연속성을 말합니다. 우리가 하나님께 받는 은혜는 분량적으로 충분할 뿐 아니라 영원히 지속됩니다.

영국의 교육자로서 우편 제도를 개혁했던 롤런드 힐(Rowland Hill, 1795-1879)이란 사람이 있었습니다. 언젠가 한 독지가로부터 100파운드의 돈을 우편으로 지극히 가난한 한 목사님께 전해 달라는 부탁을 받았습니다. 롤런드 씨는 그 돈을 어떻게 하면 효과적으로 보낼 것인가를 곰곰이 생각했습니다. 한꺼번에 보내는 것보다 더 유익되고 더 기쁨을 줄 수 있는 방법으로 보내기로 작정했습니다. 그래서 한 번에 5파운드씩 20번에 걸쳐서 보내기 시작했습니다. 편지 안에는 5파운드와 함께 간단한 글이 적혀 있었습니다. "더 갈 것이 있습니다."

목사님이 편지와 함께 돈을 받습니다. 그런데 매번 "더 갈 것이 있습니다"라는 글귀가 적혀 옵니다. 가난한 목사님은 언제나 더 갈 것이 있다는 말에 기대와 기쁨을 금할 수 없었습니다.

오늘 우리에게 하나님으로부터 올 은혜가 많습니다. "내가 너희 죄를 사하노라, 그러나 더 사하리라. 내가 너희를 의롭게 하노라, 그러나 더 의롭게 하리라. 내가 너희에게 생명을 주노라, 그러나 더 주리라. 내가 너희 병을 고치노라, 그러나 더 고쳐 주리라. 내가 너희에게 천국을 주노라, 그러나 더 주리라. 내가 너희에게 영광을 주노라, 그러나 더 영화롭게 하리라. 내가 너희를 사랑하노라, 그러나 더 사랑하리라."

여러분! 하나님의 은혜는 오고 또 옵니다. 끊어지지 않습니다. 그러므로 끝없이 받고 또 받으시기 바랍니다.

병 고침 받았습니까? 영혼의 병도 고치시기 바랍니다. 죄 용서 받았습니까? 신령한 은사들도 받으십시오. 마음의 평안을 얻었다면 물질의 풍족함도 얻으시고, 지혜를 얻었다면 사랑과 희락과 화평과 오래 참음과 자비과 양선과 충성과 온유와 절제, 능력, 다 받으시기 바랍니다. 성경은 말씀합니다. "너희는 더욱 좋은 은사를 사모하라!" 그리스도 안에서 충만히 받으시기를 축원합니다.

나는 아니라

요한복음 1:19-28

유대인들이 예루살렘에서 제사장들과 레위인들을 요한에게 보내어 네가 누구냐 물을 때에 요한의 증언이 이러하니라 요한이 드러내어 말하고 숨기지 아니하니 드러내어 하는 말이 나는 그리스도가 아니라 한대 또 묻되 그러면 누구냐 네가 엘리야냐 이르되 나는 아니라 또 묻되 네가 그 선지자냐 대답하되 아니라 또 말하되 누구냐 우리를 보낸 이들에게 대답하게 하라 너는 네게 대하여 무엇이라 하느냐 이르되 나는 선지자 이사야의 말과 같이 주의 길을 곧게 하라고 광야에서 외치는 자의 소리로라 하니라 그들은 바리새인들이 보낸 자라 또 물어 이르되 네가 만일 그리스도도 아니요 엘리야도 아니요 그 선지자도 아닐진대 어찌하여 세례를 베푸느냐 요한이 대답하되 나는 물로 세례를 베풀거니와 너희 가운데 너희가 알지 못하는 한 사람이 섰으니 곧 내 뒤에 오시는 그이라 나는 그의 신발끈을 풀기도 감당하지 못하겠노라 하더라 이 일은 요한이 세례 베풀던 곳 요단 강 건너편 베다니에서 일어난 일이니라

너는 누구냐?

본문 말씀은 세례 요한과 관련된 두 가지 공개적 질문과 답변입니다. 첫째는, 세례 요한의 신분에 대한 질문과 답변입니다. 세례 요한은 누구인가? 둘째는 세례 요한이 베푼 세례에 대한 질문과 답변입니다. 왜 세례를 베푸는가?

이 질문과 답변을 통해서 보여주려 한 것은 세례 요한의 정체성입니다. 세례 요한, 당신은 누구이며 무엇을 하고 있는가?

첫 번째 질문은 세례 요한의 신분과 관련된 질문입니다.

"유대인들이 예루살렘에서 제사장들과 레위인들을 요한에게 보내어 네가 누구냐 물을 때에 요한의 증언이 이러하니라"(19절).

"당신은 누구요? 도대체 뭐 하는 사람이오?"

지금부터 2천 년 전 팔레스타인에 한 인물이 등장했습니다. 이름은 요한인데 세례를 베풀었기 때문에 세례 요한이라고 불렀습니다. 많은 사람들이 세례 요한의 말을 듣고 추종했습니다. 요한의 출생에 대한 기록은 누가복음에 언급되어 있습니다. 그러나 그의 30여 년의 생애에 대한 기록은 전혀 없습니다. 어디서 어떻게 성장해 왔는지 아무도 모릅니다. 불쑥 나타난 선지자로 인식되었습니다.

그는 차림새가 특이했습니다. 약대 가죽 옷을 입고, 메뚜기와 석청을 먹으면서 광야에서 생활했습니다. 전형적인 선지자의 모습입니다. 그는 매일 사람들 앞에서 힘차게 외쳤습니다. "회개하라, 천국이 가까웠느니라!" 많은 사람들이 그의 설교를 들으려고 찾아 나왔습니다. 그는 회개하는 사람들에게 세례를 베풀었습니다. 점점 더 많은 사람들이 요한을 보기 위해 요단 강가로 왔습니다. 바로 이런 시기에 일단의 유대인들이 요한 앞에 나타나 공개적으로 질문했습니다. "당신은 누구요?"

요한에게 질문하러 온 사람들은 유대인의 대표 기관인 산헤드린 공회가 보낸 사람들이었습니다. 공회는 유대인의 종교 문제뿐 아니라 일반 사법적인 권한도 행사하는 유대인 최고의 기관입니다. 공회는 제사장들과 서기관들과 백성의 장로들로 구성되어 있었습니다. 이 공회가 제사장들과 레위인들을 세례 요한에게 보낸 것은 세례 요한에 대한 예우라고 생각됩니다. 세례 요한 역시 제사장 가문 출신이었습니다.

그러면 유대인 공회가 왜 이 시점에서 요한에게 공개 질문을 했을까요? 한마디로 정치적 이유입니다. 많은 추종자가 생겨났기 때문입니다. 요즘도 그렇잖습니까? 누가 인기가 있다 하면 관심 갖는 사람들은 첫째는 정치인이고, 둘째는 광고주들입니다. 정치하는 사람들은 추종자의 숫자에 관심이 많습니다. 세례 요한 당시 유대 사회에는 몇 가지 종파나 정파가 있었습니다. 이들은 나름대로 주도권을 확보하기 위해 힘썼습니다. 그중에 첫째는 바리새파입니다. 가장 대중적인 율법주의자들입니다. 둘째는 사두개파인데, 성전을 중심으로 로마 권력과 야합했던 제사장파입니다. 셋째는 정치적 독립 운동을 주창했던 열심당입니다. 넷째는 현실도피적인 은둔주의자들이었던 에세네파입니다.

이들 중에 세례 요한에게 질문을 던진 사람들은 주로 바리새파 사람들입니다. 이들은 나름대로 가장 많은 추종자들을 거느리고 있었습니다. 그런데 세례 요한이 나타나서 많은 사람이 따르는 것을 보고 일종의 위기감을 느꼈습니다. 찬성을 하든지 반대를 하든지, 세례 요한에 대한 입장 정리를 해야만 할 형편이었습니다. 그래서 대표자로 질문을 했습니다.

이들이 요한에게 공개적으로 질문을 던진 이면적 의도는 요한을 쫓아내려는 것입니다. 물론 긍정적인 의도도 조금은 있었을 것입니다. 만일 세례 요한이 메시아이거나 참 선지자이면 인정하겠다는 긍정적인 측면입니다. 그러나 만일 이도 저도 아니라면 공회의 이름으로 단호하게 배척하겠다는 뜻입니다. 거짓 지도자를 단죄하고 심판하는 것이 공회의 의무요 권한이었기 때문입니다.

사실상 이들은 자신들의 이익이나 기득권을 수호하는 데 관심이 많았습니다. 진리를 아는 문제에는 그다지 관심을 갖지 않았습니다. 많은 대중들이 자신들의 말을 따르지 않고 세례 요한을 따르는 데 대한 시기심, 요한을 압박하기 위한 의도가 다분한 질문입니다.

나는 아니라

질문의 의도가 어떠하든지 요한은 자신의 신분에 대해서 명백히 대답합니다. 신분에 대한 공회의 질문은 세 가지입니다. 첫째는 네가 그리스도냐 하는 질문이고, 둘째는 네가 엘리야냐 하는 질문이고, 셋째는 네가 그 선지자냐 하는 질문입니다. 이런 질문에 대해서 요한은 반복해서 "나는 아니라"고 대답합니다.

첫 번째 질문은 '네가 그리스도냐?' 하는 질문입니다. 많은 유대인들은 요한이 메시아이기를 크게 기대했습니다. 실제로 그의 모습 속에서 메시아적인 그림자를 찾아볼 수도 있었습니다. 그는 죄를 씻는 물세례를 베풀었습니다. 그러나 요한은 매우 강한 어조로 부인합니다.

> "요한이 드러내어 말하고 숨기지 아니하니 드러내어 하는 말이 나는 그리스도가 아니라 한대"(20절).

'나는 메시아가 아니다' (*Ἐγὼ οὐκ εἰμὶ ὁ Χριστός*, I am not the Christ). 아주 강한 부정입니다.

두 번째 질문은 '네가 엘리야냐?' 하는 질문입니다.

"또 묻되 그러면 누구냐 네가 엘리야냐 이르되 나는 아니라"(21절).

유대인들은 역사의 종말에 엘리야가 다시 온다고 믿었습니다. 구약의 마지막 선지자인 말라기 선지자가 그렇게 예언을 했기 때문입니다.

"보라 여호와의 크고 두려운 날이 이르기 전에 내가 선지자 엘리야를 너희에게 보내리니 그가 아버지의 마음을 자녀에게로 돌이키게 하고 자녀들의 마음을 그들의 아버지에게로 돌이키게 하리라"(말 4:5-6).

그런데 이 구절을 유대인들은 잘못 해석하고 있었습니다. 유대인들은 문자적으로 승천했던 엘리야가 다시 온다고 생각했습니다. 그들은 승천했던 엘리야가 다시 와서 유대 왕국을 세우는 앞잡이 노릇을 한다고 생각했습니다. 이런 유대인들의 생각에 대해서 요한은 당연히 아니라고 대답합니다.

그러면 말라기 선지자가 말한 마지막 때에 나타날 엘리야는 어떤 엘리야일까요? 그 엘리야는 바로 메시아를 세상에 소개하기 위해 마지막으로 나타날 선지자를 가리키는 말입니다. 즉, 세례 요한입니다.

엘리야란 이름은 보통명사화된 '선지자'란 뜻입니다. 엘리야는 선지자의 대명사이기 때문입니다. 예수님이 변화산에서 회담하신 두 인물이 있습니다. 바로 모세와 엘리야입니다. 모세는 율법의 대표자이고, 엘리야는 선지자의 대표자입니다. 이 마지막 엘리야가 나타나면 사람들에게 메시아를 알리고, 사람들의 마음을 하나님께 돌리는 역할을 합니다. 그런데 요한은 자신이 엘리야가 아니라고 답합니다. 말라기 선지자가 말한 의미의 엘리야이긴 하지만 유대인들이 오해하고 있는 엘리야는 아니라는 뜻입니다.

세 번째 질문은 '네가 그 선지자냐?' 하는 질문입니다.

> "또 묻되 네가 그 선지자냐 대답하되 아니라"(21절).

'그 선지자' 는 누구일까요? 유대인들은 익히 알고 있는 내용입니다. 즉, 그 선지자란 신명기에 나오는 선지자를 말합니다.

> "네 하나님 여호와께서 너희 가운데 네 형제 중에서 너를 위하여 나와 같은 선지자 하나를 일으키시리니 너희는 그의 말을 들을지니라…… 내가 그들의 형제 중에서 너와 같은 선지자 하나를 그들을 위하여 일으키고 내 말을 그 입에 두리니 내가 그에게 명령하는 것을 그가 무리에게 다 말하리라"(신 18:15-18).

여기서 말하는 선지자는 바로 메시아입니다. 이스라엘을 가나안으로 인도했던 모세는 바로 구원자 메시아의 그림자입니다. 그러므로 여기서 말하는 나와 같은 선지자란 바로 메시아를 가리킵니다. 요한은 메시아를 알리러 왔을 뿐 메시아는 아닙니다. 그래서 요한은 나는 아니라고 분명히 답변합니다.

세례 요한은 자신의 신분에 대해서 명확한 입장을 밝혔습니다. '나는 메시아가 아니다! 나는 유대인이 생각하는 엘리야도 아니다! 나는 모세가 말한 그 선지자도 아니다!' 이런 입장 표명으로 인해 세례 요한은 크게 불이익을 당합니다. 결국은 헤롯 왕에게 붙잡혀서 목베임을 당하고 맙니다. '내게 불이익이 되든지 말든지, 내 신분은 명확히 밝히자! 자신에게, 혹은 타인에게!' 그것이 세례 요한의 자세입니다. 세례 요한은 자신의 신분을 명확히 함으로써 그리스도를 알리기를 원했습니다.

오늘 내 신분을 명확히 알고 있습니까? 필요 이상으로 과장된 내 신분 때문에 사람들이 혹시 교주로 오해하지는 않습니까? 나의 신분, 나의 지위 때문에 그리스도를 알리는 데 걸림돌이 되지는 않습니까?

나는 주의 앞길을 예비하러 온 사람이다

요한은 자신을 향한 신분상의 오해를 푼 뒤에 자신이 누구인지 확실하게 답변합니다.

> "또 말하되 누구냐 우리를 보낸 이들에게 대답하게 하라 너는 네게 대하여 무엇이라 하느냐 이르되 나는 선지자 이사야의 말과 같이 주의 길을 곧게 하라고 광야에서 외치는 자의 소리로라 하니라"(22-23절).

'나는 주의 길을 평탄케 하려고 광야에서 외치는 자의 소리라!' 요한이 태어나기 600년 전에 이사야 선지자가 나타나서 이렇게 예언했습니다.

> "외치는 자의 소리여 이르되 너희는 광야에서 여호와의 길을 예비하라 사막에서 우리 하나님의 대로를 평탄하게 하라"(사 40:3).

이 예언대로 보냄을 받은 사람이 바로 세례 요한입니다. 요한은 자신의 직무를 두 가지로 표현합니다.

첫째, 광야에서 주의 길을 곧게 하는 일, 즉 메시아의 앞길을 준비하는 일입니다.

광야란 영적으로 악해진 죄악 세상에 대한 비유입니다. 이런 세상에 길을 내러 온 사람이 세례 요한입니다. 제가 시골에 살 적에 차 다니는 길을 신작로라고 했습니다. 그 신작로는 비포장 도로이기 때문에 정기적으로 길을 정비해야 합니다. 가끔 마을 사람들에게 길 닦는 날이 정해집니다. 그러면 집집마다 일정 구간을 맡아서 작업을 합니다. 패인 곳은 자갈을 부어서 돋우고, 높은 곳은 깎아서 평평하게 만듭니다. 그리고 길 양측에 자갈을 예비해 둡니다. 옛날에는 임금이 자신의 영토 어디든지 행차할 때, 미리 그 가는 곳마다 길을 평탄하게 만들어서 왕의 수레가 안락하게 지나가도록 만들었습니다.

세례 요한은 바로 이런 의미에서, 메시아가 그 왕국에 오시기 전에 앞서서 그 길을 평탄케 하러 온 사람입니다. 그러나 여기서 말하는 평탄 작업이란 도로 포장을 말하는 게 아닙니다. 영적이고 정신적인 길입니다. 다시 말하면, 사람들의 마음을 회개시켜서 메시아를 받아들이도록 하는 작업입니다. 높은 산처럼 교만한 마음을 깎아서 낮춰야 합니다. 낙심, 절망, 좌절, 염세에 빠진 사람들의 마음을 북돋아 메워야 합니다. 그래서 메시아가 통행할 수 있는 마음으로 바꿔야 합니다. 요한은 메시아를 위한 마음의 통로를 예비하러 왔습니다.

둘째, 광야에서 외치는 자의 소리입니다.

그는 광야에 살면서 광야 같은 인간의 황폐한 마음을 향해서 외쳤습니다. 요한은 자신을 외치는 자의 소리(φωνή)라고 했습니다. 소리란 의미 없는 발성에 불과합니다. 앞서서 예수님을 말씀(λόγος)이라고 했습니다. 말씀은 의미를 담은 메시지입니다. 거기에 대하여 요한은 그 말씀을 전하는 발성 기관으로 자처했습니다. 주님의 말씀(words)을 전하기 위한 소리(phone)! 그것이 바로 요한입니다.

이러한 요한의 자기소개는 당시 종교인들을 향한 일종의 도전입니다. 왜냐하면 당시 바리새인들이나 사두개인들은 모두 자신들의 목소리는 크게 냈지만, 주님의 말씀은 내지 않았습니다. 말은 많은데 자기들 말만 있고 주님의 말씀이 없었습니다. 이제 요한은 자신의 모습은 감추었어도 메시아의 음성을 들려주었습니다. 광야에서 외치는 자의 소리! 비록 얼굴 없는 무명의 소리지만 메시아의 음성을 담아서 전하는 그 진정한 소리가 바로 세례 요한입니다.

왜 세례를 주느냐?

세례 요한과 관련된 두 번째 질문은 '왜 세례를 주느냐?' 하는 질문입니다.

> "그들은 바리새인들이 보낸 자라 또 물어 이르되 네가 만일 그리스도도 아니요 엘리야도 아니요 그 선지자도 아닐진대 어찌하여 세례를 베푸느냐"(24-25절).

'네가 메시아도 아니고, 엘리야도 아니고, 그 선지자도 아니면 왜 세례를 주느냐?' 이 질문은 주로 바리새인들이 주축이 되어 했습니다. 그들의 주장에 의하면 세례를 줄 수 있는 사람은 정해져 있었습니다. 첫째는 메시아 자신이고, 둘째는 엘리야이고, 셋째는 신명기에 나오는 그 선지자였습니다. 그런데 요한은 메시아도 아니고 엘리야도 아니고 그 선지자도 아니라고 하면서 세례는 왜 주느냐는 질문입니다.

세례란 죄를 씻는 의식입니다. 구약의 제사법이나 유대인들의 전승에는 물로 씻는 의식이 있습니다(겔 36:25). 오늘날에도 세례는 성찬과 더불어 기독교의 양대 의식입니다. 세례의 큰 뜻은 속죄입니다. 그리고 이러한 속죄는 메시아의 특권입니다. 속죄는 메시아만이 하십니다. 그래서 바리새인들이 질문한 것입니다. '너는 무자격자인데 왜 세례를 주느냐?'

여기에 대하여 요한은 중요한 두 가지를 밝힙니다. 첫째, 자신이 주는 세례는 물로 행하는 상징적 세례에 불과하지만, 메시아가 오시면 진실로 중요한 세례를 베푸실 것이라는 점입니다.

> "나는 너희로 회개하게 하기 위하여 물로 세례를 베풀거니와 내 뒤에 오시는 이는 나보다 능력이 많으시니 나는 그의 신을 들기도 감당하지 못하겠노라 그는 성령과 불로 너희에게 세례를 베푸실 것이요"(마 3:11).

사실상 물세례란 하나의 상징에 불과합니다. 물을 뿌리거나 물속에 들어갔다 나온다고 해서 실제로 죄가 없어지는 것은 아닙니다. 죄란 물로 씻어 버릴 수 있는 물질이 아니라 영적인 것입니다. 그러므로 요한이 베푸는 물세례는 하나의 상징(sign)일 뿐입니다. 더 중요한 세례는 요한의 뒤에 등장하실 메시아가 베푸시는 진짜 세례입니다. 요한은 외칩니다. "사두개인들이여, 바리새인들이여! 내가 물세례를 준다고 해서 무엇을 그리 흥분하십니까? 잠시 후면 참 메시아가 나타나서 정말로 죄가 없어지는 놀라운 세례를 베풀어 주실 텐데! 내가 물로 세례를 주는 까닭은, 참 세례를 주실 메시아가 내 뒤에 오신다는 사실을 미리 알려 드리려는 것뿐입니다. 그러니 여러분, 모두 그분의 세례를 받도록 준비하십시오!"

둘째, 신분상 요한 자신은 메시아와 비교될 수 없다고 합니다.

"요한이 대답하되 나는 물로 세례를 베풀거니와 너희 가운데 너희가 알지 못하는 한 사람이 섰으니 곧 내 뒤에 오시는 그이라 나는 그의 신발끈을 풀기도 감당하지 못하겠노라 하더라"(26-27절).

"내가 물로 세례를 준다고 해서 나를 위대하게 보지 마시오. 메시아와 나를 비교하는 것은 너무 지나친 일입니다. 나는 그분의 신발끈을 풀기도 감당하지 못합니다."

로마 사회에서 노예들이 하는 중요한 일 중의 하나는 상전의 신발을 신기고 벗기는 일이었습니다. 상전이 밖에 나갔다가 들어오면 주인의 신발끈을 풀어서 신을 벗기고, 물을 떠다가 발을 닦아 주었습니다. 그러나 이러한 천박한 일도 아무나 하지는 못했습니다. 그런 일을 할 수 있는 노예는 그래도 특별히 총애를 받는 노예였습니다. 일반적인 노예들은 주인의 근처에 와 보지도 못하고, 이곳저곳에서 짐승처럼 일을 했습니다. 요한은 이런 의미에서 자신이 그리스도의 신발끈을 풀 자격도 없다고 말합니다. 진실로 메시아와 자신을 극명하게 대조시키는 말입니다.

두 가지 적용

본문을 통해서 두 가지를 우리 삶에 적용해 보려고 합니다.

첫째, 그리스도 안에서 내 자신의 신분 인식입니다.

'나는 누구인가?' 나는 주님의 종입니다. 신발끈을 풀기도 감당못할 위치에 있습니다. 혹시라도 누가 나를 과장하여 인식하지 못하게 해야 합니다. 그러기 위해서는 나 자신에 대한 강한 자기부정이 필요합니다. '나는 사람들이 생각하는 정도의 훌륭한 인물이 결코 아니다!' 이런 자기부정이 오히려 주님을 나타내는 도구가 되어야 합니다. 세례 요한은 자신에 대한 강한 부정을 통해서 메시아를 드러내고자 힘썼습니다. "더 이상 내게는 관심 두지 마십시오. 나는 퇴장합니다. 주인공이신 메시아를 맞이하십시오!"

우리 그리스도인들이 매일 자신에게 해야 할 일은 바로 자기부정입니다. '나는 아닙니다! 나는 메시아가 아닙니다. 나는 엘리야가 아닙니다. 나는 그 선지자도 아닙니다.'

우리는 누가 좀 치켜 주면 기고만장해서 나서지 않습니까? '나는 이 교회의 주인공이다. 나는 주연이다. 내가 가장 신령하다. 내가 가장 실력 있는 교인이다. 나는 기도의 왕이다. 나는 성경 읽기 왕이다.' 과장된 자신, 남들이 지나치게 평가해 준 자신에 대해서 솔직하게 부정하십시오. '나는 그런 정도의 인물이 결코 아니다.'

세례 요한은 사람들이 높여 주는 것에 묵시적으로나마 동의하지 않았습니다. 세상에서 불고지죄도 있고, 방조죄도 있습니다. 필요 이상으로 과장된 나 자신에 대해서 방조하지 말고, 불고지하지 마십시오. 내가 높아지면 주님의 이름이 퇴색됩니다. 나를 내세우면 주님을 자랑할 틈이 없습니다. 그것이 현재 교인들의 모습입니다. '나는 아닙니다!' 강한 자기부정! 그것이 주님을 알리기 위해서 우리가 가져야 할 자세입니다.

둘째, 주님의 앞길을 준비하는 일입니다.

세례 요한이 한 일은 주님의 앞길을 준비하는 일이었습니다. 오늘 우리가 할 일도 그렇습니다. 사람들의 마음을 준비시켜 주님을 영접할 수 있게 만들어야 합니다. 높아진 언덕을 깎아내듯 교만한 마음을 낮춰야 합니다. 바울은 목회자 디모데에게 이런 권면을 했습니다.

"네가 이 세대에서 부한 자들을 명하여 마음을 높이지 말고 정함이 없는 재물에 소망을 두지 말고 오직 우리에게 모든 것을 후히 주사 누리게 하시는 하나님께 두며 선을 행하고 선한 사업을 많이 하고 나누어 주기를 좋아하며 너그러운 자가 되게 하라"(딤전 6:17-18).

교회에서 부자를 치켜세우지 말라! 재물에 소망을 두지 않게 하라! 교만한 사람들이 얼마나 많습니까? 학력 좋다고 교만합니다. 돈 많다고 교만합니다. 높은 자리에 있다고 교만합니다. 잘생겼다고 교만합니다. 집안 좋다고 교만합니다. 아이큐 높다고 교만합니다. 교만한 마음을 깎아서 낮춰야 합니다. 그래야 예수님을 영접하게 할 수 있습니다. 반대로, 낮은 구덩이 같은 마음은 또 얼마나 많습니까? 열등감에 사로잡힌 사람, 우울증에 걸린 사람, 낙심하고 절망한 사람, 허황된 마음을 품은 사람, 방황하는 사람 등. 이런 마음은 메워서 평탄하게 해야 합니다.

내 주변 사람들에게 메시아가 방문할 수 있는 마음의 길을 놓아 주십시오. 장애물 놓지 말고, 길을 평탄하게 하십시오. 내 주변에 있는 사람들이 나 때문에 예수님을 믿습니까, 나 때문에 예수님을 떠납니까? 예수님을 영접하기 위해 길을 놓는 사람이 되어 주십시오. 그것이 오늘 내가 할 일입니다.

/하나님의 어린 양/

요한복음 1:29-34
이튿날 요한이 예수께서 자기에게 나아오심을 보고 이르되 보라 세상 죄를 지고 가는 하나님의 어린 양이로다 내가 전에 말하기를 내 뒤에 오는 사람이 있는데 나보다 앞선 것은 그가 나보다 먼저 계심이라 한 것이 이 사람을 가리킴이라 나도 그를 알지 못하였으나 내가 와서 물로 세례를 베푸는 것은 그를 이스라엘에 나타내려 함이라 하니라 요한이 또 증언하여 이르되 내가 보매 성령이 비둘기같이 하늘로부터 내려와서 그의 위에 머물렀더라 나도 그를 알지 못하였으나 나를 보내어 물로 세례를 베풀라 하신 그이가 나에게 말씀하시되 성령이 내려서 누구 위에든지 머무는 것을 보거든 그가 곧 성령으로 세례를 베푸는 이인 줄 알라 하셨기에 내가 보고 그가 하나님의 아들이심을 증언하였노라 하니라

보라! 하나님의 어린 양이로다

이제 세례 요한은 자신의 신분에 관한 논란을 끝내고 메시아에 대하여 증거합니다.

예수가 누구인지 증거하는 것이 요한복음의 목적입니다. 요한복음의 저자인 사도 요한은 사람들의 생생한 고백을 통하여 예수님이 누구인지 증거합니다.

"나다나엘이 대답하되 랍비여 당신은 하나님의 아들이시요 당신은 이스라엘의 임금이로소이다"(요 1:49).

"시몬 베드로가 대답하되 주여 영생의 말씀이 주께 있사오니 우리가 누구에게로 가오리이까 우리가 주는 하나님의 거룩하신 자이신 줄 믿고 알았사옵나이다"(요 6:68-69).

"이르되 주여 그러하외다 주는 그리스도시요 세상에 오시는 하나님의 아들이신 줄 내가 믿나이다"(요 11:27).

"도마가 대답하여 이르되 나의 주님이시요 나의 하나님이시니이다"(요 20:28).

세례 요한은 그 첫 번째 증거자입니다. 세례 요한이 첫 번째로 증거한 예수님은 '세상 죄를 지고 가는 하나님의 어린 양' 입니다.

"이튿날 요한이 예수께서 자기에게 나아오심을 보고 이르되 보라 세상 죄를 지고 가는 하나님의 어린 양이로다"(29절).

원문상의 어순은 좀 다릅니다. "보라! 하나님의 어린 양이다. 세상 죄를 지고 간다"("*Ἴδε ὁ ἀμνὸς τοῦ θεοῦ ὁ αἴρων τὴν ἁμαρτίαν τοῦ κόσμου*, Behold, the Lamb of God, who is taking away the sin of the world).

요한은 지금 예수님을 바라보면서 말하고 있습니다. 본문에는 '본다' 는 말이 여러 번 나옵니다. 29, 32, 33, 34절. 요한은 지금 충실한 증인으로서 본 것을 증언하고 있습니다. 자기 앞에 나타난 예수님을 바라보면서 그 느낌과 감격을 있는 그대로 외치고 있습니다.

어린 양은 신구약성경을 관통하는 주제어입니다. 어린 양은 창세기에도 등장하고 마지막 책인 요한계시록에도 등장합니다.

구약에 첫 번째로 등장하는 어린 양은, 창세기 3장에 나오는 아벨의 제물입니다.

가인과 아벨이 함께 하나님께 예배를 드렸습니다. 가인과 아벨은 각각 다른 제물을 드렸습니다. 가인은 곡식단을 드렸고, 아벨은 어린 양으로 드렸습니다. 결과적으로 하나님께서는 가인의 곡식단은 받지 않으시고 아벨의 어린 양을 받으셨습니다.

두 번째 어린 양은 유월절의 양입니다(출 12-13장).

출애굽 사건의 직접적인 계기가 된 것은 유월절 사건입니다. 유월절 사건이 뭡니까? 이스라엘 백성을 노예로 붙잡고 놓아주지 않는 바로 왕을 징벌하기 위해서 하나님은 애굽에 열 가지 재앙을 내리셨습니다. 물이 피가 되는 재앙, 개구리 재앙, 이의 재앙, 파리의 재앙, 온역의 재앙, 독종의 재앙, 우박의 재앙, 메뚜기 재앙, 흑암의 재앙, 그리고 마지막 재앙은 애굽의 모든 장자가 죽는 재앙이었습니다. 바로 이 마지막 재앙으로 바로 왕의 장남에서부터 애굽인의 모든 장자가 다 죽었습니다.

그때 이스라엘 백성에게는 특별한 명령이 내려졌습니다. '이스라엘 사람들은 집집마다 어린 양을 잡아서 피를 받아 좌우 문설주와 인방에 바르라!' 이스라엘 백성들은 명령대로 어린 양을 죽여서 그 피를 문설주와 인방에 발랐습니다. 그랬더니 애굽 사람들에게 임한 죽음의 심판이 이스라엘 사람의 집에는 하나도 임하지 않았습니다. 어린 양의 희생이 이스라엘 백성의 죽음을 면하게 했습니다.

구약의 세 번째 어린 양은 모세의 율법에 등장하는 제물로서의 어린 양입니다.

어린 양은 번제, 화목제, 속죄제, 속건제의 모든 제물로 사용되었습니다. 특히 매일 아침저녁으로 드리는 상번제의 제물이 바로 어린 양이었습니다(민 28:4). 일반 서민이든지, 왕이나 제사장 같은 지도자든지, 민족 공동체든지, 어린 양의 희생 없이는 하나님께 나아가지 못했습니다.

이상 말씀드린 세 종류의 어린 양은 한 가지 공통점이 있습니다. 사람들의 죄를 대신 덮어 쓰고 죽임을 당한 것입니다. 바로 속죄 제물로서의 어린 양입니다.

그러면 이 어린 양이 가리키는 본체는 무엇일까요? 그것은 바로 예수 그리스도입니다. 구약의 어린 양은 상징물입니다. 양이 사람의 죄를 대신할 수는 없습니다. 어린 양은 그리스도입니다. 이사야 선지자는 이렇게 예언했습니다.

> "그는 실로 우리의 질고를 지고 우리의 슬픔을 당하였거늘 우리는 생각하기를 그는 징벌을 받아 하나님께 맞으며 고난을 당한다 하였노라 그가 찔림은 우리의 허물 때문이요 그가 상함은 우리의 죄악 때문이라 그가 징계를 받으므로 우리는 평화를 누리고 그가 채찍에 맞으므로 우리는 나음을 받았도다 우리는 다 양 같아서 그릇 행하여 각기 제 길로 갔거늘 여호와께서는 우리 모두의 죄악을 그에게 담당시키셨도다"(사 53:4-6).

신약 최초로 예수님을 소개한 세례 요한은 바로 그런 의미에서 예수님을 어린 양이라고 불렀습니다. 사도들 역시 어린 양으로서의 예수님, 즉 속죄 제물로서의 예수님 역할을 가장 중요시했습니다.

복음서를 기록한 마태, 마가, 누가, 요한은 복음서의 가장 많은 부분을 예수님의 마지막 한 주간에 일어난 일에 집중하여 기록하고 있습니다. 마지막 한 주간이 무엇입니까? 예수님이 십자가에서 죽으시고 부활하신 사건입니다. 사람들의 죄를 대신하여 죽으신 일, 무덤에서 부활하신 일을 가장 중요시했습니다. 예수님은 우리 죄를 대신하여 십자가에서 죽으셨습니다! 예수님은 우리를 살리시기 위해 무덤에서 살아나셨습니다! 바로 이 메시지입니다.

빌립 집사는 에티오피아 내시가 이사야서 53장을 읽을 때, 그 어린 양이 바로 예수 그리스도라고 증거했습니다. 베드로 사도는 이렇게 말씀합니다.

> "너희가 알거니와 너희 조상이 물려준 헛된 행실에서 대속함을 받은 것은 은이나 금같이 없어질 것으로 된 것이 아니요 오직 흠 없고 점 없는 어린 양 같은 그리스도의 보배로운 피로 된 것이니라"(벧전 1:18-19).

신약성경의 마지막 책인 요한계시록에 보면 최후 심판의 왕이시며 천국의 왕이신 예수님을 어린 양으로 표현합니다.

> "내가 또 보니 보좌와 네 생물과 장로들 사이에 한 어린 양이 서 있는데 일찍이 죽임을 당한 것 같더라 그에게 일곱 뿔과 일곱 눈이 있으니 이 눈들은 온 땅에 보내심을 받은 하나님의 일곱 영이더라 그 어린 양이 나아와서 보좌에 앉으신 이의 오른손에서 두루마리를 취하시니라"(계 5:6-7).
>
> "죽임을 당한 어린 양의 생명책에 창세 이후로 이름이 기록되지 못하고 이 땅에 사는 자들은 다 그 짐승에게 경배하리라"(계 13:8).

예수님은 하나님이 보내신 속죄의 양이십니다.

세상 죄를 지고 가십니다

하나님의 어린 양은 세상 죄를 지고 가십니다. "ὁ αἴρων τὴν ἁμαρτίαν τοῦ κόσμου."

'세상 죄를 지신 분', 어린 양의 역할은 세상 죄를 지시는 일입니다. 이 구절 속에 아주 중요한 두 가지 주제가 나옵니다. 첫째는 세상 죄이고, 둘째는 그 죄를 예수님이 지신 일입니다.

첫째, 세상 죄입니다.

'세상'(κόσμος)이란 말은 그 의미가 다양합니다. 우주(cosmos), 현존하는 세계(world), 세상 사람들(people) 등. 요한이 사용한 'κόσμος'의 의미는 주로 세 번째 의미입니다. 세상 사람들, 인간 세상!

인간 세상에 대한 성경의 평가는 분명합니다. 죄로 말미암아 하나님의 심판을 받고 지옥에 떨어져야만 하는 존재들입니다. 영적으로 하나님과 결별되어 있습니다. 즉, 영적으로 죽어 있습니다. 조만간 육신의 죽음을 맞이할 때 영원히 지옥에 떨어집니다. 이런 말을 하면 노발대발하는 사람들이 있습니다. '어떻게 위대한 인간을 그런 식으로 평가한단 말인가?' 제 말이 아닙니다. 어떤 사람의 말도 아닙니다. 하나님의 계시인 성경이 그렇게 말씀하고 있습니다. 하나님이 인류를 그렇게 평가하고 계십니다.

본문를 보십시오. '세상 죄'(τὴν ἁμαρτίαν τοῦ κόσμου)라고 했습니다. 세상과 죄가 연결되어 있습니다. 인간 세상은 죄의 장입니다. 이 점에 대해서 동의하지 않는 사람들이 많습니다. '인류가 얼마나 위대한 존재인가! 첨단과학을 발전시킨 존재가 아닌가? 문명을 일으키고, 경제를 부흥시키고, 전 지구를 지배하는 인류가 아닌가?' 성경은 그런 인간의 능력에 큰 관심이 없습니다. 왜냐하면 인간이 발견한 모든 것은 하나님이 만드신 세계의 지극히 작은 한 부분에 불과하기 때문입니다. 인간이 다른 피조물보다 나은 것은 사실이지만 자신의 운명을 책임 질 수 있을 만큼 대단한 존재는 아닙니다.

보십시오! 현재 인류의 가장 큰 현안이 무엇입니까? 주식 값 폭락입니까? 경제 위기입니까? 종족이나 국가 간 분쟁입니까? 인류의 불행이 무엇입니까? 표현의 자유입니까? 불평등 해소입니까? 소득 재분배입니까? 성경이 말씀하는 가장 원천적인 불행은 바로 죄의 문제입니다. 인류는 죄의 문제를 간과해 왔습니다. '죄가 별건가? 죄란 본래 존재하지 않는다. 도덕률이나 윤리는 인간이 만든 규범일 뿐이다.' 정말 그렇습니까?

성경이 뭐라고 합니까? "모든 사람이 죄를 범하였으매 하나님의 영광에 이르지 못하더니"(롬 3:23), "죄의 삯은 사망이요"(롬 6:23), "욕심이 잉태한즉 죄를 낳고 죄가 장성한즉 사망을 낳느니라"(약 1:15)고 합니다.

죄는 추상적 개념이 아닙니다. 상대가 있고 성문법적 조항이 있습니다. 인간이 범죄한 상대는 인간을 만드신 하나님입니다. 모든 죄는 하나님을 부정하고 거역한 데서 옵니다.

> "또한 그들이 마음에 하나님 두기를 싫어하매 하나님께서 그들을 그 상실한 마음대로 내버려 두사 합당하지 못한 일을 하게 하셨으니 곧 모든 불의, 추악, 탐욕, 악의가 가득한 자요 시기, 살인, 분쟁, 사기, 악독이 가득한 자요 수군수군하는 자요 비방하는 자요 하나님께서 미워하시는 자요 능욕하는 자요 교만한 자요 자랑하는 자요 악을 도모하는 자요 부모를 거역하는 자요 우매한 자요 배약하는 자요 무정한 자요 무자비한 자라 그들이 이 같은 일을 행하는 자는 사형에 해당한

다고 하나님께서 정하심을 알고도 자기들만 행할 뿐 아니라 또한 그 런 일을 행하는 자들을 옳다 하느니라"(롬 1:28-32).

온갖 범죄의 원천은 하나님을 인정하지 않고 섬기지 않는 불신앙입니다. 마음에 하나님이 없는 사람들! 죽음, 질병, 재앙, 배신, 갈등, 살인, 도적질, 사기, 거짓말, 정신병, 모든 불행의 출처는 죄악입니다.

문제는 이런 죄악의 현안을 인류가 전혀 인식하지 못하고 있다는 점입니다. 망해 가면서도 왜 망하는지를 모릅니다. 죄의 문제를 인식하지 못하기 때문에 점점 더 죄를 짓는 방향으로 나아갑니다. 가정 파괴, 패륜, 인간 경시, 외모 지상주의, 욕하면서도 점점 더 그런 방향으로 나아갑니다. 국가도 마찬가지입니다. 정신적 가치에 대한 일말의 정책이 없습니다. 그 대표적인 것이 바로 국가나 자치단체가 주도하는 도박 산업입니다. 경마, 경정, 경륜, 카지노, 복권. 태백에 가보십시오. 도박장 주변에 압류당한 차들이 길을 메우고 있습니다. 길가에는 전당포가 즐비합니다. 패가망신시키는 도박을 국가와 지방 정부가 앞장서서 세웁니다. '돈이면 다' 라는 생각을 국가가 앞장서서 심어 줍니다. 우리나라만 그런 게 아닙니다. 전 세계 국가들이 다 그렇습니다. 죄로 망하는 인류!

둘째, 세상 죄의 처리 문제입니다.

세상 죄는 그냥 사라지지 않습니다. 반드시 처벌받습니다. 예수님은 바로 그 세상 죄를 처리하기 위해서 죄를 지셨습니다. '지셨다'(αἴρω)는 말은 두 가지 의미가 있습니다. 먼저 들어 올려서 짊어진다는 뜻이고(lift up), 그다음은 옮겨 버린다(take away)는 뜻입니다. 예수님의 생애는 이 두 가지 의미를 다 담고 있습니다. 예수님은 십자가에서 인류의 죄를 대신 지시고 죽으셨습니다. 뿐만 아니라 심판받을 우리의 죄과를 멀리 옮겨 버리셨습니다. 죄의 문제를 근원적으로 해결하셨습니다. 인간 스스로 해결하지 못하는 죄의 문제를 예수님은 홀로 해결하셨습니다.

오늘 우리가 할 일은 예수님께 내 죄의 짐을 맡기는 일입니다. 죄는 내가 해결할 수 없습니다. 그래서 반드시 주님을 의지해야 합니다. 현재 나의 최대 현안이 무엇입니까? 돈 문제도, 인간관계도 결코 아닙니다. 오직 죄의 문제입니다. 인생의 짐 가운데 가장 큰 짐은 바로 죄의 짐입니다. 내 인생의 모든 불행이 다 죄 때문에 발생합니다. 죄를 가볍게 여기지 마십시오. 죄는 영혼의 암입니다. 치료받지 못하면 영혼이 죽습니다. 하나님과의 관계가 끊어집니다. 육신의 질병이 생깁니다. 생존의 고통이 다가옵니다.

> "수고하고 무거운 짐 진 자들아 다 내게로 오라 내가 너희를 쉬게 하리라"(마 11:28).

오늘 여러분은 어떤 짐을 지고 있습니까? 사업의 짐, 지식의 짐, 가정의 짐, 자녀의 짐, 생존경쟁의 짐, 사고와 재난의 짐, 악한 자들로 말미암는 공포의 짐, 사기, 거짓의 짐, 정치의 짐, 사상의 짐, 환경의 짐……. 짐이 너무 많아서 인생들은 피지도 못하고 시들어 버립니다. 많은 것 같지만 결국은 하나의 짐입니다. 바로 죄의 짐입니다.

그러나 염려 마십시오. 예수 그리스도는 우리 죄의 짐을 지시기 위해 오셨습니다. 주님을 영접하십시오. 주님을 의지하십시오. 그럼으로 말미암아 우리는 생명을 얻고, 나음을 얻고, 축복을 받습니다.

> "그가 찔림은 우리의 허물 때문이요 그가 상함은 우리의 죄악 때문

이라 그가 징계를 받으므로 우리는 평화를 누리고 그가 채찍에 맞으므로 우리는 나음을 받았도다 우리는 다 양 같아서 그릇 행하여 각기 제 길로 갔거늘 여호와께서는 우리 무리의 죄악을 그에게 담당시키셨도다"(사 53:5-6).

오늘 주님은 내 짐을 져 주시기 위해 곁에 계십니다. 주님께 모든 짐을 맡기시기 바랍니다.

그는 하나님의 아들입니다

세례 요한이 두 번째로 소개한 예수님은 하나님의 아들이십니다. 즉, 신성을 지니신 하나님이십니다. 세례 요한은 바로 그 사실을 증거합니다. 예수님의 신성을 증거하는 것이 요한복음의 목적입니다.

세례 요한은 예수님이 신성을 지니신 하나님의 아들이라는 사실을 몰랐습니다. 물론 세례 요한은 예수님이 누구인지 인간적으로는 알고 있었습니다. 왜냐하면 세례 요한과 예수님은 친척이기 때문입니다. 세례 요한은 예수를 나사렛 출신 목수의 아들 정도로 알고 있었을 것입니다. 더구나 세례 요한은 예수님보다 먼저 등장했습니다. 예수님이 기적을 일으키고 병자들을 고치고 복음을 전파하시기 전입니다. 십자가에 죽으시고 부활하시기 전입니다. 예수님에 대한 어떤 정보도 갖고 있지 않았습니다. 그러므로 세례 요한이 예수님의 신성을 모른 것은 당연합니다.

본문에 보면 세례 요한은 거듭 말합니다. 나는 예수님을 알지 못했다!

"나도 그를 알지 못하였으나"(31, 33절).

헬라어에 '안다' 라는 말에는 두 단어가 있습니다. 하나는 '기노스코'(γινώσκω)라는 말로, 관찰하고 경험하여 안다는 뜻입니다. 또 하나는 '에이도'(εἴδω)라는 말로, 직관적으로 반사적으로 안다는 뜻입니다. 오늘 31절과 33절에 사용된 말은 'εἴδω' 입니다. 예수님을 직관적으로 알지 못했다는 뜻입니다.

세례 요한이 사람들 앞에 나타나서 공적인 사역을 시작한 것은 대략 주후 26년경 여름으로 생각됩니다. 그는 사해 근처 요단 강 하구에서부터 "회개하라" 외치고 세례를 주면서 요단 계곡을 따라 북쪽으로 올라왔습니다. 그리고 28절 말씀처럼 요단 근처 베다니에서 예수님과 마주했습니다. 일설에 의하면, 세례 요한은 에세네파 출신이라고 합니다. 에세네파의 근거지는 사해 근처의 쿰란이란 곳입니다. 만일 요한이 에세네파 출신이라면 그의 활동 무대는 주로 유대 광야였을 것이고, 그가 사해 쪽에서 북쪽 갈릴리로 올라온 것은 자연스러운 경로입니다.

본문에 세례 요한이 예수님을 목격하고 외친 장면은 주후 27년 2-3월쯤으로 추측됩니다. 그 장소는 요단 강 건너편의 베다니라고 했습니다(28절). 여기서 말하는 베다니는 감람산 기슭 마르다의 집이 있던 베다니하고는 다른 베다니입니다. 요단 강 근처의 베다니입니다. A. 파링(Fahling)에 의하면, 여기 나오는 베다니는 갈릴리 아래 21km 지점이고, 나사렛에서는 동남쪽으로 32km쯤 떨어진 곳이라고 합니다.

이러한 배경에서 볼 때 세례 요한은 예수님을 처음 대면했을 때 예수님이 메시아라는 사실을 몰랐습니다. 신성을 지니신 하나님의 아들이란 사실에 대해서는 더욱 몰랐습니다. 그러면 세례 요한은 무슨 증거로 예수님을 하나님의 아들이라고 외쳤을까요? 뭔가 확실한 증표가 나타난 것이 분명합니다.

그러면 세례 요한이 예수님을 하나님의 아들로 보게 된 증표가 뭘까요? 두 가지 증표가 나타났습니다. 첫째는 성령의 임재이고, 둘째는 하나님의 음성입니다.

> "내가 보매 성령이 비둘기같이 하늘로부터 내려와서 그의 위에 머물렀더라"(32절).

요한은 이미 하나님으로부터 특별한 계시를 받고 있었습니다. '물로 세례를 주다가 누구에게든지 그 위에 성령이 임하는 것을 보거든 메시아인 줄 알라'(33절). 요한이 세례를 준 목적은 사람들의 죄를 씻기 위해서라기보다는, 사람들에게 죄를 씻는 주인공이신 예수를 소개하기 위함이었습니다. 이 점은 31절에서도 분명히 밝히고 있습니다.

> "내가 와서 물로 세례를 베푸는 것은 그를 이스라엘에 나타내려 함이라"(31절).

말하자면 요한은 물로 세례를 주다가 메시아를 만나도록 계획되어 있었습니다.

요한이 목격한 것은 성령 강림입니다. 성령은 본래가 영이시므로 형체가 없습니다. 그러나 하나님께서는 요한으로 하여금 메시아를 알아보게 하기 위해서, 성령을 비둘기 형체로 나타내셔서 육안으로 보게 하셨습니다.

성령이 비둘기 형상을 한 것은 상징성이 있습니다. 첫째로 메시아의 순결성입니다. 그분은 죄가 없으십니다. 세상의 죄를 지기 위해서 그 자신은 죄 없는 순결한 모습으로 오셨습니다. 둘째로 온유함과 평화입니다. 비둘기는 온순하고 평화를 상징합니다. 주님을 혁명가로 보는 과격분자들도 있습니다만, 예수님은 결코 무력으로 사회를 전복하시지 않았습니다. 이사야는 말합니다.

> "그는 주 앞에서 자라나기를 연한 순 같고 마른 땅에서 나온 뿌리 같아서……그가 곤욕을 당하여 괴로울 때에도 그의 입을 열지 아니하였음이여 마치 도수장으로 끌려가는 어린 양과 털 깎는 자 앞에서 잠잠한 양같이 그의 입을 열지 아니하였도다"(사 53:2, 7).

셋째로 은혜성입니다. 주님은 우리의 죄를 아무 대가 없이 무조건적으로 져주셨습니다.

> "너희가 그 은혜에 의하여 믿음으로 말미암아 구원을 받았으니 이것은 너희에게서 난 것이 아니요 하나님의 선물이라"(엡 2:8).

누가복음 3장 22절에 보면, 이 성령이 임하실 때 하늘에서 음성도 들려왔습니다. "너는 내 사랑하는 아들이라. 내가 너를 기뻐하노라." 성령의 임재는 성부의 음성과 더불어 예수 그리스도가 하나님의 아들이심을 선포하는 증표였습니다.

이제 본문을 내 삶에 적용해 봅시다. 예수님은 세상 죄를 지고 가는 하나님의 어린 양이십니다. 세상 죄를 지셨습니다. 바로 내 죄를 지셨습니다. 내 본성의 죄, 과거의 죄, 현재의 죄, 미래의 죄를 다 속죄해 주셨습니다. 예수님께 죄의 짐을 맡기십시오. 그래서 영혼의 죄를 치료하십시오. 죽음에서 구원받으십시오. 영혼이 살면 육신이 살아납니다. 모든 삶이 살아납니다. 오늘 죄로 죽은 인생을 예수님 믿고 살아나시기 바랍니다.

예수님은 하나님의 아들이십니다. 신성을 지니신 하나님이십니다. 그래서 성령으로 세례를 주십니다. 물세례는 우리 죄를 씻지 못하나 성령 세례는 우리의 죄를 씻습니다. 물세례는 우리를 살리지 못하나 성령의 세례는 우리를 영원히 살립니다. 성령의 세례는 생명의 세례입니다. 예수님을 통해서 이 세례를 받으십시오.

예수 그리스도만이 우리의 구원자이시며 우리의 목자이십니다. 우리를 죄악에서 건지시며, 하나님의 품으로 인도하십니다. 주님만이 우리의 보호자이십니다. 주님만이 나를 도우시는 분이시며, 주님만이 나의 하나님이십니다. 오직 주님만 믿고 의지하시기 바랍니다. 할렐루야!

/무엇을 구하느냐?/

요한복음 1:35-42

또 이튿날 요한이 자기 제자 중 두 사람과 함께 섰다가 예수께서 거니심을 보고 말하되 보라 하나님의 어린 양이로다 두 제자가 그의 말을 듣고 예수를 따르거늘 예수께서 돌이켜 그 따르는 것을 보시고 물어 이르시되 무엇을 구하느냐 이르되 랍비여 어디 계시오니이까 하니 (랍비는 번역하면 선생이라) 예수께서 이르시되 와서 보라 그러므로 그들이 가서 계신 데를 보고 그날 함께 거하니 때가 열 시쯤 되었더라 요한의 말을 듣고 예수를 따르는 두 사람 중의 하나는 시몬 베드로의 형제 안드레라 그가 먼저 자기의 형제 시몬을 찾아 말하되 우리가 메시야를 만났다 하고 (메시야는 번역하면 그리스도라) 데리고 예수께로 오니 예수께서 보시고 이르시되 네가 요한의 아들 시몬이니 장차 게바라 하리라 하시니라 (게바는 번역하면 베드로라)

요한의 제자가 그리스도의 제자로

본문은 예수님의 첫 번째 제자들이 어떻게 부름을 받았는지를 기록하고 있습니다. 열둘 중 맨 처음 부름을 받은 사람은 안드레와 요한입니다. 이 안드레와 요한은 세례 요한의 제자였다가 주님의 제자가 된 사람들입니다. 이들이 그리스도를 따르게 된 직접적인 계기는 세례 요한의 증거입니다. 요한은 예수님이 왕래하시는 것을 보면서 계속 외쳤습니다.

"보라 하나님의 어린 양이로다"(36절).

그의 증거는 적어도 세 부류의 사람들을 향하여 거듭되었습니다. 첫째는 공회원들의 공식적인 질문에 대하여, 둘째는 군중 앞에서, 셋째는 본문에서 보는 것처럼 자신의 제자들 앞에서의 증거입니다. 요한의 증거는 누구를 향해서든지 동일합니다.

어린 양에 대해서는 이미 앞서 말씀드린 바 있습니다. 유월절 양, 속죄 제물의 양, 우리의 죄 대신 죽어 갔던 수많은 희생의 양들이 상징하는 바는 바로 메시아 자신입니다. 요한의 증거를 듣고 요한의 제자였던 안드레와 요한은 즉시 예수를 따르기 시작했습니다.

"두 제자가 그의 말을 듣고 예수를 따르거늘"(37절).

우리는 여기서 요한의 역할을 생각지 않을 수 없습니다. 그는 당대 최고의 선지자요 종교적 스승이었습니다. 그러나 그는 사람들로 하여금 자신을 따르게 하지 않고 메시아를 따르게 하는 데 주력했습니다. 그 자신은 점점 사라져 가기를 원했고, 그리스도께서 점점 떠오르기를 원했습니다. 그는 자신의 제자들을 자기 곁에 묶어두지 않았습니다. 오히려 그리스도를 따라가도록 종용했습니다.

세례 요한은 오늘 우리가 그리스도를 위해 어떤 역할을 해야 하는지 잘 보여줍니다. 우리는 다른 사람들이 예수님을 따르도록 증거하고 도와줘야 합니다. 오늘날 많은 그리스도인들이 예수를 따르는 대신 자신을 따르게 만듭니다. 어리석은 군중 역시 예수를 따르기보다는 종교적 스승을 열광하며 따릅니다. 종교적 스승과 따라야 할 메시아는 엄연히 다릅니다. 성직자가 제아무리 예수를 잘 묘사한다 할지라도, 결국 따라야 할 대상은 성직자가 아니라 그리스도뿐입니다. 사람의 제자가 되지 말고 예수님의 제자가 되시기 바랍니다.

무엇을 구하느냐

안드레와 요한이 주님을 따라올 때에 주님은 물으셨습니다.

> "무엇을 구하느냐"(38절).

이 질문을 들었을 때 안드레와 요한은 상당히 당황했을 것입니다. '누구를 찾느냐?' 혹은 '어디서 왔느냐?' 하고 물었다면 수월했을 텐데, 무엇을 구하느냐고 했기 때문입니다. 이때 안드레와 요한은 아무 말 없이 묵묵히 주님을 따랐습니다. 큰 기대감 속에 두근거리는 마음으로 주님을 따랐을 것입니다. 스승이신 세례 요한이 말씀하기를 이 분이 바로 메시아라고 했습니다. 유대 민족이 수천 년을 기다려 왔던 메시아요, 선지자들이 그렇게 보고자 했던 메시아입니다. 그런 메시아를 자신들이 지금 따라가고 있으니 얼마나 설레었겠습니까?

한편으로는 기대감에서, 또 한편으로는 두려움에서 숨을 죽이고 주님을 따랐습니다. 이들은 감히 주님께 말 한마디 하지 못했습니다. 당연히 해야 할 말도 못했습니다. "주여, 저희는 주님의 제자가 되려고 합니다. 저희를 제자로 삼아 주세요." 이런 정도의 말도 꺼내지 못했습니다. 그러던 차에 주님께서 갑자기 질문하셨습니다. 전혀 예상치 못했던 내용입니다. "무엇을 구하느냐?" 신앙의 동기를 물으셨습니다. '너희는 왜 세례 요한을 따르지 않고 나를 따라오느냐? 내게 무엇을 구하느냐? 너희가 내게 원하는 게 무엇이냐?'

오늘 우리는 마땅히 이 질문을 자신에게 던져야 합니다. '나는 왜 예수를 따르는가? 내가 예수님께 구하는 것은 무엇인가?' 그 대답이 제대로 준비된 사람은 많지 않을 것입니다.

저는 투병 생활을 하면서 처음으로 예수를 믿게 되었습니다. 그래서 누가 묻든지 병 낫기 위해서 예수를 믿는다고 서슴없이 대답했습니다. "내 평생 소원 이것뿐 주의 일 하다가 이 세상 이별하는 날 주 앞에 가리라"(찬송가 450장). 그게 아닙니다. "내 평생 이것뿐 병 치료 받고서 이 세상 사는 날 웰빙을 하겠네." 얼마나 웃기는 일입니까? 그렇다고 그 신앙의 동기가 잘못되었다는 것은 아닙니다. 성경에 보면 병 고치려고 따라간 사람들이 얼마나 많습니까? 소경 바디매오, 가버나움의 중풍병자, 38년 된 병자, 나병환자, 걷지 못하는 사람, 혈루증에 걸린 사람, 모두가 주님의 치료를 바라고 따르지 않았습니까? 그뿐인가요? 양식 때문에 따르는 사람, 정치적 이유에서 따르는 사람, 호기심에서 따르는 사람, 가지각색의 동기를 가지고 있었습니다.

문제는 그러한 신앙의 동기가 지속되어서는 안 된다는 점입니다. 처음에는 다양한 동기에서 주님을 따랐다 할지라도, 궁극적으로는 인생의 본질적인 문제를 해결받아야 한다는 것입니다. 즉, 바른 신앙의 동기를 찾아야 합니다.

안드레와 요한은 머쓱한 대답을 합니다.

> "주여, 어디 계십니까?"(38절).

그들은 보다 자신 있게 대답하지 못했습니다. "주여, 우리를 제자로 삼아 주소서" 하든지, 아니면 "주여, 우리는 세례 요한의 소개로 왔습니다. 받아 주십시오. 주님을 따르겠습니다" 하는 식으로 대답하지 못했습니다. 엉거주춤 어디 계시느냐고 물었습니다. 그러나 이들의 대답은 주님이 원하신 것이었습니다. 일단 주님의 거처를 확인하고 주님과 모든 것을 함께하겠다는 표현입니다. 이들이 원한 것은 자신들의 필요를 구하는 것이 아니었습니다. 예를 들면, 지위나 재물이나 명성이나 어떤 문제 해결을 구하지 않았습니다. 다만 주님과 함께 살면서 주님을 따르겠다는 뜻입니다. '주여, 우리가 구하는 것은 어떤 물건이 아닙니다. 바로 주님이십니다. 주님과 함께하면 됩니다.'

참 제자는 스승의 삶의 동참자입니다. 결코 이론가가 아닙니다. 그래서 주님도 요한계시록 3장 20절에서 "볼지어다 내가 문 밖에 서서 두드리노니 누구든지 내 음성을 듣고 문을 열면 내가 그에게로 들어가 그와 더불어 먹고 그는 나와 더불어 먹으리라"고 말씀하셨습니다.

먼저 주님과 함께 사십시오. 그리고 주님의 모든 삶을 배우고 따라가십시오. 거기서부터 새로운 삶이 열립니다.

주님은 제자들의 질문에 대하여 간단히 답하십니다.

"와서 보라"(39절, *Ἔρχεσθε καὶ ἴδετε*, come and you will see).

와라, 그러면 볼 것이다! 백문이 불여일견입니다. 그리스도를 보는 것이 신앙의 열쇠입니다. 이때 주님의 거처가 어디에 있었는지는 아무도 모릅니다. 주님의 거처는 정해져 있지 않았습니다. 그렇다고 주님께서 호화로이 집집마다 대접을 받으시면서 다닌 것도 아니고, 누구의 집을 전세 낸 적도 없습니다. 주님 자신의 말씀처럼 여우도 굴이 있고 공중의 새도 집이 있는데 주님은 머리 둘 곳조차 없었습니다. 그래서 어떤 사람들은 추측하기를, 주님은 이때 어떤 동굴에서 임시 거처를 정하고 계셨으리라고 생각합니다. 실로 그곳에는 아무 장식도, 부의 그림자도 없는 그대로의 삶이었습니다. 그러나 오직 정오의 태양처럼 빛나는 것은 주님 자신이었습니다. 아무 볼 것 없는 황량한 그 거처가 오직 주님 한 분이 계심으로 말미암아 축복의 거처가 되었습니다.

주님은 오늘 우리에게 물으십니다. '너희가 무엇을 보려고 교회에 나왔느냐? 화려한 옷을 입은 사람이냐? 그런 사람은 왕궁에 있다. 위대한 설교가나 선지자냐? 옳다구나. 그러나 여기에 진정 위대한 설교가보다 더 위대하고, 큰 선지자보다 더 큰 메시아가 있지 않으냐? 메시아를 와서 보라!' 바로 이것이 주님의 말씀입니다.

주님을 만나십시오. 주님 자신이 바로 신앙의 동기요 목적이요 수단이요 모든 것입니다. 오늘 예수님께 무엇을 얻으려고 교회에 나오셨습니까? 돈입니까? 건강입니까? 자녀 형통입니까? 고민 해결입니까? 먼저 주님을 만나시기 바랍니다. 와서 보십시오. 오직 주님만이 그 모든 것의 해답이십니다.

안드레와 요한은 그날 주님의 거처를 찾았습니다. 그리고 함께 거처하기 시작했습니다. 요한은 그때의 시각을 10시쯤이었다고 했습니다. 우리 시간으로 오후 4시쯤 됩니다. 그 순간은 요한에게 평생 잊지 못할 감동의 순간이었기 때문에, 요한은 이 복음서를 기록하면서 그 날과 시간을 정확히 기록하고 있습니다. 여러분이 주님을 만난 시각은 언제입니까? '2011년 8월 14일 오전 11시, 주님을 만나다!' 할렐루야!

우리가 메시아를 만났다

주님을 만난 직후에 안드레와 요한이 한 일은 자기 형제를 주님께 인도한 일입니다. 안드레는 곧바로 자기의 형인 베드로를 찾아갔습니다. 그리고 거두절미하고 전합니다.

"우리가 메시야를 만났다"(41절).

메시아를 만난 감격을 혼자 간직할 수는 없었습니다. 가장 가까운 사람에게, 가장 빠른 시간 내에 알릴 수밖에 없었습니다. 예수님을 만난 모든 사람들이 그랬습니다. 안드레, 요한, 빌립, 수가 성 여인, 오순절 날 예루살렘 교인들, 사도 바울.

좋은 소식을 혼자 품고 있기는 힘듭니다. 누구에게든지 알리고 싶어 합니다. 저는 지금도 병이 완쾌되던 날의 감격을 잊을 수 없습니다. 병으로 말미암아 무거운 바위처럼 짓누르던 절망감, 두려움, 무기력함. 그런 날들이 여러 해 계속될수록 운명이 고정되는 듯했습니다. 그러던 어느 날 의사의 입을 통해서 복음이 들려왔습니다. "이제는 깨끗이 나았어. 정말 치료가 잘되었구먼!" 의사의 말이 하나님의 음성으로 들려왔습니다. 저는 병원에서 나오는 순간부터 시내버스 속에서 내내 생각했습니다. '나를 아는 모든 사람에게, 내가 병에 걸려서 쓰러졌다는 것을 아는 모든 이들에게 이 소식을 알리자!' 듣고 싶지 않은 사람에게라도 다 소리쳐서 전하고 싶었습니다. '나는 다 나았다! 나는 이제 환자가 아니다!'

아르키메데스는 목욕탕에서 뛰쳐나오면서 외쳤습니다. "유레카!" '발견했다!' 신대륙을 발견한 콜럼버스는 감격적인 사실을 속히 세상에 알리고 싶었습니다. 기자들은 날마다 좋은 기삿거리를 찾아다닙니다. 어쩌다 특종감을 얻으면 누가 알리기 전에 분초를 다투면서 이 사실을 세상에 알립니다.

안드레와 요한은 온 민족이 기다리던 메시아를 만났습니다. 수천 년 동안 손꼽아 기다리던 메시아를 만나서 하루를 함께 지냈습니다. 이 감격적인 소식을 전하고 싶어 견딜 수가 없었습니다. 그래서 그는 가장 가까운 자기 형님에게 달려갔습니다. 그는 설명도 수식어도 붙이지 않았습니다. 알맹이만 말합니다. 신문의 머리기사는 알맹이 중의 알맹이만 기록합니다. 안드레는 이 알맹이만 말했습니다. "우리가 메시아를 만났다!"

여러분, 신학자들이 전도하는 것 봤습니까? 교회를 10년, 20년 다닌 사람들이라고 다 전도합니까? 오히려 처음 믿은 사람들이 전도를 더 잘합니다. 왜 그럴까요? 예수님을 만난 감격이 살아 있기 때문입니다. 오래 믿은 사람들은 교리적 설명을 하려고 애를 씁니다. 삼위일체가 어떻고, 신성과 인성이 어떻고, 구원, 대속, 영생, 힘든 말들을 설명하려고 애를 씁니다. 그러나 실상 우리에게 가장 필요한 말은 단 한마디입니다. "내가 구세주를 만났다!" "내가 메시아를 만났어!"

혹시 여러분 가운데 신앙이 좀 더 깊어진 다음에 가족에게 전도하겠다는 분들이 계십니까? 미루지 마십시오. 진정으로 중요한 것은 내가 메시아를 만났다는 사실입니다. 이 사실만 전하면 됩니다. 구구한 설명은 뒤로하십시오. 주님도 말씀하시지 않았습니까? "와서 보라!" 지금이라도 곧 전하십시오. 가장 가까운 가족부터 시작해서, 주님을 만났다는 사실만을 알리시기 바랍니다. 바울은 말합니다.

"너는 말씀을 전파하라 때를 얻든지 못 얻든지 항상 힘쓰라"(딤후 4:2).

휫필드(Whitefield) 목사님은 유명한 전도자였습니다. 그는 어느 집에 머물든지 반드시 그 가족들에게 영혼의 문제를 이야기해 주었습니다. 그런데 그가 어떤 대령의 집에 머물게 되었습니다. 그 대령은 비록 그리스도인은 아니었지만 인격적으로 흠잡을 데가 없는 훌륭한 사람이었습니다. 대개 이런 사람일수록 전도하기가 어렵습니다. 휫필드 목사님은 차마 이 사람에게 영혼의 이야기를 꺼내기가 거북했습니다. 물론 이들은 목사님에게 공손히 대접을 잘해주었지만 목사님은 한 주일이나 머무는 동안 한마디도 전도하지 못했습니다.

마지막 날 저녁에 하나님의 영이 찾아오셨습니다. 그리고 말씀하셨습니다. "그들에게 전도하지 않고는 이곳을 떠나지 말라!" 그래서 그는 고민했습니다. '이 사람들은 나에게 매우 친절했는데 나는 그들에게 진실하지 못했어. 떠나기 전에 그리스도를 그들에게 전해 줘야 해. 그들의 인격이 아무리 훌륭하다 해도 예수를 믿지 않으면 인생은 실패야.' 그런데 감히 전할 용기가 생기지 않았습니다. 고민하면서 눈을 감고 기도했습니다. 드디어 그는 한 가지 결심을 하고 하나님께서 받아주시기를 간청했습니다.

그가 대령의 집을 떠난 후에 대령의 부인이 목사님이 묵었던 방으로 올라가 보았습니다. 그랬더니 창문 유리에 반지로 새겨진 구절이 보였습니다. "한 가지 부족한 것이 있습니다." 대령의 부인은 뛸 듯이 기뻤습니다. 사실 휫필드 목사님이 가는 곳마다 가족들에게 전도해 준다는 말을 들은 바 있기 때문에 은근히 기대를 걸었던 것이 사실입니다. 그런데 한 주일이 지나도록 한마디의 말씀도 안 하고 가셨기 때문에 서운하기 짝이 없었습니다. 그래서 속으로 생각하기를 '우리가 무엇을 잘못했나? 소홀히 해드린 것은 없는가?' 근심하고 있었습니다. 부인은 즉시 딸들을 불렀습니다. "얘들아, 이것 좀 봐! 여기에 글이 새겨져 있어. 목사님이 우리 가족에게 관심이 없었던 것이 결코 아니란다. 어서 아빠를 올라오시라고 해라." 부인은 남편에게 그 글씨를 보여주었습니다. "여보, 여기를 보세요! 목사님의 글이에요." 거기에는 또렷한 글씨가 있었습니다. "한 가지 부족한 것이 있습니다."

대령은 그 충고의 글귀를 보면서 그 자리에 무릎을 꿇었습니다. 그리고 온 가족이 함께 하나님 앞에서 기도했습니다. "하나님, 그 한 가지 부족한 것을 주십시오!" 그들은 그날 모두가 주님을 영접하고 온 가족이 그리스도 안에서 기뻐하였습니다. 여러분도 주님을 만난 감격을 전하시기 바랍니다.

안드레의 전도를 받은 시몬은 즉시 주님께 달려왔습니다. 빠른 결단, 빠른 순종이 베드로의 특징입니다. 주님은 이 시몬을 보시고 이름을 바꾸어 주셨습니다. "네가 요한의 아들 시몬이니 장차 게바라 하리라!" 주님은 시몬의 겉모양만 보신 것이 아닙니다. 그의 마음과 성품과 장래에 걸어갈 인생 행로까지 보셨습니다. 그리고 그에게 새 이름을 주셨습니다. 시몬이란 이름은 조상들이 붙여 준 인간적인 이름입니다. 그러나 주님은 그를 베드로라고 부르셨습니다. 반석이란 뜻입니다. 주님의 말씀대로 베드로는 신앙의 반석이 되었고 교회의 초석이 되었습니다.

베드로와 같은 이름의 변화는 곧 신앙 안에서 거듭나는 인격의 변화를 의미합니다. 성경에는 하나님께서 이름을 바꾸어 주신 예가 많습니다. 아브람이 아브라함이 되고, 사래는 사라가 되고, 야곱이 이스라엘이 되고, 사울이 바울이 되었습니다.

시몬은 하나님을 알지 못하고 살던 불신앙적인 이름입니다. 그래서 성경은 그의 이름을 두 가지로 사용합니다. 그가 여전히 인간의 죄악성과 연약에 빠져 있을 때마다 여지 없이 시몬이라고 부릅니다. "시몬아, 시몬아, 보라 사탄이 너희를 밀 까부르듯 하려고 요구하였으나"(눅 22:31), "시몬아 자느냐 네가 한 시간도 깨어 있을 수 없더냐"(막 14:37), "주께서……시몬에게 보이셨다"(눅 24:34), "요한의 아들 시몬아 네가 나를 사랑하느냐"(요 21:16-17)라고.

그러나 그가 사도로서 직무를 수행하거나 당당히 나아갈 때마다 그의 이름은 대부분 베드로로 나타납니다. '베드로'란 '반석'이란 뜻입니다. 장차 교회의 초석이 될 것을 암시하는 말씀입니다. 그는 예루살렘 교회의 창설 멤버가 되었습니다. 그리고 목숨을 건 전도자가 되었고, 교회를 위하여 순교한 반석이 되었습니다.

그러나 이러한 위대한 변신 이전에 이미 그의 삶은 예수 안에서 여러모로 바뀌었습니다. 신앙적으로 본다면 유대교의 율법에서 그리스도 신앙으로 바뀌었습니다. 직업적으로는 고기 잡는 어부에서 사람을 인도하는 사도가 되었습니다. 그의 인생은 하루 벌어 하루 먹는 무의미한 반복에서, 인류를 구원하는 하나님 역사의 담당자가 되었습니다. 주님을 만남으로 말미암아 인생이 바뀌었습니다.

오늘 예수 안에 있는 여러분, 새 이름을 얻으시기 바랍니다. 점쟁이한테 가서 작명하라는 말이 아닙니다. 신앙 안에서 인격이 변하고, 성품이 변하고, 삶의 모습이 달라지라는 말입니다. 인간 개조가 나타나야 합니다. 그리스도 안에서 인생 전체가 변화되었기 때문에 새로운 이름을 붙이지 않으면 안 되게 되라는 말씀입니다. 주 안에서 부부 관계가 새로워지고, 부모 자식 사이가 달라지고, 형제자매가 달라져야 합니다. 가정이 달라지고, 직장생활이 달라지고, 사업하는 자세가 달라지고, 대인관계가 달라져야 합니다. 물질관이 달라지고, 국가관이 달라지고, 모든 사고방식이 달라져야 합니다.

무엇보다도 생각과 가치관이 변해야 합니다. 세계관, 인생관, 물질관, 가정관이 주님과 같은 관점이 되어야 합니다. 인격적인 변화는 물론입니다. 개[犬] 같은 성질이 고쳐져야 합니다. 화 잘 내고, 싸우기 잘하고, 시기하고, 잘난 척하고, 허세 부리는 삶이 사라져야 합니다. 그리고 겸손하고 온유하고 사랑과 관용으로 충만한 그리스도의 마음으로 변해야 합니다. 심장이 바뀌고, 머리가 바뀌어야 합니다. 그리스도를 만나서 변화된 새 이름을 얻으시기를 축원합니다.

/내가 너를 보았노라/

요한복음 1:43-51

이튿날 예수께서 갈릴리로 나가려 하시다가 빌립을 만나 이르시되 나를 따르라 하시니 빌립은 안드레와 베드로와 한 동네 벳새다 사람이라 빌립이 나다나엘을 찾아 이르되 모세가 율법에 기록하였고 여러 선지자가 기록한 그이를 우리가 만났으니 요셉의 아들 나사렛 예수니라 나다나엘이 이르되 나사렛에서 무슨 선한 것이 날 수 있느냐 빌립이 이르되 와서 보라 하니라 예수께서 나다나엘이 자기에게 오는 것을 보시고 그를 가리켜 이르시되 보라 이는 참으로 이스라엘 사람이라 그 속에 간사한 것이 없도다 나다나엘이 이르되 어떻게 나를 아시나이까 예수께서 대답하여 이르시되 빌립이 너를 부르기 전에 네가 무화과나무 아래에 있을 때에 보았노라 나다나엘이 대답하되 랍비여 당신은 하나님의 아들이시요 당신은 이스라엘의 임금이로소이다 예수께서 대답하여 이르시되 내가 너를 무화과나무 아래에서 보았다 하므로 믿느냐 이보다 더 큰 일을 보리라 또 이르시되 진실로 진실로 너희에게 이르노니 하늘이 열리고 하나님의 사자들이 인자 위에 오르락내리락하는 것을 보리라 하시니라

안드레와 요한 그리고 베드로가 부름을 받는 장면에 이어서, 이번 본문에서는 빌립과 나다나엘이 부름 받는 장면입니다. 본문 말씀은 네 개의 장면으로 되어 있습니다. 첫째는 빌립을 부르신 장면이고, 둘째는 빌립이 나다나엘을 전도하는 장면이고, 셋째는 주님과 나다나엘이 만나는 장면이며, 넷째는 주님께서 들려주신 결론적인 복음입니다.

빌립을 부르심

본문의 첫 번째 장면은 주님께서 빌립을 부르시는 장면입니다. 빌립은 그리스어로 '말[馬]을 사랑하는 자'(lover of horse)란 뜻입니다. 예수님의 열두 제자 중에 오직 안드레와 빌립만이 헬라식의 이름을 가졌습니다. 그래서 그런지 안드레와 빌립만이 유대인들이 꺼리는 헬라 사람들을 예수께로 인도하고 있습니다(요 12:21). 빌립의 고향은 갈릴리 호숫가의 벳새다입니다. 벳새다란 '고기집' 이란 뜻으로 어촌이기 때문에 붙여진 지명입니다. 벳새다는 헤롯 빌립에 의해서 재건된 도시로, 로마 황제 아우구스투스의 딸이었던 율리아스를 기념하여 벳새다 율리아스라고 불리기도 했습니다. 벳새다는 베드로와 안드레, 요한과 야고보의 고향이기도 합니다. 빌립은 좋은 사도들을 동향인으로 가진 사람이었습니다. 좋은 신앙의 동지를 가지는 것은 큰 축복입니다.

요한복음에서 빌립이 언급된 장면은 세 곳입니다. 첫째는 6장 7절에 오병이어의 이적을 베푸실 때에 청중들에게 음식을 200데나리온어치를 사서 먹여도 부족하겠다고 말하는 장면입니다. 둘째는 12장 21절에 헬라 사람들을 주님께로 인도할 것인지를 안드레에게 상의하는 장면입니다. 셋째는 14장 8절에서 하나님 아버지를 보여달라고 요청하는 장면입니다. 이 세 곳에 나타난 빌립의 모습을 평가해 볼 때 빌립은 그다지 탁월한 인물은 아닙니다. 주석가 모리스는 빌립을 가리켜서 "완전히 평범한 인물"이라고 했습니다. 신앙적으로 보나, 지도력으로 보나, 영향력으로 보나 뚜렷하거나 뛰어난 인물은 아닙니다. 그럼에도 불구하고 주님은 그를 중요한 사도로 부르고 계십니다. 주님의 일꾼은 특출한 사람만 될 수 있는 것이 아닙니다. 오늘 우리

평범한 한 사람 한 사람에게 주님은 특별한 직임을 맡기십니다. 주님은 이 빌립에게 "나를 따르라!"(43절)고 하셨습니다. 제자로 따르라는 뜻이요(마 4:20, 22, 9:9), 본받으라는 뜻입니다(마 10:38, 16:24; 요 12:26). 이 '따르라'(ἀκολούθει)는 동사는 현재형으로서 계속해서 따른다(keep on following)는 뜻입니다. 주님은 빌립에게 자신을 제자로서 따르고 본받되, 일시적으로만이 아니라 계속해서 따르라고 말씀하신 것입니다. 이 말씀을 들은 이후로 빌립은 주님을 따라가는 영원한 제자가 되었습니다. 주님의 초청을 받으신 여러분, 끝까지 따르는 영원한 제자가 되시기 바랍니다.

빌립이 나다나엘에게 전도하다

두 번째 장면은 빌립이 나다나엘을 전도하는 장면입니다. 빌립은 주님을 영접하자마자 친구를 찾아가서 전했습니다. 처음 주님을 만난 사람마다 진한 감동의 순간을 다른 사람에게 열심히 전하려고 합니다. 초신자들에게 전도의 열기는 더한 법입니다. 고뎃은 빌립의 전도에 대해서 말하기를, "하나의 횃불이 다른 횃불을 당긴 것"이라고 했습니다.

나다나엘이란 이름의 뜻은 히브리어로 '하나님이 주셨다'는 의미입니다. 헬라어로는 데오도르(Theodore)인데 역시 '하나님의 선물'이란 뜻입니다. 이런 의미 때문에 어떤 사람들은 나다나엘은 상징적 인물이요 실제 인물은 아니라고 합니다. 그러나 성경 전체의 흐름으로 보아서 실제 인물임에 틀림이 없습니다. 실제 인물이라면 누구일까? 일부 학자들은 사도 마태와 동일 인물로 봅니다만, 대부분은 바돌로매와 동일 인물로 간주합니다. 바돌로매로 보는 이유는 첫째로 공관복음의 열두 사도 명단에서 항상 빌립과 바돌로매가 한 짝으로 언급되고 있는 점(마 10:3; 막 3:18; 눅 6:14), 둘째로 요한복음에는 바돌로매의 언급이 없고 공관복음에는 나다나엘에 대한 언급이 없는 점, 셋째로 이 요한복음 1장에서 언급한 사람들은 모두가 사도로 부르신 자들이요, 21장의 제자들 명단에 그의 이름이 나타난 점 때문입니다.

나다나엘은 빌립의 가까운 친구였습니다. 이 나다나엘에게 달려가서 빌립은 말합니다.

> "모세가 율법에 기록하였고 여러 선지자가 기록한 그이를 우리가 만났으니 요셉의 아들 나사렛 예수니라"(45절).

율법과 선지자는 구약을 통틀어서 하는 말입니다. 말하자면 구약성경에 기록된 메시아를 내가 만났는데, 그가 바로 나사렛 출신의 예수라는 뜻입니다.

이 빌립의 말을 들으면서 나다나엘은 한마디로 헷갈렸습니다. 모세와 선지자들이 기록한 그 사람이란 바로 메시아란 뜻인데, 그 메시아를 만났다는 것은 이해할 수 있었습니다. 그런데 그 메시아가 바로 나사렛 예수라는 사실은 납득할 수 없었습니다. 요셉의 아들 나사렛 예수가 그 메시아라? 성경에 예언된 메시아를 보았다는 것은 환영할 일인데, 요셉의 아들인 나사렛 예수가 바로 그 메시아라는 사실은 인정하기 힘들었습니다. 그래서 "나사렛에서 무슨 선한 것이 날 수 있느냐?"(46절)고 반문했습니다. 선하다는 말은 하나님만이 가지는 절대적 선을 말합니다. 유대인들은 하나님만이 절대적으로 선하다고 생각했습니다. 선한 존재란 신성을 지니신 하나님에게만 해당됩니다. 그러므로 나사렛에서는 신성을 지닌 선한 메시아가 나올 수 없다! 이것이 바로 나다나엘의 결론입니다.

그가 이렇게 말하게 된 배경은 두 가지로 볼 수 있습니다. 첫째, 유대인들의 통념상 갈릴리에서는 메시아가 나오지 않는다고 믿었기 때문입니다(요 7:41, 52). 유다인의 입장에서 볼 때, 갈릴리 사람들은 교양이 없고 사투리를 쓰는 촌사람들이요, 이방인들과 교제하는 부정한 사람들이었습니다. 그런데 어떻게 감히 그런 갈릴리에서 메시아가 나오느냐는 생각입니다. 둘째, 나다나엘은 갈릴리 가나 출신입니다. 가나는 바로 나사렛 가까이에 있었습니다. 나다나엘이 볼 때에 자기가 사는 가나에서도 메시아가 나오지 않았는데, 하물며 비슷한 처지에 있는 나사렛에서 무슨 메시아가 나올 수 있겠느냐는 말입니다. 메시아 같은 위대한 분은 예루살렘 같은 큰 도시에서나 나온다는 생각입니다. 이것은 크나큰 편견입니다. 성경은 메시아의 탄생지나 성장지에 관해서 정확하게 예언합니다.

> "베들레헴 에브라다야 너는 유다 족속 중에 작을지라도 이스라엘을 다스릴 자가 네게서 내게로 나올 것이라"(미 5:2).

> "옛적에는 여호와께서 스불론 땅과 납달리 땅이 멸시를 당하게 하셨더니 후에는 해변 길과 요단 저편 이방의 갈릴리를 영화롭게 하셨느니라 흑암에 행하던 백성이 큰 빛을 보고 사망의 그늘진 땅에 거하던 자에게 빛이 비치도다"(사 9:1-2).

이러한 나다나엘의 태도를 보면서 빌립은 간단하게 권합니다.

"와서 보라"(46절).

변명을 해봤자 믿지 않으려 할 것이고, 차라리 네 스스로 한번 와서 보라는 뜻입니다. 안드레가 베드로에게 전도할 때에도 그랬고, 예수님께서 안드레에게 전하실 때에도 그랬습니다. 오라, 그러면 볼 것이다! 진정한 신앙을 얻는 길은 와서 보는 것 외에는 없습니다.

나다나엘은 이러한 빌립의 권고를 뿌리치지 않고 반신반의(半信半疑)하면서 주님께로 왔습니다. 전도 받을 때 못 이기는 척하면서 한번 나오는 것도 축복입니다. 편견과 고집에 빠져서 끝까지 저항하면 진리를 접할 수 없습니다. 나다나엘은 편견을 가졌지만, 그래도 한번 주님께 나아옴으로써 진리를 보게 되었습니다.

나다나엘과 주님의 만남

본문의 세 번째 장면은 나다나엘이 주님을 만나는 장면입니다. 주님은 나다나엘이 자기에게 나아오는 것을 보셨습니다. 그리고 그의 인물됨에 대하여 한마디로 평가하셨습니다.

> "보라 이는 참으로 이스라엘 사람이라 그 속에 간사한 것이 없도다"(47절).

'간사하지 않은 참 이스라엘 사람', 이것이 바로 주님이 보신 나다나엘이었습니다.

'간사'란 말은 교활함이나 속임수라고 번역되기도 하는데, 고대 그리스어로는 낚시의 미끼를 의미했습니다. 말하자면 남을 낚아채기 위해서 간교하게 남을 속이는 것을 의미합니다. 예를 들면 트로이의 목마 같은 계교, 콩쥐 팥쥐에 나오는 계모나 장희빈, 또는 오늘날의 협잡꾼들이 다 간사한 사람들입니다.

성경에 나오는 간사한 자의 모델은 젊은 시절의 야곱입니다(창 27:35, 30:37-43). 자기 쌍둥이 형 에서가 사냥하고 돌아와서 배고파 못 견디는 것을 알고, 미리 죽을 끓여 놓고 장자의 명분을 죽 한 그릇과 바꾸자고 했습니다. 그런가 하면 앞이 안 보이는 연로한 아버지가 형 에서를 축복하시려는 것을 알고, 에서인 체하면서 축복을 가로챘습니다. 외삼촌 집에 가서 20년 동안 머슴살이 해주고 품삯을 받지 못하게 될 때에, 야곱은 얼룩 있고 점 있는 양들이 나오면 가지겠다고 요청합니다. 그리고 나서 양 떼를 얼룩 있고 점 있는 양으로 만들기 위해서 온갖 노력을 다합니다. 결국은 외삼촌의 양 떼를 거의 다 얼룩 있는 것으로 만들어 버렸습니다. 야곱은 정말 간사한 사람이었습니다. 그래서 템풀은 오늘의 말씀을 이렇게 번역합니다. "이는 참으로 이스라엘 사람이요 그 안에 야곱이 없도다."

예수께서 나다나엘을 참 유대인이라고 하시지 않고, 이스라엘 사람이라고 하신 점도 유의할 필요가 있습니다. 유대인이란 혈통적인 아브라함의 자손을 일컬을 때 흔히 사용됩니다. 그러나 이스라엘이란 하나님의 백성이라는 영적인 의미가 강한 말입니다. 변화된 야곱을 가리켜서 이스라엘이라고 했습니다. 바울은 말하기를, 표면적 유대인이 중요한 것이 아니라 이면적 유대인이 중요하다고 했습니다. 나다나엘은 혈통적인 유대인으로서보다도 심령적으로 변화된 이스라엘답다는 뜻입니다. 정직함과 진실함, 그것이 바로 나다나엘의 마음이었습니다.

이러한 주님의 평가에 대해서 나다나엘은 몹시 기뻐했습니다. 자기를 칭찬하셨기 때문이 아니라 자기를 정확히 보셨기 때문입니다. 그래서 그는 주님에게 반문합니다. 어떻게 나를 아셨습니까? 혹시 저

빌립이란 친구가 상세하게 말씀드리던가요? 그러나 주님의 대답은 나다나엘을 더욱 놀라게 했습니다.

"네가 무화과나무 아래에 있을 때에 보았노라"(48절).

이 무화과나무가 어디 있으며, 나다나엘이 언제 거기 앉아 있었는지는 아무도 모릅니다. 오직 대화를 나누는 주님과 나다나엘만이 아는 일입니다.

무화과나무는 유대인의 역사에는 많은 의미를 담고 있는 나무입니다. 우선 무화과는 유대 나라의 국화입니다. 무화과나무 아래 있는 것은 평화와 안식의 상징입니다(미 4:4; 슥 3:10; 왕상 4:25). 중국의 요순 시대처럼 유대 역사에서 이런 시대는 다윗과 솔로몬 시대로 생각합니다. 유대인들은 메시아 시대가 오면 다윗 왕국이 회복된다고 생각했습니다.

또한 이 무화과나무 밑은 기도와 사색의 장소를 의미합니다. 주님께서 무화과나무 아래 있을 때에 보셨다고 하니까 나다나엘은 깜짝 놀라서 굴복했습니다. 왜 놀랐을까요? 무화과나무 아래 있던 자기를 대번에 알아보시니, 그 뛰어난 기억력 때문에 놀랐을까요? 아닙니다! 그가 놀란 것은 주님께서 자기가 무엇을 사색하고 있었는지 아셨기 때문입니다. 나다나엘은 무화과나무 아래서 사색을 하고 있었습니다. 그 내용을 자세히 알 수는 없습니다만, 아마도 그는 기도하면서 타락한 이스라엘의 종교와 윤리, 이스라엘의 장래 운명을 생각했을 것입니다. 언제쯤이나 메시아가 나타나서 이스라엘 민족을 구원하실는지 생각에 잠겼을 것입니다. 아무튼지, 간사한 야곱 같은 백성들 속에서 그는 참 이스라엘 사람으로서 사색하고 있었습니다. 그러한 자신의 모습을 꿰뚫어 보셨기 때문에 나다나엘은 놀랐고, 즉시 굴복했습니다.

과연 주님은 사람의 마음을 보십니다. 베드로의 마음을 보시고, 니고데모의 마음을 보셨습니다. 수가 성 우물가 여인의 마음을 보시고, 오늘 우리의 마음을 보십니다. 내 외모를 보실 뿐 아니라 내 마음의 사색과 사상과 감정을 탐지하십니다. 마음을 탐지당하거든 주저말고 굴복하시기 바랍니다.

이제 나다나엘은 그 주님 앞에 엎드려 신앙고백을 합니다. 주님을 만난 사람마다 신앙고백이 나옵니다. 베드로도(요 6:69), 마르다도(요 11:27), 도마도 주님에 대한 신앙고백을 했습니다(요 20:28). 오늘 나다나엘은 고백합니다. "랍비여 당신은 하나님의 아들이시요, 당신은 이스라엘의 임금이로소이다!" 랍비, 하나님의 아들, 이스라엘의 임금! 랍비란 유대 사회에서 스승에게 붙이는 최고의 경칭입니다. 하나님의 아들이란 바로 신성을 지닌 예수님의 신분을 의미합니다. 이스라엘의 임금이란 예수님의 통치자적인 직임을 의미합니다. 신약성경에 예수님을 '이스라엘의 임금' 이라고 부르는 장면이 네 번 나옵니다(마 27:42; 막 15:32; 요 12:13). 요한복음에는 왕(king)이란 말이 16번 나옵니다. 어느 경우나 예수님에게 붙여져 있습니다.

오늘 첫 대면에서 나다나엘은 예수님을 이스라엘의 임금이라고 했습니다. 예수님은 나다나엘을 참 이스라엘 사람이라고 부르셨습니다. 이제 나다나엘은 그 참 이스라엘 시민으로서, 예수님을 이스라엘의 임금으로 받아들였습니다. 예수님은 이제 나다나엘의 임금이 되셨습니다.

예수님은 이러한 나다나엘의 신앙고백을 기꺼이 받아들이셨습니다. 네가 이제 나를 믿느냐? 장차 더 큰 일들을 보게 되리라! 내가 너의 마음을 꿰뚫어 본 것 때문에 나를 믿느냐? 그보다 더 큰 이적들을 목격하게 될 것이다.

신앙의 다음 단계는 더 큰 하나님의 역사를 목격하는 단계입니다. 오늘 우리가 예수를 하나님의 아들로 믿고 이스라엘의 임금으로 영접한다면, 우리의 삶에 다음 단계의 크나큰 표적들이 나타날 줄 믿습니다. 할렐루야!

하늘로 통하는 사다리 되신 주님

이제 그 유명한 '진실로 진실로' 란 구절이 등장합니다. 주님은 중요한 교훈마다 '진실로' 라는 말로 시작하셨습니다. '진실로' 라는 말이 마태복음에는 31번, 마가복음에는 13번, 누가복음에는 6번이 나타납니다. 그러나 요한복음에는 이 '진실로' 가 두 번씩 반복되어서 '진실로 진실로' 라는 말로 25번이나 사용되고 있습니다.

'진실로' 라는 말은 히브리 말로 아멘입니다. 아멘은 불변 진리를 의미합니다. 요한계시록에 보면 예수님의 별명이 아멘입니다(계 3:14). 이스라엘은 종교 의식을 행하는 가운데, 하나님의 말씀에 대한 응답으로써 아멘을 사용했습니다(신 27장). 신약 시대에도 하나님께 드리는 기도에 대하여 회중들은 아멘으로 응답을 했습니다(고전 14:16).

예수께서는 말씀을 하시다가 매우 중요한 대목에 이르면 '진실로 진실로' 라는 말씀으로 분위기를 바꾸셨습니다. 이제 우리는 이 '진실로 진실로' 로 시작되는 첫 번째 교훈을 받습니다.

"진실로 진실로 너희에게 이르노니 하늘이 열리고 하나님의 사자들이 인자 위에 오르락내리락하는 것을 보리라"(51절).

주님을 믿는 자는 하늘이 열리는 것을 봅니다. 아멘! 주님은 바로 하늘을 여시는 분입니다.

오늘 말씀에 열린다는 말이 완료형으로 되어 있습니다. 한번 열리면 열린 상태로 계속 있다는 뜻입니다. 과연 예수께서 처음 이 땅에 오셔서 요단 강에서 세례를 받으실 때에 하늘이 열렸습니다. 성령이 비둘기같이 임하시고, 하나님 아버지의 음성이 들려왔습니다. 그때에 열린 하늘 문은 다시 닫히지 않았습니다. 스데반 집사가 돌에 맞아 순교할 때에도 하늘이 열려 있었습니다. 사도 요한이 밧모 섬에 귀양 가서 세상 끝 날의 비전을 볼 때에도 하늘은 열려 있었습니다. 오늘 우리에게도 하늘은 열려 있습니다. 이 열린다는 동사는 장님의 눈이 열렸을 때에 사용된 말이고, 굳게 닫혔던 문이 열릴 때에 사용된 말입니다. 볼 수 없던 것들이 보이게 되고, 열리지 않던 대문이 열렸다는 뜻입니다.

그 말씀 그대로 주님은 보이지 않던 하나님 나라의 문을 여셨습니다. 주님을 통해 천국의 비밀이 우리에게 열려졌습니다. 이 세상 누구도 알 수 없고, 갈 수 없던 하나님의 품을 주님이 이 땅에 오셔서 열어 놓으셨습니다. 우리 인생들은 죄로 말미암아 마음이 어두워져서 하나님을 찾는다고 하나 누구 한 사람 제대로 찾을 수 없었습니다. 그러나 주님은 스스로 오셔서 천국으로 가는 길을 여셨습니다.

"내가 곧 길이요 진리요 생명이니 나로 말미암지 않고는 아버지께로 올 자가 없느니라"(요 14:6).

그런가 하면 주님은 닫혔던 축복의 문을 열어 놓으셨습니다. 모든 사람들이 하나님을 떠나서 죽음에 종 노릇 하면서 두려워하고, 병들고 굶주리면서 영혼이 상하고 육신이 죽어 갈 때에 주님은 이 모든 것들을 이기셨습니다.

> "세상에서는 너희가 환난을 당하나 담대하라 내가 세상을 이기었노라"(요 16:33).

죽음을 이기는 축복의 문이 열렸습니다. 영생을 얻는 축복의 문이 열렸습니다. 죄와 저주와 심판에서 벗어나는 축복은 문, 사탄의 세력을 이기는 축복의 문, 가난과 질병과 환난을 이기는 축복의 문이 주님으로 말미암아 열렸습니다. 아멘!

오늘 말씀의 클라이맥스는 이렇게 열린 하늘과 땅 사이에 예수 그리스도가 서 계시다는 사실입니다.

옛날에 야곱이 밧단아람으로 가다가 길가에서 잠들어 꿈을 꾼 적이 있습니다. 그때에 야곱이 보니까 하늘이 열리고 하늘에서부터 땅까지 커다란 사다리가 놓여 있었습니다. 그 사다리를 통해서 천사들이 오르락내리락합니다. 바로 야곱을 돕기 위해서 하나님의 사자들이 부지런히 오르내리는 장면이었습니다. 그런데 오늘 말씀에는 그 야곱이 본 사다리 자리에 예수님이 서 계십니다. "하늘이 열리고 하나님의 사자들이 인자 위에 오르락내리락하는 것을 보리라!"

인자 위에! 예수 그리스도 위에 천사들이 오르내립니다. 예수님은 하늘과 땅을 연결하는 사다리가 되셨습니다. 할렐루야! 예수님은 하늘과 땅을 연결하는 사다리이십니다. 다시 말하면 예수님은 하나님과 인간을 연결하는 사다리라는 말씀입니다. 첫째로 주님은 하나님의 감추인 세계를 인간에게 연결해 주는 계시의 사다리이십니다. 둘째로 주님은 하나님을 등지고 사는 인간과 인간에게 진노하시는 하나님 사이를 화해시키신 화해의 사다리이십니다. 셋째로 주님은 죄로 어두워진 인생들과 영광된 하나님 사이를 부단히 이어 주시는 교통의 사다리이십니다. 오늘 우리는 주님 때문에 하나님의 자녀가 되었습니다. 하나님은 예수님 때문에 우리를 자녀로 받아 주셨습니다. 지금도 이 주님을 사다리 삼아 하늘 문이 열리고, 천사들이 우리를 돕기 위해서 오르락내리락하고 있음을 보시고 믿으시기 바랍니다.

그러므로 오늘 우리는 사다리 되시는 주님을 통하여 하나님께 나아가야 합니다. 영생을 얻기 위해서 예수의 사다리를 통해 하나님께 나아가시기 바랍니다. 죽음의 고통에서 벗어나기 위해, 이 주님을 통해서 하나님께 나아오십시오. 가난과 궁핍과 환난과 불의의 재난을 이기기 위해 주님을 통해서 하나님께 나아오세요. 실패와 좌절 가운데서 하나님을 만나기 위해 주님 앞에 나아오시기 바랍니다. 주님은 하나님께로 나아가는 오직 하나밖에 없는 사다리이십니다.

중요한 결론을 말씀드립니다

오늘 말씀에서 가장 중요한 대목은 예수가 누구인지를 밝히는 세 사람의 증언입니다.

첫째, 빌립의 증언입니다.

빌립은 예수를 모세와 선지자들이 기록한 메시아라고 증언합니다. 구약에 예언된 메시아라는 뜻입니다. 예수님은 수많은 선지자들을 통해서 하나님께서 보내리라고 하셨던 바로 그 구주십니다.

둘째, 나다나엘의 증언입니다.

그는 예수를 하나님의 아들이요, 이스라엘의 임금이라고 했습니다. 신성을 지니신 하나님이시요, 하나님을 믿는 모든 이스라엘 백성들의 왕이라는 뜻입니다. 예수님은 참 이스라엘 사람인 나다나엘 자신의 왕이 되셨습니다. 또한 주님은 오늘 우리의 왕이십니다. 주님의 통치를 받으시기 바랍니다.

셋째, 주님 자신의 증언입니다.

주님은 하늘 문을 여시는 분입니다. 그리고 그 하늘과 땅을 연결하는 사다리가 되시는 분입니다. 주님을 통해서 하늘의 비밀이 우리에게 열려졌습니다. 주님을 통해서 죄인과 하나님이 화해되었습니다. 우리는 주님을 통해서 날마다 하나님을 대면하고, 천국의 모든 축복을 받습니다. 생명을 얻고, 양식을 얻고, 건강을 얻고, 마음의 평안과 기쁨을 얻고, 지혜를 얻고, 능력을 얻습니다. 주님을 통해서 천국의 무상 출입자가 되시기 바랍니다.

/가나의 혼인 잔치/

요한복음 2:1-11

사흘째 되던 날 갈릴리 가나에 혼례가 있어 예수의 어머니도 거기 계시고 예수와 그 제자들도 혼례에 청함을 받았더니 포도주가 떨어진지라 예수의 어머니가 예수에게 이르되 저들에게 포도주가 없다 하니 예수께서 이르시되 여자여 나와 무슨 상관이 있나이까 내 때가 아직 이르지 아니하였나이다 그의 어머니가 하인들에게 이르되 너희에게 무슨 말씀을 하시든지 그대로 하라 하니라 거기에 유대인의 정결 예식을 따라 두세 통 드는 돌항아리 여섯이 놓였는지라 예수께서 그들에게 이르시되 항아리에 물을 채우라 하신즉 아귀까지 채우니 이제는 떠서 연회장에게 갖다 주라 하시매 갖다 주었더니 연회장은 물로 된 포도주를 맛보고도 어디서 났는지 알지 못하되 물 떠온 하인들은 알더라 연회장이 신랑을 불러 말하되 사람마다 먼저 좋은 포도주를 내고 취한 후에 낮은 것을 내거늘 그대는 지금까지 좋은 포도주를 두었도다 하니라 예수께서 이 첫 표적을 갈릴리 가나에서 행하여 그의 영광을 나타내시매 제자들이 그를 믿으니라

혼인 잔치에 참여하신 주님

오늘 말씀은 예수님께서 행하신 최초의 이적담(異蹟談)입니다. 이 이적은 주님이 행하신 첫 번째 이적이고, 사도 요한이 기록한 일곱 가지 이적 중에도 첫 번째 이적입니다. 이적을 행하신 날짜는 나다나엘을 만난 지 사흘째 되던 날이고, 장소는 나다나엘의 고향인 갈릴리

가나였습니다.

> "사흘째 되던 날 갈릴리 가나에 혼례가 있어 예수의 어머니도 거기 계시고 예수와 그 제자들도 혼례에 청함을 받았더니"(1-2절).

예수님은 어머니 마리아와 제자들과 더불어 한 혼인 잔치에 초대받아 참여하셨습니다. 예수께서 잔치에 참여하신 것은 우리의 신앙과 관련하여 두 가지 중요한 의미가 있습니다.

첫째, 예수님의 위대한 이적이 기쁨의 잔치에서 시작되었다는 점입니다.

주님의 사역은 죄인을 심판하는 일이나 산상수훈에서 시작하지 않고, 잔칫집에서 시작되었습니다. 이것은 기독교가 기쁨의 종교임을 말해 줍니다. 어떤 사람들은 기독교를 금욕주의의 무미건조한 종교로 오해합니다. 예수를 믿으면 세상 삶의 즐거움을 송두리째 빼앗기고 승려처럼 살아야 한다고 생각합니다. 이것은 크나큰 오해입니다. 참 신앙은 삶의 굴레나 올무가 아닙니다. 삶의 즐거움입니다. 인간 창조의 목적, 인간 구원의 목적은 인간을 진정으로 행복하게 만드는 데 있습니다. 성경은 여러 곳에서 주님과 함께하는 삶을 잔치에 비유합니다(마 22, 25장). 주님의 나라는 기쁨의 나라입니다. 주님과 함께하는 삶은 즐거운 것입니다.

이 잔치에 예수님이 참여하심으로 잔치의 기쁨이 더해지고, 기쁨이 계속될 수 있었습니다. 주님 때문에 분위기가 깨진 것이 아니라 오히려 잔치의 기쁨이 커졌습니다. 만일 그 잔치에 주님이 빠졌더라면 잔치는 도중에 끝날 뻔했습니다. 그러나 주님이 맛있는 포도주를 더해 주심으로 잔치는 더욱 흥겨워졌습니다. 그러므로 슬프고 괴로울 때만 주님을 초청하지 말고 즐겁고 기쁜 일에 주님을 초청하시기 바랍니다. 주님 때문에 우리의 즐거움이 천만배로 더해질 줄 믿습니다. 주님이 주신 기쁨은 결코 빼앗기지 않고, 중단되지 않습니다.

> "내가 이것을 너희에게 이름은 내 기쁨이 너희 안에 있어 너희 기쁨을 충만하게 하려 함이라"(요 15:11).

둘째, 주님께서 혼인의 참여자가 되셨다는 점입니다.

이것은 결혼이 얼마나 중요하며, 가정이 얼마나 중요한지를 보여주는 증거입니다. 신앙생활의 중심지가 어딥니까? 많은 사람들이 교회로 생각합니다. 그러나 더 중요한 곳은 가정입니다. 창세 때에 하나님은 인류 시조 아담과 하와의 중매자가 되셨고 주례자가 되셨습니다. 이제 주님께서 이 땅에 오셔서 결혼식의 참여자가 되셨습니다. 아담의 가정에 하나님이 계심으로 축복이 되셨던 것처럼, 이제 우리의 가정에 주님이 계심으로 새로운 축복이 시작됩니다. 진정한 행복은 예배당 이전에 가정에서 시작됩니다.

오늘 주님을 여러분의 가정에 초청하시기 바랍니다. 슬프고 괴로운 일에만 초청하지 마시고 기쁘고 즐거운 일에 초청하십시오. 주님이 계심으로 내 삶의 잔치는 계속됩니다.

포도주가 떨어져 잔치가 중단될 위기

잔치가 한참 흥겨워질 때에 일이 벌어졌습니다.

> "포도주가 떨어진지라"(3절).

포도주가 다 떨어졌습니다. 예나 지금이나 술은 잔칫집의 중요한 음식입니다. 그런데 잔칫집에 술이 떨어졌으니 즐거움도 끝장입니다. 이 잔칫집에 술이 모자란 것은 아마도 이 집이 가난했거나, 아니면 손님이 예상외로 너무 많이 왔기 때문이었을 것입니다. J. 던컨 M. 데레트(J. Duncun M. Derret)의 말에 의하면 고대 근동에서 잔칫집 주인이 술을 모자라게 준비하는 것은 매우 심각한 문제였다고 합니다. 단순히 도의적인 책임만 지는 것이 아니라, 지역 주민들에게 고소를 당하기도 했습니다. 그러니 포도주가 떨어진 것을 알게 된 주인이 얼마나 당황했겠습니까?

술이 떨어진 잔치가 의미하는 것이 무엇일까요? 술은 세상 즐거움의 수단입니다. 그러므로 술이 떨어진 잔치는 기쁨의 수단을 잃어버린 삶을 의미합니다. 이 세상의 즐거움은 언제나 유한합니다. 포도주가 떨어지면 기쁨이 고갈됩니다. 기쁨의 수단이 유한합니다. 우리의 삶에 영적 기갈이 온다는 뜻입니다. 영혼을 만족시킬 수단이 없고, 영혼을 기쁘게 할 방법이 없습니다. 우리의 삶이 항상 그렇습니다. 즐거움의 파티가 있는가 하면 어느새 기쁨이 사라지고 슬픔이 되어 버립니다. 얼마 전 잔칫집에 갔다 오던 사람들이 버스가 뒤집히는 바람에 초상집으로 변한 사건이 있었습니다. 잔칫집과 초상집은 한 발자국 차이입니다. 그래서 전도서 기자는 이렇게 말합니다.

"좋은 이름이 좋은 기름보다 낫고 죽는 날이 출생하는 날보다 나으며 초상집에 가는 것이 잔칫집에 가는 것보다 나으니 모든 사람의 끝이 이와 같이 됨이라 산 자는 이것을 그의 마음에 둘지어다……지혜자의 마음은 초상집에 있으되 우매한 자의 마음은 혼인집에 있느니라……우매한 자의 웃음소리는 솥 밑에서 가시나무의 타는 소리 같으니 이것도 헛되니라"(전 7:1-4, 6).

솔로몬이 염세주의자라서 이 말씀을 한 게 아닙니다. 인간 세상의 현실을 말한 것입니다. 이 세상은 가장 행복하고, 가장 즐거운 순간에도 곧 다가올 불행을 두려워해야 합니다. 그것이 바로 우리의 현실입니다. 술이 떨어져서 잔치가 끊어지듯이 우리의 만족이 사라지고 즐거움이 사라지는 영적인 고갈이 다가옵니다. 세상의 즐거움은 유한하며 곧 사라집니다. 그리고 이러한 고갈은 인간 스스로는 결코 보충할 수 없습니다. 그러므로 우리는 어디선가 대책을 찾지 않으면 안 됩니다.

실상을 주님께 아뢰었습니다

포도수가 떨어진 상황을 본 예수님의 어머니 마리아가 예수님께 고합니다.

"예수의 어머니가 예수에게 이르되 저들에게 포도주가 없다 하니"(3절).

마리아는 왜 포도주가 떨어진 사실을 연회장이나 집 주인에게 말하지 않고 예수께 고했을까요? 바로 이 장면이 마리아와 예수님 관계의 전환점입니다. 마리아는 이러한 난처한 상황을 해결할 사람이 예수밖에 없다고 믿었습니다. 왜냐하면 그는 벌써부터 예수가 자신의 아들이기 이전에 하나님의 아들인 메시아이심을 알고 있었습니다. 그는 예수를 잉태할 때에 천사의 소리를 들었습니다.

"보라 네가 잉태하여 아들을 낳으리니 그 이름을 예수라 하라 그가 큰 자가 되고 지극히 높으신 이의 아들이라 일컬어질 것이요 주 하나님께서 그 조상 다윗의 왕위를 그에게 주시리니 영원히 야곱의 집을 왕으로 다스리실 것이며 그 나라가 무궁하리라……성령이 네게 임하시고 지극히 높으신 이의 능력이 너를 덮으시리니 이러므로 나실 바 거룩한 이는 하나님의 아들이라 일컬어지리라"(눅 1:31-35).

뿐만 아니라 마리아는 예수의 생애를 관찰하면서 뭔가 다른 예수의 모습에서 자기의 아들이 메시아라는 사실을 느꼈을 것입니다. 마리아는 이 중요한 순간에 아들 예수가 "내가 메시아다!" 하고 선포하기를 기대했습니다.

이러한 마리아의 말에 대하여 예수님은 매우 냉정한 듯이 말씀하셨습니다.

"여자여 나와 무슨 상관이 있나이까 내 때가 아직 이르지 못하였나이다"(4절).

"여자여"라고 부른 것은 현재 우리의 호칭법으로는 납득하기 어려운 말입니다. 그러나 예수님 당시에 왕후를 부를 때 사용했던 대단히 정중한 호칭이었습니다. 그럴지라도 어머니에게 이 호칭을 사용한 예는 거의 없습니다. 그러므로 이 호칭은 역사적으로 중요한 의미를 담고 있습니다. 이제까지는 마리아의 아들 혹은 요셉의 아들 예수였지만, 이제부터는 하나님의 아들이라는 뜻입니다. '이제 나는 더 이상 마리아의 아들이 아닙니다. 하나님의 아들입니다. 나는 지금 하나님의 아들로서 일할 때를 기다리고 있습니다.' 바로 이런 말씀입니다. 예수님은 이제 사람의 뜻대로 일을 하는 사람이 아닙니다. 비록 육신적인 어머니의 부탁이라 할지라도 들어줄 수가 없습니다. 오직 하나님의 뜻을 따를 뿐입니다. 이적을 행하는 장소도, 때도 이제는 사람의 뜻이 아니라 하나님의 뜻에 달렸습니다. 그러므로 주님은 말씀하셨습니다.

"내 때가 아직 이르지 아니하였나이다"(요 7:6, 8, 30, 8:20).

그러면 주님은 마리아의 요청을 정면으로 거절하셨을까요? 결코 그런 뜻은 아닙니다. 사람의 뜻대로 하지 않겠다는 말씀이지, 응답하지 않겠다는 뜻은 아닙니다. 결과적으로 주님은 이 문제를 완전히 해결해 주셨습니다. 그러므로 우리는 당연히 주님께 포도주가 떨어졌다는 사실을 아뢰어야만 합니다. 우리의 삶에서 영적 고갈이 오고 즐거움이 사라시거든 주님께 고하시기 바랍니다. 마리아가 주님께 아뢰듯이 오늘 우리의 실상을 주님께 아뢰어야 합니다. 실상을 아뢰는데 거창한 수식어가 필요 없습니다. 마리아의 말처럼 '포도주가 없다' 는 사실만 보고하면 됩니다. 그리하면 주님께서 어떤 식으로든지 응답해 주십니다.

저는 요즘 이상한 교인들을 많이 봅니다. 교회생활을 10년, 20년 한 사람이 자기 입으로 기도 한 번 하지 않고 살고 있습니다. 결혼한 부부가 마음으로 통하면 된다고 하면서 말 한 마디 하지 않는 경우가 있습니까? 어린 자식이 부모가 다 알아서 해준다고 말 한 마디 하지 않고 살아도 됩니까? 하나님이 내 형편을 다 아시니까 말 한 마디 하지 않아도 되는 것입니까? 오늘 이 자리에서 결단하십시오. 오늘 당장 주님께 입을 떼시기 바랍니다. 감사할 일, 요청할 일을 명확하게 종이에 기록하시고 주님께 아뢰십시오. 아뢴 후에는 응답해 주셨는지 여부를 확인하고 표시하십시오. 응답 여부를 알 수 없는 기도는 할 필요가 없습니다. 예를 들면 "주여, 인류에게 평화를 주소서!" 라고 하는데, 인류의 평화는 지상에서 결코 오지 않습니다. 사람들이 점점 악해지는데 어떻게 평화가 옵니까? 점점 더 악해지다가 종말을 맞는 것이 인간의 운명입니다. 그것이 성경의 가르침입니다. 괜히 고상한 척하고 이루어지지도 않을 기도는 하지 마시고, 차라리 내 신변이나 지인들의 형편이나 살피면서 응답 여부를 분명히 볼 수 있는 기도들을 하십시오. 수첩에 적어가면서 해보세요. 나 자신을 위해서, 가족들을 위해서, 친구를 위해서, 믿음의 동료를 위해서, 내가 속한 공동체를 위해서 주님께 아뢰십시오.

오늘 내게 무엇이 떨어졌습니까? 마음에 기쁨이 사라졌습니까? 평안을 잃었습니까? 삶의 의욕이 떨어졌습니까? 용기가 떨어지고, 담력이 사라졌습니까? 돈이 떨어졌나요? 생계에 문제가 생겼습니까? 건강에 이상이 생겼나요? 자녀들에게 문제가 있습니까? 지체 말고 즉시 주님께 아뢰십시오. 고민하기 전에, 원망 불평하기 전에, 사람에게 부탁하기 전에 먼저 주님께 아뢰시기 바랍니다. 그것이 문제 해결의 열쇠입니다.

무슨 말씀을 하시든지 그대로 하라

마리아는 하인들에게 주님의 말씀에 대하여 절대적으로 순종할 것을 당부합니다.

> "너희에게 무슨 말씀을 하시든지 그대로 하라"(5절).

이 말씀 그대로 하인들이 순종합니다. 힘들어도 순종했습니다. 여섯 개의 항아리에 물을 길어다 붓는 일이 얼마나 힘듭니까? 맹물을 떠다가 손님에게 나누어 주는 일이 얼마나 황당한 일입니까? 그래도 일단 순종했더니 이적이 나타났습니다. 바로 이것이 신앙입니다. 하인들이 어떻게 순종했습니까?

첫째, 순종의 수위입니다.

어디까지 순종할 건가? 주님은 "항아리에 물을 채우라!"(7절)고 명령하셨습니다. 여섯 항아리에 물을 채워야 합니다. 매우 힘든 일입니다. 이 항아리들은 유대인의 관습상 결례를 위한 것입니다. 유대인들은 밖에 나갔다 들어와서, 혹은 식사 전에 반드시 손을 씻어야 합니다. 그렇지 않으면 부정한 자로 여깁니다(막 7:3-4). 이 집에 있던 항아리들은 돌로 만든 것인데 각각 두세 통씩의 물이 들어갑니다. 오늘날의 분량으로 치면 대략 40리터 혹은 70리터 정도의 분량입니다. 이런 항아리가 여섯 개나 됩니다. 주님은 이 항아리들마다 물을 길어다가 채우라고 하셨습니다. 하인들은 주님이 왜 항아리에 물을 채우라고 하시는지 전혀 몰랐습니다. 그럴지라도 그들은 묵묵히 순종했습니다. 이 많은 분량의 물을 이미 손님들이 손을 다 씻었는데 왜 또 필요하냐든지 하는 질문이 없었습니다. 말없이 가져다가 항아리를 채웠습니다.

기왕에 순종하려면 100퍼센트 순종하십시오. 순도 높게 순종하세요. 분량 넘치게 순종하세요. 이런 가정을 해봅니다. 만일 하인들이 주님의 말씀을 듣고 물을 절반만 채웠다면 어떻게 되었을까요? 세 항아리만 채우고 세 항아리는 비워 놓습니다. 혹은 여섯 항아리에 물을 담기는 담되 3분의 2씩만 담습니다. 물이 포도주가 되기는 되었지만 분량적으로 잔치를 마치기까지 충분하지는 못했을 것입니다.

순종의 분량이 우리의 축복의 분량에 비례합니다. 꼭 물질만 얘기하는 것은 아닙니다. 영적 자산도 마찬가집니다. 믿음의 자산, 지혜의 자산, 평강의 자산, 기쁨의 자산, 판단력의 자산, 모든 보이지 않는 자산들이 다 순종의 분량에 좌우됩니다. 기왕에 순종하려면 미련하게 100퍼센트 순종하십시오.

둘째, 순종의 모험입니다.

즉, 명령이 황당해도 순종했습니다. 물을 다 채우자 주님이 다시 명령하십니다. "이제는 떠서 연회장에게 갖다 주라!"(8절)고 하십니다. 연회장이란 알키트리클리노스(ἀρχιτρίκλινος)라고 불렀는데, 자리를 준비하고 잔치를 주관하는 사람입니다. 상을 정돈하고 음식을 관리하며 공급해 주고, 사람들의 친교를 돕는 일을 했습니다. 대개는 신랑의 친구들 가운데서 연회장을 뽑아 세웠습니다. 주님은 바로 이 연회장에게 방금 길어다 부었던 맹물을 떠다 주라고 하셨습니다. 어떤 사람들은 이때에 예수께서 대단한 코미디를 하신 것으로 해석합니다. 술 대신에 맹물을 퍼다 주라고 하니 코미디 아닙니까?

하인들은 주님께 묻지 않고 그냥 떠다가 연회장에게 갖다 주었습니다. 바로 여기서 기적이 일어났습니다. 모든 물이 포도주로 변해 있었습니다. 어떤 주석가들은 언제 물이 포도주가 되었을까 알고 싶어 합니다. 어떤 사람들은 물을 다 길어다 채웠을 때에 이적이 일어났다고 생각합니다. 또 어떤 사람들은 하인들이 물을 떠다가 연회장에게 주었을 때 이적이 일어났다고 생각합니다. 어떤 화가의 그림에 보면 연회장이 그릇의 물을 따르는 순간에 포도주로 변하는 모양을 그리고 있습니다. 어떤 순간에 이적이 일어났든지 결과적으로 중요한 것은 모든 물이 포도주가 되었다는 사실입니다. 왜냐고 묻지 않는 순종!

기적의 첩경입니다.

순종의 모험을 하지 못하는 것은 인간의 지성주의 때문입니다. 식자우환입니다. 아는 게 병입니다. 계몽사상가들 이래로 합리주의, 실존주의, 포스트모더니즘까지 그 중심은 인간 이성의 극대화입니다. 인간이 중심에 있고, 모든 판단의 주체가 인간입니다. 절대자이신 하나님은 배제됩니다. 절대라는 말을 사용하지 않은 지 오랩니다. 과학과 산업의 발전에 고무되어 이성주의자들인 인간이 아이러니하게도 이성을 잃었습니다. 참 이성은 하나님을 알아야 하는데 하나님을 인정하지 않습니다. 우리가 나노의 세계를 알았다고 해서, 컴퓨터를 잘 사용한다고 해서, 유전자 조작을 한다고 해서 하나님의 세계를 안 것은 아닙니다. 우리는 여전히 하나님의 세계를 잘 모르는 어린아이일 뿐입니다.

만일 우리가 알고 있는 과학적 지식으로 본문의 이적을 설명한다면 이렇게 될 겁니다. '그때에 주님은 많은 포도즙을 가져오라고 하셨습니다. 그다음에는 항아리에 담으라고 하셨습니다. 주님은 수많은 효모균을 집어넣으셨습니다. 그리고 가장 적당한 온도를 유지하라고 하셨습니다. 포도 속의 많은 당분이 신속하게 화학 작용을 일으켰습니다. 그리하여 많은 알코올이 나오고 탄산 가스가 발생했습니다.' 그러나 우리는 이러한 과정과 전혀 상관없는 현상을 보고 있습니다. 맹물이 즉시 포도주가 되었습니다. 포도즙의 원료도 없고, 효모균도 없고, 발효 기간도 없습니다. 맹물이 그냥 곧바로 포도주가 되었습니다. 우리는 이 모든 과정을 이해할 수가 없습니다. 다만 믿고 순종하면 물이 포도주가 됩니다. 이것이 바로 신앙입니다.

순종의 모험을 하십시오. 하나님이 하시는 일을 다 몰라도 좋습니다. 우선 믿고 순종하면 됩니다. 우리는 어린 시절을 부모님의 품에서 보냈습니다. 그때 우리는 사물을 이해할 수 없었지만 오직 부모를 믿고 순종함으로써 생존해 왔습니다. 우리는 하나님의 자녀로서 하나님이 하시는 일을 전부 이해하지 못해도 좋습니다. 믿고 순종하면 어떤 경우에도 생존에 지장이 없습니다.

그러므로 묻지 말고 순종하십시오. 나병환자가 어떻게 나았는지, 맹인과 걷지 못하는 사람이 어떻게 일어났는지, 풍랑이 어떻게 잔잔해졌는지, 귀신이 어떻게 쫓겨 갔는지 묻지 마십시오. 다만 믿고 순종하십시오. 순종의 모험을 하는 자만이 기적을 체험할 기회가 있습니다. 본문 9절의 말씀은 우리에게 매우 평범한 진리를 전하고 있습니다.

> "연회장은 물로 된 포도주를 맛보고도 어디서 났는지 알지 못하되 물 떠온 하인들은 알더라"(9절).

연회장은 잔치의 진행자였지만 기적을 체험하지는 못했습니다. 주님께 순종하지 못했기 때문입니다. 오직 순종하는 자만이 이적을 체험하고 알게 됩니다. 오늘 여러분 모두가 본문에 나오는 하인들처럼 순종하시기를 축원합니다.

주님의 축복은 처음보다 나중이 좋습니다

연회장이 신랑에게 고백합니다.

> "사람마다 먼저 좋은 포도주를 내고 취한 후에 낮은 것을 내거늘 그대는 지금까지 좋은 포도주를 두었도다"(10절).

세상의 삶의 원리는 언제나 처음보다는 나중이 좋지 않고, 겉보다는 속이 좋지 않습니다. 그런데 주님의 축복은 처음보다 나중이 좋습니다.

C. H. 스펄전 목사님은 불신앙적인 삶을 네 개의 식탁으로 비유했습니다. 사탄의 집에는 네 개의 식탁이 있습니다. 첫 번째 식탁은 탕자의 식탁입니다. 그는 먼저 죄악의 잔을 정열적으로 마십니다. 그리고 죄악의 기쁨을 얻습니다. 그다음은 김빠지고 맛없는 잔, 쾌락이 사라져 가는 잔을 마시면서 더 새로운 것을 달라고 외칩니다. 이어서 검은 고통의 잔을 마십니다. 마지막으로 죽음의 잔을 마시게 됩니다. 죄로 병들고 죽음으로 내려갑니다. 두 번째 식탁은 자칭 의인들의 식탁입니다. 그들은 먼저 자기만족의 잔을 마십니다. 자기들만 옳다고 하는 자만심에 충만해집니다. 그다음은 불만과 불안의 잔이 옵니다. 실망의 잔이 들어옵니다. 자신만만하던 삶은 사라지고 좌절이 옵니다. 드디어는 죽음의 잔이 다가옵니다.

세 번째 식탁은 세도가들의 식탁입니다. 높은 정치가, 부한 경제인들의 식탁입니다. 그들은 먼저 출세의 잔을 마십니다. 명예와 부귀를 한껏 기뻐합니다. 그다음에 근심의 잔이 들어옵니다. 그다음에는 탐심의 잔이 들어옵니다. 마지막으로는 모든 것을 빼앗기는 상실의 잔이 들어옵니다. 네 번째 식탁은 은밀한 죄인들의 식탁입니다. 그들은 먼저 은밀한 죄악의 잔을 마십니다. "도둑질한 물이 달고"(잠 9:17)라는 말씀과 같습니다. 그 후에 불안한 양심의 잔을 마십니다. 마지막으로 그는 모든 것이 드러나는 발견의 잔을 마시게 됩니다. 이 모든 것들이 바로 세상이 주는 잔들입니다. 이들의 공통점은 처음에는 좋으나 나중에는 멸망과 죽음이라는 점입니다.

그러면 주님의 식탁은 어떻습니까? 주님의 집에도 세 가지 식탁이 있습니다. 첫째는 외적인 섭리의 식탁입니다. 처음 잔은 매우 큰 고통의 잔입니다. 그러나 그다음에는 위로의 잔이 오고, 끝으로 영광의 잔이 옵니다. 둘째는 내적인 경험의 식탁입니다. 처음에는 인내의 쓴 잔으로 시작합니다. 다음은 용서와 사랑의 잔입니다. 그리고 마지막으로는 영원한 축복의 잔입니다. 세 번째 식탁은 교제의 식탁입니다. 처음에는 고난받는 그리스도와 교제하는 고난의 잔입니다. 그다음은 그리스도를 위한 수고의 잔입니다. 마지막으로 그리스도의 부활과 승리 안에서의 교제의 잔입니다.

그리스도 안에 들어오십시오. 처음에는 맛이 없는 것 같지만 나중에는 최고의 맛을 보게 될 것입니다. 갈수록 축복이 더해지고, 갈수록 기쁨이 더해집니다. 갈수록 소망이 생기고, 갈수록 생명이 더해집니다. 참 신앙의 결과는 갈수록 발전하고 갈수록 풍족해지고 갈수록 만족이 더해집니다. 이러한 주님과의 만남이 평생 계속되시기를 축원합니다.

이적의 결과입니다

> "예수께서 이 첫 표적을 갈릴리 가나에서 행하여 그의 영광을 나타내시매 제자들이 그를 믿으니라"(11절).

첫째, 예수님의 이적 속에는 하나님의 영광이 담겨 있습니다.

예수님의 이적은 마술이나 속임수가 아닙니다. 신적인 역사입니다. 이적은 사람들에게 자랑하기 위한 것이 아닙니다. 예수님의 신성을 나타내시기 위함입니다. 우리는 성경의 이적을 통해서 주님의 신성, 하나님의 영광을 보아야 합니다.

둘째, 제자들이 주님을 믿게 되었습니다.

이적의 목적은 믿음입니다. 무리나 군중의 믿음이 아닙니다. 단지 몇 사람 제자들의 믿음이 강화되었습니다. 나다나엘은 이미 주님을 하나님의 아들이라고 고백한 바 있습니다. 그때 주님이 뭐라고 하셨습니까? 더 큰 영광을 보리라! 이제 나다나엘은 하나님의 아들의 큰 역사를 보았습니다. 그의 고백은 기적을 보고 믿음으로 견고해졌습니다.

오늘 주님은 우리에게 말씀하십니다. 그 말씀에 순종하십시오. 그러면 기적이 나타납니다. 기적이 나타났습니까? 그러면 그 기적 속에 나타난 주님의 신성을 보십시오. 그리고 믿음을 더하시기 바랍니다. 지금도 우리에게 주님의 이적은 계속됩니다. 많은 순종을 통해서 많은 이적을 체험하시고 믿음을 굳게 하시기 바랍니다.

/성전 재건/

요한복음 2:12-22

그 후에 예수께서 그 어머니와 형제들과 제자들과 함께 가버나움으로 내려가셨으나 거기에 여러 날 계시지는 아니하시니라 유대인의 유월절이 가까운지라 예수께서 예루살렘으로 올라가셨더니 성전 안에서 소와 양과 비둘기 파는 사람들과 돈 바꾸는 사람들이 앉아 있는 것을 보시고 노끈으로 채찍을 만드사 양이나 소를 다 성전에서 내쫓으시고 돈 바꾸는 사람들의 돈을 쏟으시며 상을 엎으시고 비둘기 파는 사람들에게 이르시되 이것을 여기서 가져가라 내 아버지의 집으로 장사하는 집을 만들지 말라 하시니 제자들이 성경 말씀에 주의 전을 사모하는 열심이 나를 삼키리라 한 것을 기억하더라 이에 유대인들이 대답하여 예수께 말하기를 네가 이런 일을 행하니 무슨 표적을 우리에게 보이겠느냐 예수께서 대답하여 이르시되 너희가 이 성전을 헐라 내가 사흘 동안에 일으키리라 유대인들이 이르되 이 성전은 사십육 년 동안에 지었거늘 네가 삼 일 동안에 일으키겠느냐 하더라 그러나 예수는 성전 된 자기 육체를 가리켜 말씀하신 것이라 죽은 자 가운데서 살아나신 후에야 제자들이 이 말씀하신 것을 기억하고 성경과 예수께서 하신 말씀을 믿었더라

유월절, 예루살렘 성전

오늘 말씀의 배경은 유월절과 예루살렘 성전입니다.

"그 후에 예수께서 그 어머니와 형제들과 제자들과 함께 가버나움으로 내려가셨으나 거기에 여러 날 계시지는 아니하시니라 유대인의 유월절이 가까운지라 예수께서 예루살렘으로 올라가셨더니"(12-13절).

12절의 말씀에 보면 예수님은 가나의 혼인 잔치 이후 가족들과 함께 가버나움으로 이주하신 것 같습니다. 그러나 주님은 그곳에 오래 머물지 않으시고 곧바로 유월절을 지키기 위해 예루살렘으로 올라가셨습니다. 요한복음에 보면 예수님이 예루살렘에서 유월절을 지키신 일이 네 차례 기록되어 있습니다(2:13, 5:1, 6:4, 11:55). 네 차례의 유월절을 지키신 것은 예수님의 공생애가 최소한 3년에서 4년간 지속되었음을 보여주는 증거입니다.

유월절과 예루살렘 성전의 배경은 모두가 예수님과 직접적인 관련이 있습니다.

첫째 배경은 유월절입니다.

유월절은 장막절, 오순절과 더불어서 유대인의 최대의 절기입니다. 유월절은 과거 이스라엘 백성들이 애굽의 압제에서 구원받은 것을 기념하는 절기입니다. 유월절이 되면 세계 각처에 흩어져 있던 유대인들이 모여들었습니다. 일설에 의하면 100만 명이 넘는 인파가 예루살렘에 모여들었다고 합니다. 예수님은 성경의 가르침을 따라 유월절을 지키셨습니다.

유월절이 의미하는 바는 어린 양을 통한 구원입니다. 출애굽 당시 하나님께서는 죽음의 사자를 애굽 사람들에게 보내셔서 모든 장자들을 죽이셨습니다. 그러나 어린 양의 피가 있는 유대인들의 거처에는 죽음의 사자가 그냥 지나쳤습니다. '유월' 이란 영어로 하면 passover입니다. 죽음의 사자가 그냥 지나쳐 버렸다는 뜻에서 붙여진 명칭입니다. 이것은 바로 희생양 되시는 예수님으로 말미암아 죄인들이 죽음의 심판에서 구원받는 것을 상징합니다. 그러므로 유월절은 바로 예수님을 통한 구원을 기념하는 구약적인 절기입니다.

둘째 배경은 예루살렘 성전입니다.

유대인의 성전 역사는 모세 시대까지 거슬러 올라갑니다. 시내 산에서 이스라엘은 하나님께서 지시하신 대로 성막을 만들었습니다. 성막은 조립식으로 만든 이동식 성전입니다. 가나안에 정착한 후에 세운 첫 번째 성전은 솔로몬 성전입니다. 솔로몬이 건축했다 해서 솔로몬 성전, 혹은 제1성전이라고 부릅니다. 솔로몬 성전은 돌과 백향목, 황금으로 만든 화려한 성전이었습니다. 그러나 이 성전은 B.C. 586년에 바벨론의 느부갓네살 왕에 의해 파괴되었습니다. 이때 많은 유대인들이 바벨론에 포로로 끌려갔습니다. 포로로 끌려간 지 70년 후에 유대인들은 페르시아 왕 고레스에 의해서 해방되었습니다. B.C. 520년경 이들이 돌아와서 세운 성전을 스룹바벨 성전, 혹은 제2성전이라고 부릅니다. 제2성전은 솔로몬 성전처럼 화려하지 못했고, 견고하지도 못했습니다. 오래가지 못하고 곧 퇴락해 버렸습니다.

본문에 언급된 성전은 헤롯 대왕이 세운 제3성전입니다. 헤롯 성전은 B.C. 20년경 유대 지역의 왕이었던 헤롯 대왕에 의해 건축되기 시작했습니다. 헤롯은 건축에 미친 사람이었습니다. 수많은 요새와 왕궁을 세웠습니다. 그가 예루살렘 성전을 세운 것은 유대인의 환심을 사기 위해서였습니다. 헤롯 성전의 1차 공사는 약 9년간의 공사 끝에 마쳐졌습니다. 그러나 주변 공사는 계속되어서 예수님 당시에도 공사를 하는 중이었습니다. 오늘 말씀에 46년이나 걸렸다고 자랑합니다. 이 공사는 그 후에도 계속되어서 공사를 시작한 지 82년이 지난 주후 63년경 알비누스 총독 때에 완공되었습니다. 이 거창한 성전은 유대인들에게 자부심을 갖게 하기에 충분했습니다. 명절 때면 세계 각처에서 사람들이 이 성전으로 몰려왔습니다. 예수님은 바로 이러한 유월절 절기에 예루살렘 성전에 등장하셨습니다.

성전 청결 작업

주님이 첫 번째로 하신 일은 성전의 청결 작업입니다. 예수님은 성전에서 소나 양이나 비둘기 파는 자들을 다 쫓아내셨습니다.

> "성전 안에서 소와 양과 비둘기 파는 사람들과 돈 바꾸는 사람들이 앉아 있는 것을 보시고 노끈으로 채찍을 만드사 양이나 소를 다 성전에서 내쫓으시고 돈 바꾸는 사람들의 돈을 쏟으시며 상을 엎으시고 비둘기 파는 사람들에게 이르시되 이것을 여기서 가져가라 내 아버지의 집으로 장사하는 집을 만들지 말라 하시니"(14-16절).

14절의 '성전'(ἱερόν)이란 말은 바로 성전의 뜰을 말합니다. 유대인들은 성전을 여러 부분으로 나누었습니다. 제사장의 뜰, 유대인의 뜰, 여인의 뜰, 이방인의 뜰, 이러한 구획은 아무도 감히 넘어갈 수 없었습니다. 예수님 당시에 제물을 판 장소는 '이방인의 뜰' 입니다.

이들이 성전 마당에서 짐승을 판 것은 나름대로 까닭이 있었습니다. 소나 양 같은 제물은 산 것을 가져다가 희생시켜야 했습니다. 그런데 예루살렘에서 멀리 떨어진 곳에 사는 사람들은 성전까지 짐승을 몰고 올 수가 없었습니다. 그래서 먼 곳에 사는 사람들은 돈을 가지고 와서 예루살렘에서 짐승을 사서 바칠 수밖에 없었습니다. 이러한 이유로 당시의 제사장들이나 성전 관리자들은 제물로 쓰일 짐승들을 성전에서 팔았습니다. 성전 중에서는 가장 낮은 등급으로 여겨지는 이방인의 뜰에 판매 장소를 만들었습니다.

제물을 파는 곳에는 또한 화폐를 교환해 주는 사람들도 상주해 있었습니다. 요즘으로 말하면 환전상입니다. 환전상이 있었던 것은 몇 가지 까닭이 있습니다. 첫째로 각국에서 온 사람들이 다양한 화폐를 가지고 있었으므로 일정한 화폐로 교환할 필요성이 있었습니다. 특히 정확한 무게와 관리에 편한 화폐를 지정할 필요가 있었습니다. 둘째로 당시에 로마 황제의 얼굴이 새겨진 로마의 동전은 우상을 배척하는 유대인들의 성전에 바칠 수 없었기 때문입니다.

그러면 이렇게 타당한 이유가 있음에도 불구하고, 왜 예수께서 모든 매매자들을 내쫓으셨을까요? 주님의 의도는 성전의 용도를 바로 잡는 데 있었습니다. 성전은 하나님이 임재하시는 곳입니다. 하나님을 높이는 곳입니다. 예배드리고 기도하고 찬송하는 곳입니다.

> "내 집은 만민이 기도하는 집이라"(사 56:7).

아무리 이방인의 뜰이라 해도 역시 성전의 일부입니다. 유대인들은 이방인을 하나님에게서 먼 사람들이고, 기도할 자격이 부족한 사람들이라고 생각했습니다. 그렇다고 유대인들만 조용한 분위기에서 기도하고, 이방인들은 시끄러운 분위기에서 기도해도 되는 것은 아닙니다. 상상해 보세요. 염소 한 마리만 있어도 엄청 시끄럽습니다. 그런데 각종 짐승이 울어대니 얼마나 시끄럽겠습니까? 장사하고 돈 바꾸는 소리까지 난장판입니다. 이방인은 그런 분위기에서 기도해도 된다는 말입니까? 말도 안 되는 일입니다. 하나님은 오히려 유대인보다 모든 천하 만민이 성전에 와서 기도하기를 원하셨습니다.

성전 지배자들은 성전을 영업장으로 만들었습니다. 제물을 편리하게 공급해 준다는 구실로 장사를 했습니다. 돈 바꾸는 일도 터무니 없는 장사였습니다. 그냥 돈을 바꾸어 준 게 아닙니다. 교환해 주면서 상당한 수수료를 챙겼습니다. 오늘 말씀 14절에 나오는 바꾼다는 말의 어원은 케르마티조(κερματιζω)인데 '작게 자른다' (to cut small)는 뜻입니다. 15절에는 다른 단어가 사용되고 있는데 콜루보스(κολλυβος)라는 말입니다. 이 말은 '작은 동전' 이란 뜻입니다. 이들은 돈을 교환해 주면서 일정액을 잘라냈고, 그것을 동전으로 받았습니다. 제물을 파는 것이나 동전 교환은 제사장 계급이 독점했습니다. 에델샤임(A. Edersheim)에 의하면 당시에 이러한 이익금은 연간 9천 파운드에 달했습니다. 당시의 성전세로 거두어들이는 금액이 7만 5천 파운드였던 것과 비교해 보십시오. 대단한 금액입니다.

주님은 성전의 용도 변경에 대해서 분노하셨습니다. "이것을 여기서 가져가라! 내 아버지 집으로 장사하는 집을 만들지 말라!"(16절) 하나님의 집, 경배의 장소, 기도의 장소를 장사하는 집으로 만들지 말라! 너희는 기도하는 집을 강도의 소굴로 만들었도다!(마 11:17) 주님은 노끈으로 채찍을 만들어 짐승들을 다 내어쫓으셨습니다. 돈 바꾸는 사람들의 상과 제물 파는 사람들이 앉은 의자를 둘러엎으셨습니다. 주님은 성전을 내 아버지 집이라고 하셨습니다. 그것은 유대인들의 집도 아니고, 우리들의 집도 아닙니다. 바로 하나님의 집입니다. 하나님 아버지의 집을 시장바닥으로 삼을 수는 없습니다.

두 가지 반응이 나왔습니다

첫째, 제자들의 반응입니다.

"제자들이 성경 말씀에 주의 전을 사모하는 열심이 나를 삼키리라

한 것을 기억하더라"(17절).

제자들은 예수님의 행동에 놀라면서 한편으로 예수님의 신변을 염려했습니다. "저렇게 열렬히 성전을 아낄 수가 있을까? 저렇게 과감하게 행동을 하신다면 오히려 자신에게 해롭지 않을까?" 그러면서 제자들은 구약 시편의 한 구절을 생각했습니다.

"주의 집을 위하는 열성이 나를 삼키리라"(시 69:9).

제자들은 주님께서 성전을 아끼는 열성이 너무 열렬하셨기 때문에, 위험을 무릅쓰고 이러한 행동을 감행하셨다고 생각했습니다. 제자들의 염려대로 주님은 결국 성전모독죄로 유대인들에게 처형을 당하셨습니다.

둘째, 매매 당사자들의 반응입니다.

18절의 말씀에 보면 이들이 대답했다고 했습니다.

"이에 유대인들이 대답하여 예수께 말하기를 네가 이런 일을 행하니 무슨 표적을 우리에게 보이겠느냐"(18절).

그것은 어떤 질문에 대한 대답이 아니라, 주님의 행동에 대한 대답이라는 뜻입니다. 성전 지배자들은 주님의 행동에 대해서 난감했습니다. 뭔가 답하지 않을 수 없었습니다. 그래서 그들은 주님께 대답 대신 질문을 했습니다. "무슨 표적을 우리에게 보이겠는가?" 당신이 하나님이 보내신 메시아라는 표적을 보여라!

이들은 쫓겨난 짐승들이나 엎어진 돈더미에 대해서 일언반구도 말하지 못했습니다. 돈을 물어내라든지, 장사를 손해 봤다든지 하는 말은 전혀 없습니다. 성전의 경비원을 불렀다는 말도 없습니다. 주님의 절대적인 권세에 압도당했기 때문입니다. 주님의 영적 권세는 참으로 큰 힘이 있습니다. 얼마나 많은 군대를 동원해야 성전 장사꾼들을 다 쫓아낼 수 있었을까요? 요즘 세상을 보세요. 이권이 있는 곳에 이전투구가 있습니다. 몇 개 중대의 전투경찰을 동원해도 이권에 매인 몇몇 사람을 제압하지 못합니다. 그러나 그들은 주님의 권세 앞에서 꼼짝도 못했습니다. 이것 자체가 벌써 하나의 표적입니다.

그들은 자신들이 하던 일들에 대해서 일말의 가책을 느꼈습니다. '저 사람이 만일 메시아라면 우리의 비양심적인 소행은 어찌될 것인가?' 그래서 그들은 감히 반발하지 못했습니다. 그들은 예수님께 소극적인 질문을 던졌습니다. "우리에게 무슨 표적을 보여주겠는가? 우리에게 당신이 메시아라는 표적을 보여달라!"

이 성전을 헐라 사흘 동안에 일으키리라

주님은 질문하는 자들에게 폭탄선언을 하셨습니다.

> "예수께서 대답하여 이르시되 너희가 이 성전을 헐라 내가 사흘 동안에 일으키리라"(19절).

이 말씀은 깊은 의미가 담긴 핵심적인 중요한 구절입니다. 22절에 보면 제자들조차 그 뜻을 알지 못했다가, 주님이 부활하신 후에야 겨우 알게 되었습니다.

성전을 헐라는 주님의 말씀은 유대인들에게 가장 큰 오해의 원인이 되었습니다. 주님을 법정에서 고소하던 사람들은 이 말씀을 빌미로 해서 성전모독죄를 덮어씌웠습니다(마 26:61; 막 14:57-59). 십자가 아래서 조롱하던 사람들도 "아하, 성전을 헐고 사흘에 짓는 자여……" (마 27:40; 막 15:29)라고 하며 이 말씀을 반박했습니다. 이러한 오해는 스데반을 고소한 죄목에도 반복됩니다. 스데반 집사를 처형했던 사람들은 말하기를 이 사람이 성전을 헐고 율법을 고치려 했다고 주장했습니다(행 6:13-14). 사도 바울 역시 성전을 모독한 혐의로 예루살렘에서 붙잡혔습니다(행 21:28).

그러면 성전을 헐고 사흘 동안에 일으키겠다는 말씀은 무슨 의미입니까? 우리는 이 말씀에 담긴 의미를 세 가지로 해석합니다.

첫째, 주님의 육체적 죽음과 부활입니다.

주님은 자신을 가리켜서 예루살렘 성전보다 더 큰 이라고 말씀하셨습니다(마 12:6). 예수님은 가장 위대한 성전입니다. 왜냐하면 성전이란 하나님이 임재하시는 곳인데, 예수님은 바로 하나님 자신이시기 때문입니다. 구약 시대 솔로몬 성전에 하나님의 영광이 임하고, 광야의 성막에 하나님의 구름이 임했습니다만, 그것은 상징물에 불과합니다. 예수 안에는 하나님의 신성이 그대로 존재합니다. 사도 바울은 이렇게 말씀합니다.

> "그 안에는 신성의 모든 충만이 육체로 거하시고"(골 2:9).

주님은 여러 차례 말씀하셨습니다. 내가 보여줄 최대의 표적은 죽었다가 사흘 만에 다시 사는 것이다!(마 12:39, 16:4; 눅 11:29) 그 말씀 그대로 주님은 죽임을 당했고, 사흘 만에 다시 부활하셨습니다. 주님 자신이 성전이시기 때문에 자신의 몸이 죽었다가 사흘 만에 다시 살아나신 것은 곧 성전을 무너뜨리고 다시 짓는 일이었습니다.

둘째, 구약 예배의 종결과 새로운 예배의 시작입니다.

짐승을 잡아서 피를 흘리는 것은 어디까지나 속죄의 상징에 불과합니다. 진정한 속죄는 예수님의 죽음에 의해서 이루어집니다. 그러므로 소나 양이나 비둘기를 잡아 바치는 희생 제사는 이제 끝이 났습니다. 주님의 죽음과 부활에 기초한 새로운 예배가 시작됩니다. 짐승의 피가 아닙니다. 예수님의 피입니다. 손으로 섬기는 예배법이 아닙니다. 마음으로 믿고 경배하는 예배법입니다. 육체적 예배법이 아닙니다. 영적 예배법입니다. 모든 상징적 행위는 끝났습니다. 실제의 속죄가 시작되었습니다. 주님은 말씀하셨습니다. 예루살렘 성전에서도 말고 사마리아의 그리심 산에서도 말고 오직 예수 자신을 믿는 믿음의 예배가 드려지는 시대가 올 것이다!(요 4:20-24) 하나님은 영이시니 예배하는 자가 영과 진리로 예배할지니라! 그러므로 주님께서 짐승들을 성전에서 내어쫓으신 것은 짐승으로 드리는 제물을 영원히 쫓아 버리신다는 깊은 의미가 있습니다. 이제 예수님을 통해서 구약의 의전적인 예배는 폐지되고 예수님을 의지해서 드리는 영적 예배가 시작되었습니다.

셋째, 예루살렘 성전 건물은 영원히 무너지고 인격적인 교회 공동체가 세워진다는 뜻입니다.

예루살렘 성전은 한낱 돌로 지은 건물에 불과합니다. 더 중요한 것은 하나님 백성으로 이루어진 공동체입니다. 다시 말하면 그리스도를 믿는 신앙 공동체가 건물보다 중요한 성전의 실체입니다. 주님은 말씀하셨습니다.

"내가 이 반석 위에 내 교회를 세우리니 음부의 권세가 이기지 못하리라"(마 16:18).

교회라는 말은 하나님이 불러내신 신앙 공동체를 말합니다. 나무집도 돌집도 아니라 바로 신자들의 모임이 교회입니다. 바울은 이러한 신앙 공동체를 그리스도의 몸이라고 불렀습니다(엡 1:23, 4:16; 골 1:18). 주님이 임재하시는 처소는 이제 더 이상 돌로 지은 건물이 아니라, 신자들의 마음입니다. 주님은 화려한 건물에 계시지 않고 주님을 믿는 신자들 속에 계십니다.

"너희가 하나님의 성전인 것과 하나님의 성령이 너희 안에 계시는 것을 알지 못하느냐"(고전 3:16).

성전을 헐고 다시 짓는 작업은 곧 건물 중심의 신앙에서 성도 공동체 중심의 신앙으로 전환되었음을 의미합니다.

오늘 우리 교회에 이 말씀을 적용해 봅시다

첫째, 교회 청결입니다.

예수님이 성전을 청소하셨듯이 우리도 교회 공동체를 성결하게 해야 합니다. 예배당 청소가 아닙니다. 공동체의 성결입니다.

오늘날 많은 교회 공동체가 이익 추구의 집단으로 변질되고 있습니다. 지금 한국교회는 거대한 이익 집단입니다. 마켓으로 치면 1천만 명을 가진 거대한 마켓입니다. 교회를 상대로 장사하는 사람들이 엄청나게 많습니다. 요즘 목회자의 최대 골칫거리는 교인들을 상대로 한 다단계 판매입니다. 어떤 교회는 전 교인의 절반이 다단계로 엮이기도 합니다. 삽시간에 영적 공동체가 이익 공동체로 변질됩니다. 온갖 장사꾼들이 선교를 빙자하여 교인들의 호주머니를 털어냅니다. 예수님 당시 제물 판매자들이나 환전상들과 별반 다를 것이 없습니다. 주님은 이런 이익 추구자들에게 진노하셨습니다. 오늘날 거대한 마켓이 되어 버린 교회들은 주님의 커다란 진노 앞에 있음을 알아야 합니다.

물질 중심의 교회 운영도 마찬가집니다. 영혼의 경영이 아니라 재정 경영이 교회 경영의 중심이 되고 있습니다. 또 다른 의미에서의 상업주의입니다. 교회마다 재정 문제에 지나치게 매달려 있습니다. 당회원들이 모이면 기도하지 않고 돈을 주제로 회의하다가 끝납니다. 저는 앞으로 우리 교회에서 회의란 명칭을 없앨 작정입니다. 정기당회는 당회원 기도회입니다. 공동의회 기도회, 제직회 기도회, 권사 월례 기도회, 안수집사 기도회, 남전도회 월례 기도회, 여전도회 월례 기도회로 명칭을 바꾸겠습니다. 앞으로 이 명칭을 사용하세요. '회의' 란 명칭은 영구히 정윤교회에서 추방합니다. 돈 중심 운영은 돈 중심 신앙 평가를 하게 만듭니다. 돈 많이 버는 사람은 축복 받은 사람이고 가난한 사람은 무조건 신앙 나쁜 사람이요, 그래서 부자들은 앞장서고 가난한 사람들은 기가 죽는 교회가 되어 버렸습니다. 한마디로 돈 중심의 신앙이요, 돈 중심의 교회 운영입니다.

우리는 교회 안의 유물론과 상업주의를 철저하게 허물어 버려야 합니다. 돈이 교회 운영에 필요한 것은 사실입니다만, 어디까지나 순서가 있습니다. 사도행전 6장의 말씀에 보십시오. 최초의 예루살렘 교회에도 재정의 문제가 생겨났습니다. 헌금을 모아서 가난한 사람들을 구제하는 일을 시작했더니, 사도들의 업무는 너무 많아져서 날마다 설교 준비는 못하고 헌금 계수하고 집행하는 일에만 빠지게 되었습니다. 그런가 하면 누구는 많이 주네, 누구는 적게 주네 불평이 일어났습니다. 이에 사도들은 의연하게 손을 털고 일어났습니다. '돈보다 더 중요한 것이 말씀을 전하고 기도하는 일인데, 매일같이 재정에만 매달리겠느냐? 차제에 신실한 신자들을 일꾼으로 세워서 재정을 맡겨야겠다.' 그래서 생겨난 것이 바로 집사직입니다. 재정도 중요한 것은 사실이지만, 더 중요한 것은 영적인 경영입니다. 그러므로 우리는 돈을 앞세우는 배금주의적이고 상업주의적인 교회 운영 자세를 교회 안에서 단호하게 청소해 버려야 하겠습니다.

둘째, 건물 외형보다 주님 중심의 공동체 건설에 주력합시다.

오늘 우리가 세워야 할 것은 주님의 몸 된 공동체입니다. 주님은 예루살렘 성전을 허시고 주님의 몸인 교회를 세우셨습니다. 우리 정윤교회, 우리 성도 개개인은 주님의 몸으로 세워져 가고 있는 신축 중인 건물입니다.

> "너희는 사도들과 선지자들의 터 위에 세우심을 입은 자라 그리스도 예수께서 친히 모퉁잇돌이 되셨느니라 그의 안에서 건물마다 서로 연결하여 주 안에서 성전이 되어 가고 너희도 성령 안에서 하나님이 거하실 처소가 되기 위하여 그리스도 예수 안에서 함께 지어져 가느니라"(엡 2:20-22).

외형을 과시하는 물량주의를 청소해야 합니다. 수천 명이 모였던 예루살렘 교회는 주님께서 친히 흩으셨습니다. 바울과 바나바를 파송했던 안디옥 교회는 오늘날 흔적도 없습니다. 유럽의 수많은 교회들은 건물만 덩그라니 남아 있습니다. 교회원이 많고 적음은 사람에게는 어떤 의미가 있는지 몰라도 주님께는 아무 의미도 없습니다. 역사적으로 수많은 교회들이 명멸되었습니다. 성령께서는 어떤 역사적 시점에 어떤 지역에 교회를 세우기도 하시고 헐기도 하셨습니다. 모든 원인과 결과가 다 주님께 있을 뿐입니다. 그러므로 우리는 교회의 외형을 자랑하지 말고 순수한 교회의 모습으로 돌아가야 합니다. 만일 이러한 주님의 뜻을 모르고 물량적인 팽창만 한다면 주님은 이러한 외형도 당장에 헐어 버리실 것입니다.

우리에게 정윤교회 공동체가 무엇보다 중요합니다. 건물은 무너져도 교회를 이룰 수 있지만, 공동체가 깨어지면 결코 교회를 이룰 수 없습니다. 정윤교회는 예배의 공동체입니다. 성도 교제의 공동체입니다. 복음 전도의 공동체입니다. 양육의 공동체입니다. 봉사의 공동체입니다. 이런 공동의 목표를 위해 서로 위로하고, 격려하고, 서로 도와줍시다. 함께 기뻐하고, 함께 눈물 흘리고, 함께 땀 흘립시다. 목자와 양이 하나 된 교회, 성도 사이에 사랑의 줄로 이어진 교회, 제직들의 마음이 일치된 교회를 세웁시다.

이 말씀을 개인에게 적용해 봅시다

성전을 헐고 다시 지으라는 말씀을 우리 개인에게 적용해 봅시다. 우리의 마음은 성전입니다. 그런데 우리의 마음은 온갖 더러운 것들로 가득합니다. 이 성전을 헐고 다시 지어야 합니다.

첫째, 우리 심령 성전에 가득 찬 배금사상을 헐어야 합니다.

마음 중심에 하나님이 계시지 않고 돈이 있습니다. 오래전 〈동아일보〉에 "오늘의 중산층"이란 기획 기사가 있었습니다. 오늘의 중산층은 돈을 위해서 정의를 내버립니다. 남보다 재능 있고, 남보다 잘 사는 지식인들이 막상 불의에 항거하는 데는 딴전을 피웁니다. 무엇이 옳은가 그른가에 별 관심이 없습니다. 오히려 내게 이익인가 손해인가만 따라 움직입니다. 교인들도 똑같습니다. 하나님이 주신 경건의 기준으로 움직이는 것이 아니라, 돈이 주장하는 이익의 원리로 움직입니다. 배금사상은 마음의 우상입니다. 이 우상을 몰아내지 않고는 신령한 생활을 할 수 없습니다. 오늘 하나님 자리에 앉아 있는 돈 우상을 몰아내십시오. 돈 중심의 가치 체계에서 신령한 은사 중심의 가치 체계로 변해야 합니다.

둘째, 육체 중심의 외형주의에서 예수님 중심의 내면주의로 바꿔야 합니다.

인생의 외형주의를 헐어내십시오. 오늘 말씀에 '헐라'(λυσατε)고 하는 말은 부품들이 분해된다는 뜻입니다. 사도행전 27장 41절에 배가 폭풍에 파선하여 깨지는 모습이 나오는데 바로 이 단어를 사용하고 있습니다. 이 단어는 또한 생명이 깨어짐을 의미합니다. 십자가 위에서 주님의 생명이 파괴되듯이 깨어지는 것을 의미합니다. 말하자면 우리 자신 속에 있는 온갖 더러운 것들을 이렇게 분해시켜 버리라는 뜻입니다. 오늘 우리 마음에 있는 외형주의를 철저하게 허물어야 합니다. 돈, 지위, 명예, 출세 등 외형주의를 헐어 버리십시오.

이렇게 헐어 버릴 때 주님은 새 성전을 일으켜 주십니다. 예수님과 함께 부활에 참여하는 사람으로 살아가야 합니다. 오늘 하나님의 자녀가 되기 위해 기왕의 모든 마음의 유산들을 다 청산해 버리십시오. 그리고 나서 주님을 마음에 모시고 심령의 새 성전을 지으시기 바랍니다.

/주님이 신뢰하지 않은 사람들/

요한복음 2:23-25
유월절에 예수께서 예루살렘에 계시니 많은 사람이 그의 행하시는 표적을 보고 그의 이름을 믿었으나 예수는 그의 몸을 그들에게 의탁하지 아니하셨으니 이는 친히 모든 사람을 아심이요 또 사람에 대하여 누구의 증언도 받으실 필요가 없었으니 이는 그가 친히 사람의 속에 있는 것을 아셨음이니라

표적을 보고 그의 이름을 믿었으나

주님은 유월절에 예루살렘에 계시면서 절기를 지키셨습니다. 그리고 군중들 앞에서 많은 표적을 행하셨습니다. 표적이란 이적 혹은 기적이란 뜻입니다. 본문에 표적이란 말이 복수형으로 되어 있는 것을 보면 주님이 행하신 이적이 꽤 많았던 것 같습니다. 아마 병자들을 고치고, 귀신을 쫓아내는 신유의 이적이 아니었나 생각됩니다. 이러한 이적들의 결과로 많은 사람들이 주님의 이름을 믿고 따르게 되었습니다.

"유월절에 예수께서 예루살렘에 계시니 많은 사람이 그의 행하시는 표적을 보고 그의 이름을 믿었으나"(23절).

이때의 추종자들은 주로 유대인들입니다. 유대인들은 무슨 기적을 보면 얼마간 믿는 경향이 있었습니다. 헬라인이 지식을 좋아하듯이 유대인들은 표적주의자들입니다. 모세가 일으켰던 이적, 엘리야의 이적들처럼 이적이 있는 곳에 하나님의 역사가 있다고 생각했습니다. 그들은 예수께서 행하시는 이적들을 보면서 약간의 믿음을 가졌습니다. 그러나 그들의 이런 믿음은 주님이 원하시는 신앙은 아니었습니다. 주님은 도마에게 말씀하셨습니다.

"너는 나를 본 고로 믿느냐 보지 못하고 믿는 자들은 복되도다"(요 20:29).

주님은 표적을 보고 따르는 사람들을 별로 신뢰하지 않으십니다. 요한복음의 저자인 사도 요한 역시 이때에 주님이 행하신 이적들을 전혀 기록하지 않았습니다. 이적의 가치가 없어서가 아니라 기적을 보고 따르는 자들이 별로 신통치 않았기 때문입니다. 따르는 무리는 많았지만 주님이 신임할 만한 사람은 없었습니다. 어떤 주석가는 본문에 "그의 이름을 믿었으나"라는 표현에 주목합니다. 단순히 이름을 믿는 자와 인격을 믿고 자신을 맡기는 사람은 전혀 다릅니다.

오늘 우리 역시 마찬가지입니다. 표적을 보고 믿는 자들이 아니라 주님의 인격을 믿고 신뢰하는 자들이 되어야 합니다. 물론 처음에는 표적을 통해서 믿는 사람들이 많습니다. 불치병을 치료받거나 혹은 실패와 좌절 속에서 주님의 손길을 체험함으로써 주님을 영접한 분들도 있을 것입니다. 그러나 이러한 표적 신앙에서 속히 인격 신앙으로 옮겨 가야 합니다. 표적 신앙은 눈에 보이는 표적들이 계속 나타나지 않을 때 쉽게 믿음을 잃어버리기 때문입니다. 종교개혁자 마틴 루터는 이 구절을 해석하면서, 표적을 보고 따르는 사람들을 젖먹이 신앙(milk faith)의 사람들이라고 했습니다. 또 어떤 주석가들은 이 사람들을 정식 신자로 취급하지 않고 "신앙에 가까이 온 사람" 혹은 "신앙 근처에 있는 사람"으로 취급합니다.

성경은 하나님의 존재를 증명하지 않습니다. 그냥 하나님을 알릴 뿐입니다. 진정한 신앙은 하나님을 그냥 믿습니다. 우리는 수학의 공리를 믿습니다. 우주에 가본 적이 없어도 자연과학이라는 작은 지식에 의지해서 다 본 것처럼 믿습니다. 그러나 지금도 물리학은 끝나지 않았고 새로운 학설은 계속 진행 중입니다. 우리가 그다지 신통치 않은 인간의 이성을 믿는다면 우리가 바라보는 우주를 창조하신 하나님은 얼마든지 그냥 믿을 수 있습니다. 하나님의 존재는 우주의 원리 제1호입니다. 성경은 하나님의 존재를 설명하지 않고 그의 행하심부터 기록합니다.

표적을 본 고로 믿는 신자가 아니라 전제 없이 무조건 믿는 신자가 되십시오. 하나님은 우리가 믿거나 말거나 계십니다. 기적을 보여줘야만 믿는다면 하나님께서도 그런 사람을 신임하지 않으십니다.

주님은 무리들을 신뢰하지 않으셨습니다

표적을 보고 따르는 사람들을 '군중 신앙' 자들이라고 할 수 있습니다. 복음서에 보면 예수님을 따르는 사람들은 크게 두 부류로 나뉩니다. 첫째는 제자들이고 둘째는 무리들입니다.

'무리들'(ὄχλος)이란 표현은 복음서에 158회나 나타납니다. 이 단어는 별 뜻 없이 몰려다니는 군중, 인파를 가리키는 말입니다.

"갈릴리와 데가볼리와 예루살렘과 유대와 요단 강 건너편에서 수많은 무리가 따르니라"(마 4:25), "예수께서 무리를 보시고 산에 올라가 앉으시니 제자들이 나아온지라"(마 5:1), "예수께서 이 말씀을 마치시매 무리들이 그의 가르치심에 놀라니"(마 7:28), "예수께서 산에서 내려오시니 수많은 무리가 따르니라"(마 8:1), "예수께서 무리가 자기를 에워싸는 것을 보시고 건너편으로 가기를 명하시니라"(마 8:18), "무리를 보시고 불쌍히 여기시니 이는 그들이 목자 없는 양과 같이 고생하며 기진함이라"(마 9:36).

오클로스(무리)의 특징이 있습니다. 첫째로 이들은 큰 기적을 보고 모여들었습니다. 그러나 영혼 구원의 복음, 즉 영생, 천국 얘기를 시작하면 주님 곁을 떠났습니다.

> "그때부터 그의 제자 중에서 많은 사람이 떠나가고 다시 그와 함께 다니지 아니하더라 예수께서 열두 제자에게 이르시되 너희도 가려느냐 시몬 베드로가 대답하되 주여 영생의 말씀이 주께 있사오니 우리가 누구에게로 가오리이까"(요 6:66-68).

기적을 행하시는 주님께는 별 관심이 없고 기적 자체에만 관심이 있었습니다.

둘째로 이들은 쉽게 모여들고 쉽게 떠나 버렸습니다. 하루에 5천 명이나 따르던 무리들이 십자가 아래서는 단 한 명도 따르지 않았습니다.

셋째로 이들은 진리 문제에 별 관심이 없었고 자신들의 이익에만 관심이 있었습니다. 마지막에 살인강도 바라바는 놔 주고 예수는 십자가에 못 박으라고 외쳤습니다.

주님은 이런 무리를 불쌍히 여기셨을 뿐, 신임하지는 않으셨습니다. 23절에 사람들이 믿었다는 말과 24절에 주님께서 의탁하지 않으셨다는 말이 대조적입니다. 원문에는 믿는다는 말과 의탁한다는 말은 같은 단어(πιστεύω)입니다.

> "예수는 그의 몸을 그들에게 의탁하지 아니하셨으니 이는 친히 모든 사람을 아심이요"(24절).

무리들은 주님을 믿었는데, 주님은 그들을 믿지 않으셨다는 뜻입니다. 이 말은 두 가지 측면에서 해석됩니다. 첫째로 주님은 저들의 신앙을 인정하지 않으셨다는 뜻입니다. 저들이 겉으로는 열렬히 주님을 따르는 것 같지만 실상은 허황된 마음으로 따르고 있어서, 진정한 신자로 여기지 않으셨다는 뜻입니다.

둘째로 복음의 일을 함께할 파트너로 간주하지 않으셨다는 뜻입니다. 다수가 따르고 있지만 복음의 파트너는 없었습니다. 믿고 주의 일을 맡길 수 없었습니다. 머릿수는 많아도 복음의 비밀을 맡길 수는 없었습니다. 즉, 주님께서 저들에게 자신을 메시아로 완전히 드러내지는 않으셨습니다. 따르는 동기가 불순한 만큼 주님께서도 그들에게 자신의 참모습을 드러내는 것이 유익이 없었습니다. 그때 만일 주님께서 자신이 메시아라고 주장하셨다면, 무리들은 더욱 엉뚱한 열심을 가지고 주님을 따랐을 것입니다. 예를 들면, 예수님을 왕으로 옹립하려 했을 것입니다. 그렇게 되면 오히려 주님의 구원 사역은 훼방을 받게 됩니다. 실제로 주님은 상당 기간이 지나도록 제자들을 제외

한 무리들에게는 자신이 메시아라는 사실을 고의로 숨기셨습니다.

오늘 우리는 주님이 보시기에 무리입니까, 아니면 제자입니까? 2011년의 기독교인들은 너무나 유동인구가 많습니다. 어떤 보고에 의하면 수도권에만 교적에 상관없이 떠도는 신자들이 40만 명이나 된다고 합니다. 앞서 말씀드렸지요? 오클로스의 특징이 뭡니까? 첫째는 기적을 보면 모이고 영생 복음이 시작되면 떠났습니다. 병자가 낫고, 많은 돈을 벌고, 높은 지위를 얻었다고 하면 모여듭니다. 그러다가 영생, 천국, 죄, 회개 얘기를 시작하면 떠나 버립니다. 여기 그런 분은 없겠지요?

둘째는 쉽게 모이고 쉽게 떠난다고 했습니다. 어디 좋은 교회 있다고 하면 우르르 몰려갑니다. 그러다가 무슨 힘든 일이 생기면 다 떠나 버립니다. 사명감이 없고 충성심이 없습니다.

셋째는 진리에 관심이 없고 이익에 관심이 있다고 했습니다. 예수님 당시 많은 유대인들은 주님을 민족 해방자로 여겼습니다. 그들은 주님이 예루살렘에 들어오실 때 열렬하게 환영하면서 호산나를 외쳤습니다. 그러나 한 주간도 못 되어 태도가 돌변해 버렸습니다. 살인강도 바라바는 놔주고 예수는 십자가에 못 박으라고 외쳤습니다. 그들은 애당초 예수가 누구인지 상관하지 않았습니다. 단지 정치적인 욕망에서 예수를 이용하려 한 것뿐입니다. 그들은 예수님의 의도와는 전혀 상관없이, 예수의 역할이나 지위를 결정해 버렸습니다. 오병이어의 사건 직후에도 사람들은 예수를 열렬히 따랐습니다. 단지 '예수를 따라가면 배불릴 수 있다' 는 한 가지 사실만으로 주님을 열렬하게 따랐습니다. 그러나 그때에도 주님은 재빨리 그 무리들에게서 떠나 버리셨습니다.

"그러므로 예수께서 그들이 와서 자기를 억지로 붙들어 임금으로 삼으려는 줄 아시고 다시 혼자 산으로 떠나가시니라"(요 6:15).

여러분은 스스로 주님께 신뢰를 받고 있다고 생각하십니까? 아니면 단순한 추종자로 생각하십니까? 여러분은 오클로스입니까, 제자입니까? 본문 말씀을 새겨 보십시오. 무리들은 열심히 주님을 따르는데 주님은 그들을 믿지도 않으시고, 파트너로 여기지도 않으셨습니다. 나는 주를 믿는다고 하는데 주님은 나를 믿지 않으십니다. 완전히 짝사랑 교인입니다.

짝사랑 교인은 마귀의 표적입니다. 신앙의 동기와 목적이 마귀와 같기 때문입니다. 예수님을 십자가에 못 박았던 많은 군중들이 마귀의 하수인이 되었습니다. 마귀에게 이용당했습니다. 마귀의 목표가 무엇입니까? 마태복음 4장에 보세요. 마귀는 예수님께 세상적 야망 성취를 부추겼습니나. 마귀는 "네가 만일 하나님의 아들이어든"(마 4:3, 6)이란 말을 상투적으로 사용합니다. 당신이 정말 하나님의 아들이라면 돌로 떡을 만들고, 높은 곳에서 뛰어내려서 사람들을 굴복시키고, 세상 부귀를 한껏 누려 보라! 네가 정말 크리스천이라면 이런 저런 기적을 나타내고, 이런 저런 영화를 누려 보라! 예수님의 신분을 빌어서 세상적 욕망을 채워 보라는 유혹입니다. 예수를 이용하여 배도 채우고, 부귀영화도 누리고, 명예도 얻고, 권세도 누려 보자! 이런 생각이 바로 마귀의 생각입니다.

표적주의 신앙은 많은 숫자가 따른다 해도 결코 주님께는 인정받지 못합니다. 사람에게 인정받으려고 믿으십니까? 주님께 인정받는 것이 진정한 영광이요 축복입니다. 소득 없는 무리 신앙에서 주님이 인정하시는 제자 신앙으로 옮겨 가시기 바랍니다.

주님 앞에 신원보증은 필요 없습니다

그러면 우리가 주님께 인정받기 위해 어떻게 해야 할까요? 별다른 노력을 해야 하나요? 혹시 주님 앞에 사람들을 증인으로 세워야 할까요? 전혀 그럴 필요가 없습니다. 내 신앙이 얼마나 진실한지, 혹은 내가 얼마나 큰 일을 했는지 주님께 알릴 필요가 없습니다. 주께서 나에 대한 모든 것을 다 아시기 때문입니다.

> "이는 친히 모든 사람을 아심이요 또 사람에 대하여 누구의 증언도 받으실 필요가 없었으니 이는 그가 친히 사람의 속에 있는 것을 아셨음이니라"(24-25절).

사도 요한은 주님의 전지성을 요한복음 여러 곳에서 강조하여 기록하고 있습니다.

"나다나엘이 이르되 어떻게 나를 아시나이까?"(1:48), "나는 사람에게서 영광을 취하지 아니하노라 다만 하나님을 사랑하는 것이 너희 속에 없음을 알았노라"(5:41-42), "예수께서 그 묻고자 함을 아시고……우리가 지금에야 주께서 모든 것을 아시고 또 사람의 물음을 기다리시지 않는 줄 아나이다 이로써 하나님께로부터 나오심을 우리가 믿사옵나이다"(16:19, 30), "그러나 너희 중에 믿지 아니하는 자들이 있느니라 하시니 이는 예수께서 믿지 아니하는 자들이 누구며 자기를 팔 자가 누구인지 처음부터 아심이러라"(6:64).

주님은 우리를 잘 아십니다. 시편 139편에 보면 하나님이 내게 대하여 무엇을 아시는지 상세히 말씀합니다.

첫째, 주님은 내 신원을 철저하게 아십니다.

사람들은 자신이 만물의 영장이라고 자랑합니다. 그러나 자기 자신의 실체를 제대로 알고 있는 사람은 아무도 없습니다. 자기가 누구며, 어디서 유래되었는지, 어떤 운명인지 전혀 모릅니다. 오직 하나님만이 아십니다.

"주께서 내 내장을 지으시며 나의 모태에서 나를 만드셨나이다 내가 주께 감사하옴은 나를 지으심이 심히 기묘하심이라 주께서 하시는 일이 기이함을 내 영혼이 잘 아나이다 내가 은밀한 데서 지음을 받고 땅의 깊은 곳에서 기이하게 지음을 받은 때에 나의 형체가 주의 앞에 숨겨지지 못하였나이다 내 형질이 이루어지기 전에 주의 눈이 보셨으며 나를 위하여 정한 날이 하루도 되기 전에 주의 책에 다 기록이 되었나이다"(시 139:13-16).

주님은 나의 신상명세를 다 아십니다. 누구의 설명이나 신원보증을 보고 아시는 것이 아닙니다. 주님이 우리를 지으셨기 때문에 그냥 아십니다.

둘째, 내 행위와 마음의 생각을 아십니다.

"여호와여 주께서 나를 살펴보셨으므로 나를 아시나이다 주께서 내가 앉고 일어섬을 아시고 멀리서도 나의 생각을 밝히 아시오며 나의 모든 길과 내가 눕는 것을 살펴보셨으므로 나의 모든 행위를 익히 아시오니 여호와여 내 혀의 말을 알지 못하시는 것이 하나도 없으시니이다"(시 139:1-4).

내 말과 행동, 마음의 생각, 사상을 다 알고 계십니다. 주님은 내가 어떤 삶을 살았고, 어떤 죄를 지었는지 다 아십니다. 내가 주님을 중심에서 믿는지 안 믿는지 다 아십니다. 내 신앙에 대해서 누구를 보증인으로 세울 필요가 없습니다. 우리는 주님의 눈과 손길에서 조금도 벗어날 수 없습니다.

> "내가 주의 영을 떠나 어디로 가며 주의 앞에서 어디로 피하리이까 내가 하늘에 올라갈지라도 거기 계시며 스올에 내 자리를 펼지라도 거기 계시니이다 내가 새벽 날개를 치며 바다 끝에 가서 거주할지라도 거기서도 주의 손이 나를 인도하시며 주의 오른손이 나를 붙드시리이다"(시 139:7-10).

그러면 이렇게 나를 다 아시는 주님께 인정받기 위해 어떻게 하면 됩니까? 열심히 노력봉사 많이 하면 될까요? 선행을 많이 하면 될까요? 자선사업 많이 하고, 명상하고 탐구하면 하나님이 인정해 주실까요? 다 아닙니다. 그러면 뭡니까? 오직 중심에서 예수님을 구주로 믿는 것뿐입니다. 예수님을 믿고 의지하는 것 외에 어떤 것도 필요 없습니다. 예수님을 마음에 주인으로 모셔 들이십시오. 죄 용서받고 하나님 자녀가 되십시오. 그러면 주님께 인정받습니다. 복음 사역의 파트너로 인정하십니다.

이렇게 말하면 간혹 토를 다는 사람들이 있습니다. 그래도 무슨 업적이 있고 경력이 있고 능력이 있어야지, 어떻게 예수님을 믿는 것만으로 인정받을 수 있을까? 그렇습니다. 이유는 두 가지입니다. 첫째로 우리 모두는 하나님 앞에 설 자격이 없는 사람들이기 때문입니다. 세상 신분, 지위, 능력을 불문하고 하나님 앞에는 다 똑같은 죄인들일 뿐입니다. 예외 없이 하나님께 용서받고 속죄 받아야 할 처지에 있습니다. 둘째로 하나님은 인간의 능력에 상관없이 모든 일을 하실 수 있기 때문입니다. 사람이 잘나서 일이 되는 것이 아닙니다. 하나님께서 하시기 때문에 일이 되는 것입니다. 하나님이 하시는 일에는 사람의 잘나고 못난 것이 별 상관이 없습니다. 하나님은 유능하고 잘난 가룟 유다는 버리시고, 못 배우고 촌스러운 베드로는 크게 쓰셨습니다. 베드로가 가룟 유다보다 나은 게 무엇입니까? 단지 예수님을 믿고 의지한 것 한 가지입니다. 오직 예수! 예수님만 믿고 의지하고 모든 것을 맡기시기 바랍니다.

오늘 주님은 내게 누구이십니까?

"내가 곧 길이요 진리요 생명이니 나로 말미암지 않고는 아버지께로 올 자가 없느니라"(요 14:6).

"나는 선한 목자라 선한 목자는 양들을 위하여 목숨을 버리거니와"(요 10:11).

주님이 나의 길이십니까? 주님만이 나의 진리이십니까? 주님만이 내 인생의 목자이십니까?

"다른 이로써는 구원을 받을 수 없나니 천하 사람 중에 구원을 받을 만한 다른 이름을 우리에게 주신 일이 없음이라"(행 4:12).

주님만이 나의 구원의 길이십니까?

예수님을 따르던 무리들은 예수님의 이적에 매료되어 덮어놓고 몰려왔습니다. '주님을 따라가면 무엇이든지 소원 성취한다!' 주님께 관심이 없고 오직 주님을 통한 소원 성취에만 관심이 있었습니다.

주님은 그들을 신자로 인정하지 않으셨습니다. 복음의 파트너로 삼지도 않으셨습니다.

우리의 목표는 세상에서의 웰빙이 아닙니다. 성경이 뭐라고 말씀합니까? 배부르고 평안할 때는 오히려 하나님을 잊어버렸습니다(신 8:12-14). 이스라엘은 하나님이 주신 선물을 끌어안기 위해 선물을 주신 하나님은 버렸습니다. 신앙의 결과가 축복이지만, 축복이 신앙을 대신할 수는 없습니다. 예수님 때문에 축복 받을 수는 있지만 축복 때문에 예수님을 버릴 수는 없습니다. 그것이 예수님과 축복의 원리입니다. 많은 사람들이 지금도 거꾸로 살아갑니다. 예수님은 버리고 웰빙을 택합니다. 그 결과 모든 것을 다 잃어버립니다. 바로 하십시오. 모든 것을 다 잃어도 예수님만을 택하십시오. 그러면 모든 것이 따라옵니다.

> "그런즉 너희는 먼저 그의 나라와 그의 의를 구하라 그리하면 이 모든 것을 너희에게 더하시리라"(마 6:33).

오늘 내게 집이 필요합니까? 돈이 필요합니까? 건강이 필요합니까? 한때 우리는 잘살아 보겠다는 일념으로 열심히 교회를 찾았습니다. 그러나 막상 잘살게 되니 주님을 멀리하게 되었습니다. 예수님 없는 웰빙이 얼마나 많은 정신적인 파산을 가져왔습니까? 돈 때문에 깨진 가정은 얼마나 많으며, 뱃속 편해짐으로 타락해 버린 남녀는 얼마나 많습니까? 물질적 번영 때문에 영혼이 얼마나 어두워졌습니까? 우리의 사랑하는 2세들은 또 얼마나 불행해졌습니까? 마약, 가출, 강도, 절도, 폭력, 납치, 살인, 강간. 감히 어린 자녀들을 밖에 내보내기 힘든 상황이 되어 버렸습니다. 그래도 우리는 여전히 예수님께는 관심이 없습니다. 다만 돈 버는 기적을 요구하고, 번영을 요구하고, 성공을 요구합니다.

오늘 자신을 점검해 보십시오. 나는 과연 주님을 원하는지, 주님이 주시는 선물을 원하는지? 주님이 이 땅에 오신 최종 목표는 임마누엘입니다. 주님께서 우리와 함께 사시기 위함입니다. 우리가 소유해야 할 것은 재산이 아닙니다. 예수님입니다. 우리가 예수님을 통해서 얻는 첫 번째 선물은 영혼 구원입니다. 육체적, 물질적 번영보다 더 중요한 것은 영혼의 구원입니다. 지옥 백성에서 천국 백성으로, 마귀의 자녀에서 하나님의 자녀로 신분이 바뀌어야 합니다. 현세 중심에서 내세 중심으로, 육체 중심에서 영혼 중심으로, 물질적 영달에서 영혼의 안식으로, 지상의 가치에서 천상의 가치로, 일시적 가치에서 영원한 가치로 삶이 변해야 합니다. 주님을 소유한 자가 되십시오. 그러면 주님께 인정받습니다. 참 신자로 인정받고, 복음의 일꾼으로 인정받습니다. 세상 번영을 목표로 삼지 말고, 예수님을 목표로 삼으시기 바랍니다.

/거듭나지 아니하면/

요한복음 3:1-13

그런데 바리새인 중에 니고데모라 하는 사람이 있으니 유대인의 지도자라 그가 밤에 예수께 와서 이르되 랍비여 우리가 당신은 하나님께로부터 오신 선생인 줄 아나이다 하나님이 함께 하시지 아니하시면 당신이 행하시는 이 표적을 아무도 할 수 없음이니이다 예수께서 대답하여 이르시되 진실로 진실로 네게 이르노니 사람이 거듭나지 아니하면 하나님의 나라를 볼 수 없느니라 니고데모가 이르되 사람이 늙으면 어떻게 날 수 있사옵나이까 두 번째 모태에 들어갔다가 날 수 있사옵나이까 예수께서 대답하시되 진실로 진실로 네게 이르노니 사람이 물과 성령으로 나지 아니하면 하나님의 나라에 들어갈 수 없느니라 육으로 난 것은 육이요 영으로 난 것은 영이니 내가 네게 거듭나야 하겠다 하는 말을 놀랍게 여기지 말라 바람이 임의로 불매 네가 그 소리는 들어도 어디서 와서 어디로 가는지 알지 못하나니 성령으로 난 사람도 다 그러하니라 니고데모가 대답하여 이르되 어찌 그러한 일이 있을 수 있나이까 예수께서 그에게 대답하여 이르시되 너는 이스라엘의 선생으로서 이러한 것들을 알지 못하느냐 진실로 진실로 네게 이르노니 우리는 아는 것을 말하고 본 것을 증언하노라 그러나 너희가 우리의 증언을 받지 아니하는도다 내가 땅의 일을 말하여도 너희가 믿지 아니하거든 하물며 하늘의 일을 말하면 어떻게 믿겠느냐 하늘에서 내려온 자 곧 인자 외에는 하늘에 올라간 자가 없느니라

예수님을 찾아온 니고데모

앞서 예수님께 인정받지 못한 군중 신앙에 대해서 말씀드렸습니다. 기독교 신앙은 단체 협약이 아닙니다. 집단으로 구원받는 종교가 아닙니다. 개인적입니다. 한 사람 한 사람이 각각 주님을 믿어야 합

니다. 각 사람이 예수님을 믿는가 안 믿는가에 따라서 모든 것이 결정됩니다. 오늘부터 이어지는 말씀이 바로 그 부분입니다.

3장, 4장 말씀에 예수님을 믿게 된 세 인물이 등장합니다. 니고데모, 수가 성 여인, 왕의 신하. 이들의 공통점은 예수님을 만나서 예수님을 믿게 되었다는 점입니다. 각자 처한 상황은 다 다릅니다. 니고데모는 좋은 조건을 갖추었지만 내면의 문제에 직면한 사람입니다. 수가 성 여인은 불행하고 삶에 지친 사람입니다. 왕의 신하는 자식이 생사의 절박한 상황에 부딪혀 있습니다. 상황은 다 다르지만 결론은 하나입니다. 이들은 다 예수님을 믿게 되었습니다. 내면의 변화가 먼저입니다. 상황의 변화는 예수님을 믿고 내면이 변할 때 뒤따르는 부분입니다.

본문의 주인공은 니고데모입니다. 니고데모가 밤중에 예수님의 거처로 찾아왔습니다.

> "그런데 바리새인 중에 니고데모라 하는 사람이 있으니 유대인의 지도자라 그가 밤에 예수께 와서 이르되"(1–2절).

니고데모(*Νικόδημος*)란 이름의 뜻은 헬라어로 '백성의 승리자'란 뜻입니다. 그 이름 그대로 그는 세상적인 승리자였습니다. 좋은 조건을 두루 갖추었습니다. 신분으로 보면 산헤드린 공회원입니다. 유대 사회에서 가장 영향력이 있고 세력 있는 지위가 공회원입니다. 동시에 그는 백성이 인정하는 선생이었습니다. 10절에 보면 그를 가리켜 이스라엘의 선생이라고 했습니다. 원문상에는 정관사가 붙어 있습니다. 잘 알려진 랍비였습니다. 그는 명예와 지위와 재산을 다 가진 종교 지도자였습니다.

이러한 니고데모가 굳이 밤중에 주님을 찾아왔습니다. 대낮에 찾아오지 않고 밤중에 찾아온 이유가 뭘까요? 첫 번째 이유는 동료들의 비난을 두려워했기 때문으로 봅니다. 유대 사회에서 이름난 랍비가 무명의 갈릴리 청년 예수를 찾아가서 배운다는 것은 누가 봐도 조롱당할 일입니다. 그래서 그는 사람들의 눈길을 피해서 밤중에 왔습니다. 두 번째 이유는 좀 더 많은 시간을 내기 위한 것으로 봅니다. 예수님은 유월절에 예루살렘에 오셔서 많은 일을 계속하셨습니다. 그러므로 충분히 대화할 시간을 얻기 위해 밤중에 찾아온 것입니다. 쿰란 사람들에 의하면 낮과 같이 밤중에도 율법을 연구해야 한다고 했습니다.

니고데모가 원한 것은 예수님을 개인적으로 만나는 일입니다. 예수님을 개인적으로 만나는 것! 이것이야말로 기독교의 핵심입니다. 군중 속에 묻혀 단체로 만나지 말고, 개인적으로 주님을 만나십시오. 그래야 진정한 신앙이 시작됩니다.

그러면 니고데모는 무엇을 묻기 위해 주님을 찾아왔을까요? 한마디로 천국에 들어갈 자신이 없어서 찾아온 것입니다. 니고데모는 먼저 예의를 갖추었습니다.

> "랍비여 우리가 당신은 하나님께로부터 오신 선생인 줄 아나이다 하나님이 함께하시지 아니하시면 당신이 행하시는 이 표적을 아무도 할 수 없음이니이다"(2절).

그는 예수님을 랍비라고 불렀습니다. 선생이란 뜻입니다. 선생은 선생인데 '하나님께로부터 오신 선생' 이라고 했습니다. 예수님께서 많은 기적을 행하셨기 때문입니다. 그는 자신이 물으려고 하는 마음의 질문은 감추었습니다. 사실 그의 고민은 돈 문제도 아니고 권력의 문제도 아닙니다. 민족이나 국가, 혹은 사회적 질문도 아닙니다. 순전히 개인적인 내면의 문제, 즉 영적인 문제, 구원 문제였습니다. 내가 어떻게 하면 천국에 들어갈 수 있단 말인가?

어떤 종교에 독실하다고 다 천국 가는 것이 아닙니다. 고목나무를 섬기든지 산신령을 섬기든지 열심히 섬기는 사람들이 많습니다. 그러나 그 열심과 구원은 별개의 문제입니다.

니고데모는 독실한 바리새파 출신입니다. 평소 율법적으로 엄격한 생활을 해왔습니다. 그가 바리새인으로서 어떤 생활을 했는지는 당시의 바리새인들의 규칙을 보면 알 수 있습니다. 그들의 안식일 법에 보면 여자는 안식일에 거울을 보면 안 된다는 규칙이 있습니다. 왜냐하면 거울을 보고 흰 머리카락을 발견하게 되면 대개 뽑게 되는데, 그런 경우는 노동이 되기 때문입니다. 머리카락 뽑는 것을 노동으로 간주했습니다. 또한 안식일에 목구멍을 치료하기 위해서 시초를 사용하는 것은 괜찮지만, 양치질에 사용하는 것은 안 된다고 했습니다. 안식일에 낳은 달걀을 먹을 수 있다는 데서부터, 암탉을 잡아도 된다는 규칙을 마련했습니다. 매사를 이런 식으로 지켰으니 그의 종교적인 노력이 얼마나 컸는지 쉽게 짐작할 수 있습니다.

그럼에도 불구하고 그에게는 천국 갈 확신이 없었고, 영혼의 만족이 없었습니다. 율법을 지키면 지킬수록 다 지키지 못하는 것이 마음에 걸렸을 뿐입니다. 누가복음 18장에 나오는 부자 청년도 비슷합니다. 그 역시 평생토록 십계명을 지키려고 노력하면서도 마음의 만족이 없었고, 구원의 확신이 없었습니다. 왜냐하면 자신의 구원에 대한 무슨 근거가 없었기 때문입니다.

니고데모는 바리새인이 믿는 중요한 교리들을 다 믿었습니다. 십계명, 영혼 불멸, 신체의 부활, 종말적인 심판과 상급 등. 그러나 그가 가장 자신이 없었던 것은 '나는 지금 과연 하나님께 인정받고 있는가?' 하는 문제였습니다. 내가 하나님께 인정받고 있다는 근거가 없습니다. 내가 천국 들어갈 수 있다는 근거가 없습니다. 그래서 그는 이 천국 가는 문제를 묻기 위해 주님을 찾았습니다.

오늘 이 자리에도 종교적인 노력으로 교회에 출석한 분들이 있을 것입니다. 어떻게 하면 마음에 위로가 되고 평안을 얻을 수 있을까? 니고데모처럼 평생 도덕적이고 윤리적인 엄격한 생활을 하면서도 영혼의 문제에 자신이 없는 분들도 있을 것입니다. 삼강오륜이나 십계명이 삶의 윤리이기는 하나, 그런 것들이 나를 하나님 품으로 인도하는 수단은 아니기 때문입니다. 그러므로 오늘 우리는 니고데모와 같은 심정으로 솔직하게 주님을 찾아와서 만나야 합니다. 내가 어떻게 해야 하나님의 자녀가 될 수 있는가? 내가 어떻게 하면 천국에 들어갈 수 있는가? 바로 이 질문을 가지고 예수님을 만나시기 바랍니다.

거듭나지 아니하면 하나님 나라를 볼 수 없다

"예수께서 대답하여 이르시되"(3절).

니고데모가 드러내어 묻지 않은 부분에 대해서 주님은 대답부터 하셨습니다. 비록 니고데모가 묻지는 않았을지라도, 그의 마음에서 묻고자 한 것을 꿰뚫어 보셨기 때문입니다. 앞서 주님은 사람들의 마음을 다 아신다고 하였습니다. 주님은 니고데모가 묻고자 한 천국에 들어가는 문제에 대해 대답하셨습니다.

"진실로 진실로 네게 이르노니 사람이 거듭나지 아니하면 하나님의 나라를 볼 수 없느니라"(3절).

하나님 나라는 거듭난 사람들만 볼 수 있다! 천국에 들어가는 문제 이전에 천국에 대한 인식부터 바르게 해야 합니다. 천국을 볼 수 있는가? 천국을 보는 문제는 거듭남에 좌우됩니다.

거듭남은 기독교 신앙의 본질입니다. 천국은 거듭남과 연결되어 있습니다. 내가 예수를 믿는 이유가 바로 거듭나기 위함입니다. 예수 믿으면 거듭납니다. 예수님을 위해서 아무리 많은 일을 한다 해도 예수님을 믿지 않으면 거듭나지 못합니다. 거듭나지 못하면 하나님 나라에 들어가지 못합니다.

그러면 거듭난다는 뜻이 무엇일까요? '태어난다'(γεννάω)는 말과 '거듭'(ἄνωθεν)이라는 말이 합쳐진 말입니다. '거듭'(ἄνωθεν)이라는 말은 여러 가지로 사용됩니다. 새롭게(anew), 다시(again), 위로부터(from above) 등. 그러므로 거듭난다는 말은 곧 위로부터 난다는 뜻이요, 하나님께로부터 난다는 뜻이요, 새롭게 태어난다는 뜻입니다. 거듭남은 출생입니다. 탄생입니다. 단회적이며 순간적이며 획기적인 변화입니다. regeneration, born again, born from above! 중생, 거듭남, 위로부터 남!

니고데모는 거듭남의 의미를 잘 몰랐습니다. "사람이 늙으면 어떻게 날 수 있습니까? 두 번째 모태에 들어갔다가 날 수 있습니까?" 사람이 거듭나다니! 그러면 내가 이 나이에 어머니 뱃속에 들어갔다가 다시 나오라는 말입니까? 니고데모의 질문은 일견 조롱처럼 보입니다. 그러나 조롱은 아니고 영적 무지의 표현입니다. 세상의 유식자라도 영적으로 무지하면 별 소리를 다 할 수 있습니다. 주님은 영적인 거듭남을 말씀하시는데 니고데모는 육체적인 거듭남을 말하고 있습니다. 주님의 말씀을 보십시오.

"진실로 진실로 네게 이르노니 사람이 물과 성령으로 나지 아니하면 하나님의 나라에 들어갈 수 없느니라"(5절).

앞서 말씀한 거듭난다는 말이 물과 성령으로 난다는 말로 바뀌었습니다. 물은 예수님을 믿는 자에게 주는 물세례를 의미합니다. 따라서 물로 거듭난다는 것은 예수를 믿고 영접했다는 뜻입니다. 성령으로 거듭난다는 것은 성령의 세례를 의미합니다. 성령 세례란 성령께서 믿는 자 속에 들어오셔서 영원히 계시기 위해 임하심을 의미합니다. 성령의 임하심은 순간적이나 그 결과는 영원합니다. 바로 이 임하심에 의해 내 인격 속에 성령의 역사가 일어납니다. 예수님을 지속적으로 믿고 의지하게 만드십니다. 죄짓지 않도록 간섭하십니다. 생각과 사상을 바꿔 주십니다. 그러므로 물과 성령으로 거듭나는 것은 서로 별개의 것이 아닙니다. 예수를 믿고 영접하여 외적으로 물세례를 받고, 내적으로는 성령께서 임하셔서 영혼을 거듭나게 함으로써 우리는 새사람이 됩니다.

거듭남과 관련하여 세 가지 중요한 사항을 알아야 합니다.

첫째, 거듭남의 대상은 영혼입니다.

니고데모는 육체의 거듭남을 생각했으나 주님은 영혼의 거듭남을 말씀하셨습니다.

우리는 모태에서 지음을 받았습니다. 제1의 탄생입니다. 제1의 탄생도 크나큰 이적입니다. 우리의 인체는 260개의 뼈로 골격을 갖추고 있습니다. 약 140억 개의 뇌 세포로 생각을 합니다. 하루 분비하는 위액이 2,000cc, 장액이 3,000cc, 담즙이 500cc, 췌액이 1,200cc나 됩니다. 적혈구 수는 1mm³당 500만 개, 땀샘의 수는 200-500만 개나 됩니다. 이런 정교한 작품을 우연하게 이룰 수 있겠습니까? 하나님은 이러한 우리의 신체를 신비하게 만드셨습니다.

그러나 더욱 놀라운 것은 영혼의 탄생입니다. 영혼은 육체와 다른 특성이 있습니다. 영혼은 영적 세계를 갈망합니다. 영원을 사모합니다. 죽음 이후의 세계를 바라보게 합니다. 옳고 그름을 판단합니다. 하나님을 생각하며 하나님과 교제합니다. 거룩을 생각합니다. 이웃을 사랑하고 동정합니다. 영혼의 세계는 육의 세계보다 천만 배나 더 엄격하고, 더 다양하고, 더 정밀한 질서가 있습니다. 주님은 바로 이 영혼이 거듭나야 한다고 말씀하셨습니다. 에덴 동산에서 타락한 것은 육체가 아니라 영혼입니다. 영혼이 더럽혀짐으로 육체의 정욕을 따르게 되었습니다. 그러므로 거듭나야 할 것은 육체가 아니라, 우리의 영혼입니다.

> "육으로 난 것은 육이요 영으로 난 것은 영이니 내가 네게 거듭나야 하겠다 하는 말을 놀랍게 여기지 말라"(6–7절).

둘째, 거듭남의 수단은 성령입니다.

니고데모는 종교적 수단으로 거듭날 줄 생각했습니다. 그러나 주님은 성령으로 거듭난다고 말씀하셨습니다. 거듭나게 하는 주체가 성령입니다. 우리가 거듭나기 위해서 해야 할 일은 예수님을 믿고 의지하는 것 외에 아무것도 없습니다. 오직 예수 믿는 사람을 성령께서 거듭나게 하십니다. 니고데모는 밤낮 율법을 지켰지만 거듭나지 못했습니다. 어떤 인간적 노력이나 수단도 영혼을 거듭나게 하지 못합니다. 오직 사람의 영혼을 만드신 하나님만이 우리를 거듭나게 하실 수 있습니다.

거듭남은 새로운 탄생입니다. 본문에 물로 거듭난다고 했는데, 곧 예수님을 영접하여 물세례를 받는다는 뜻입니다. 이 물세례보다 더 중요한 것은 성령의 세례입니다. 물세례는 외면적 의식에 불과하지만 성령 세례는 내면의 거듭남을 가져오기 때문입니다. 예수님을 영접함과 동시에 우리의 마음에는 성령이 임하십니다. 이 임하심에 의해 영적 재탄생이 일어납니다. 영혼의 체계가 바뀝니다. 하나님을 알게 됩니다. 말씀을 실천하게 됩니다. 지속적으로 주님을 의지하게 됩니다. 바로 이것이 성령으로 거듭난 결과입니다.

예수님은 거듭나게 하시는 성령의 역사를 바람에 비유하십니다.

> "바람이 임의로 불매 네가 그 소리는 들어도 어디서 와서 어디로 가는지 알지 못하나니 성령으로 난 사람도 다 그러하니라"(8절).

성령으로 거듭나는 것은 바람과 같은 세 가지 특징이 있습니다. 바람의 첫 번째 특징은 임의로 부는 것입니다. 누구의 간섭도 받지 않습니다. 성령의 거듭나게 하시는 역사는 인간이 통제할 수 없습니다. 성령은 임의로 역사하십니다. 바울은 로마서 8장에서 이렇게 고백합니다.

> "이와 같이 성령도 우리의 연약함을 도우시나니 우리는 마땅히 기도할 바를 알지 못하나 오직 성령이 말할 수 없는 탄식으로 우리를 위하여 친히 간구하시느니라 마음을 살피시는 이가 성령의 생각을 아시나니 이는 성령이 하나님의 뜻대로 성도를 위하여 간구하심이니라 우

리가 알거니와 하나님을 사랑하는 자 곧 그의 뜻대로 부르심을 입은 자들에게는 모든 것이 합력하여 선을 이루느니라"(롬 8:26-28).

바람의 두 번째 특징은 출발지와 종점을 모른다는 것입니다. 우리 내부에서 일어나는 성령의 역사하심도 어디서 시작되어서 어디서 끝나는지 모릅니다. 우리는 분명히 재창조되고 있지만, 어디서부터 어디까지 이루어져 가는지 아무도 모릅니다.

바람의 세 번째 특징은 자취와 결과를 알 수 있다는 것입니다. 성령이 비록 눈에 보이지 않을지라도 그 역사의 흔적은 역력히 보입니다. 사람이 달라지기 때문입니다. 성격이 달라지고, 인생관이 변합니다. 생활이 변화되고, 인생의 목표가 달라집니다. 사울을 바울로 변화시킵니다. 세리 마태를 사도로, 수전노 삭개오를 자선가로 변화시킵니다. 창기를 성녀로 변화시킵니다.

셋째, 거듭남의 결과입니다.

거듭남의 결과로 하나님 나라에 들어갑니다. 하나님 나라! 천국! 하나님 나라에 들어가는 것이 목표라면, 하나님 나라가 어떤 곳인지 말씀드리지 않을 수 없습니다.

니고데모가 생각한 하나님 나라는 예루살렘에 세워지는 지상 천국입니다. 그러나 성경이 말씀하는 천국은 전혀 다릅니다. 천국이 어디 있습니까? 사람들은 천국이 어디 있는지 장소를 찾으려고 합니다. 그러나 성경은 천국의 장소적 의미보다 천국의 통치권에 대해서 강조합니다.

천국을 가리키는 두 단어가 있습니다. 하나는 '천국'(*ή βασιλεία τῶν οὐρανῶν.*)이고 하나는 '하나님 나라'(*τὴν βασιλείαν τοῦ θεοῦ*)입니다. '천국' 이란 단어는 '하늘의 나라' 란 뜻입니다. 땅과 대조되는 개념입니다. 그러나 '하나님 나라'란 말은 '하나님이 다스리시는 나라'란 뜻입니다. 예수님은 "내 나라는 이 세상에 속한 것이 아니니라"(요 18:36)라고 분명히 말씀하셨습니다.

구약에도 하나님 나라에 대한 분명한 언급이 있습니다. 이스라엘 백성이 왕을 구할 때에 하나님은 사무엘에게 말씀하셨습니다.

> "여호와께서 사무엘에게 이르시되 백성이 네게 한 말을 다 들으라 이는 그들이 너를 버림이 아니요 나를 버려 자기들의 왕이 되지 못하게 함이니라"(삼상 8:7).

여기서 공통적인 천국의 의미는 하나님이 왕으로 통치하시는 곳입니다. 개인의 심령이든, 가정이든, 교회이든 주님이 왕으로 통치하시는 곳이 곧 천국의 영역입니다.

우리가 예수님을 믿고 거듭났을 때 우리는 바로 이 하나님의 통치 아래로 편입됩니다. 하나님 나라의 시민권자가 됩니다. 하나님의 법을 따르는 삶을 살게 됩니다. 영적으로는 하나님을 섬기고 하나님과 교제하는 영적 생활을 하게 됩니다. 거듭나면 하나님 나라를 볼 수 있다는 뜻이 바로 그런 의미입니다. 우리는 예수님을 믿고 거듭남으로 하나님 나라에 편입됩니다. 궁극적으로는 영혼과 육체가 함께 하나님의 통치 아래로 들어가게 되는데, 이것이 바로 완전한 천국의 시작입니다. 예수님을 믿고 거듭나서 천국에 편입되어 천국을 보면서 사는 여러분이 되시기 바랍니다.

하늘에서 내려온 자가 구원한다

그러면 어떻게 이런 거듭남이 가능한가?

"니고데모가 대답하여 이르되 어찌 그러한 일이 있을 수 있나이까" (9절).

어찌? 어떻게? 'πῶς' (How?) 거듭남과 천국 입성의 과정(process)을 묻고 있습니다. 이에 예수님은 "너는 이스라엘의 선생으로서 이러한 것들을 알지 못하느냐?"(10절) 하십니다. 니고데모는 자타가 인정하는 랍비였지만 거듭남과 천국의 비밀을 몰랐습니다. 공식적인 직함은 신앙과 무관합니다. 목사, 장로, 권사, 집사란 직함이 신앙을 대변하지는 못합니다. 천국의 비밀은 오히려 어른들에게 감추어지고 어린아이들에게는 열려 있습니다. 그러므로 우리는 어린아이처럼 접근해야 합니다. 니고데모는 어린아이처럼 '왜' '어떻게'를 반복하여 질문했습니다.

거듭남과 천국에 대해서 주님은 이미 증언하신 바 있습니다. 문제는 증언을 받아들이지 않는 데 있었습니다. 증언을 받아들인 사람들과 증언을 받아들이지 않은 사람들이 있습니다.

"진실로 진실로 네게 이르노니 우리는 아는 것을 말하고 본 것을 증언하노라 그러나 너희가 우리의 증언을 받지 아니하는도다"(11절).

여기서 인칭대명사가 단수형에서 복수형으로 바뀝니다. '너'와 '나'란 말 대신 '너희'와 '우리'라는 말이 사용됩니다. '너희'란 증언을 받아들이지 않은 사람들, 곧 예수님을 믿지 않는 사람들입니다. 니고데모가 속한 공회원이나 바리새인들이 여기에 속합니다. '우리'란 예수님을 믿는 제자들, 즉 세례 요한이나 사도들을 가리킵니다. 예수님을 믿는 사람들은 천국을 알고 보았다고 합니다. 그런데 믿지 않는 사람들은 여전히 모르고 있습니다.

여기에 아주 중요한 신앙의 원리가 들어 있습니다. 세상 종교는 앎으로써 믿게 되지만 천국은 믿음으로써 알게 됩니다. 아는 것보다 믿는 것이 우선입니다. 지식의 접근이 아닌 신앙의 접근입니다. 즉, 예수님과 천국을 믿음으로써 알게 됩니다.

주님은 계속 말씀하십니다.

"내가 땅의 일을 말하여도 너희가 믿지 아니하거든 하물며 하늘의 일을 말하면 어떻게 믿겠느냐"(12절).

땅의 일은 무엇이며, 하늘의 일은 무엇일까요? 몇 가지 해석이 있습니다. 첫째로 땅의 일이란 육체적인 일이요, 하늘의 일이란 영적인 일입니다. 육체적인 구원도 다 모르는 사람들이 영적인 구원을 알 리가 없다는 뜻입니다. 둘째로 땅의 일이란 땅에서 전파된 구원의 시작이요, 하늘의 일이란 장차 천국에서 이루어질 구원의 완성입니다. 우리의 구원은 지상에서 예수를 영접하는 것으로 시작합니다. 그리고 나날이 성령으로 거룩하게 변화됩니다. 마침내는 이 땅을 떠날 때에 모든 심판이 끝나고 영원한 영광을 누립니다. 우리는 구원의 시작도 모르거니와 그 완성은 더더욱 모릅니다. 셋째로 땅의 일이란 지상에서 알려진 구원의 도리요, 하늘의 일이란 삼위일체 하나님과 천사들 사이에 알려진 하늘에서의 구원 계획입니다. 우리는 주님이 지신 십자가의 의미를 알고, 속죄를 알고, 장차 받을 상급을 압니다. 그러나 이러한 구원의 비밀이 하늘에서 어떻게 계획되었는지는 전혀 모릅니다. 이러한 해석들을 요약해 볼 때, 예수님을 믿는 초보적 신앙을 인정하지 않는 사람은 결국 종국적인 구원의 세계에 도달할 수 없다는 것입니다.

이제 주님의 마지막 결론입니다.

> "하늘에서 내려온 자 곧 인자 외에는 하늘에 올라간 자가 없느니라"(13절).

주님은 하늘에서 오셨습니다. 그리고 다시 하늘에 오르셨습니다. 하나님께로부터 오셨다가 하나님께 다시 가셨습니다. 지금도 하나님의 자리에 계십니다. 우리는 바로 이 예수님을 믿음으로써 하늘나라를 알게 되고, 하늘나라로 인도받습니다. 우리가 지상에서 주님을 구주로 시인하고 영접하는 것은 구원의 출발입니다. 이 출발은 너무나 확실하여 우리는 기어코 하나님 품에 갈 수 있습니다. 왜냐하면 주님 자신이 하늘에서 오셨고 하늘에 사시는 분이시기 때문입니다.

최초로 히말라야를 등정했던 힐라리 경도 셀파 텐징의 안내를 받았습니다. 그들만이 그곳의 길을 알고 있었기 때문입니다. 1941년 미국 뉴저지 주에 큰 산불이 난 적이 있습니다. 많은 군인들이 진화 작업에 투입되었습니다. 그 진화 작업 중에 약 80여 명의 군인들이 불속에 갇히고 말았습니다. 구출하지 못하면 타 죽을 위기에 몰렸습니다. 그때 한 비행기 조종사가 저공비행을 하면서 지도 하나를 떨어뜨렸습니다. 그것은 그 산의 지형과 탈출로를 그린 지도였습니다. 군인들은 그 지도를 보면서 무사히 탈출할 수 있었습니다.

우리는 지금 아무도 가본 적이 없는 천국으로 가려고 합니다. 그런데 이 세상에는 안내자가 없습니다. 천국을 아는 자가 없습니다. 그곳은 나침반으로 갈 수 있는 물리적인 세계가 아닙니다. 오직 영으로 보고 알 수 있는 영적 세계입니다. 그러므로 우리는 예수 그리스도의 안내를 기꺼이 받아야 합니다. 하늘에서 인류에게 보내신 유일한 안내자이시기 때문입니다.

"내가 곧 길이요 진리요 생명이니 나로 말미암지 않고는 아버지께로 올 자가 없느니라"(요 14:6).

니고데모와 주님의 대화를 요약합니다

공회원이요 랍비였던 니고데모는 한밤중에 예수를 찾아왔습니다. 그는 하나님 나라에 들어갈 자신이 없었습니다. 어떻게 하면 하나님께 인정받을 수 있을까?

주님은 그에게 거듭나야만 하나님 나라를 볼 수 있고 들어갈 수 있다고 하셨습니다. 니고데모는 이 말씀의 의미를 몰랐습니다. 내가 이 나이에 어떻게 어머니 태에 들어갔다가 나온단 말인가? 주님은 거듭 말씀하셨습니다. 물과 성령으로 나야 한다. 예수를 구주로 영접해서 물세례를 받으면, 내적으로는 성령이 오셔서 거듭나게 하십니다. 이 거듭남은 육체적 탄생이 아닙니다. 영적인 변화입니다. 이 거듭남은 인간의 작업이 아닙니다. 보이지 않는 하나님의 작용입니다. 마치 바람이 부는 것과 같습니다. 겉으로는 전혀 알지 못합니다. 그러나 그 결과는 확실합니다. 우리는 거듭남으로 먼저 이 세상에서 하나님 나라에 편입됩니다. 즉, 하나님의 다스림을 받게 됩니다. 그리고 종국적으로는 영원한 하나님 나라에 들어가게 됩니다.

이 모든 과정의 중심에 예수 그리스도가 계십니다. 구원의 시작과 마침은 다 예수를 구주로 믿는 신앙에 있습니다. 주님을 구주로 영접함으로 구원이 시작됩니다. 주님을 믿음으로 성령이 영원히 임재하십니다. 성령이 우리를 거룩하게 변화시키고, 끝까지 주님을 의지하게 만드십니다. 우리가 하나님 나라에 이르는 것은 종교적인 노력의 산물이 아니라 바로 예수를 믿는 믿음에 있습니다. 주님은 하늘에서 오셨고 하늘에 계시며, 우리를 하늘로 인도하시는 분입니다. 니고데모는 예수를 랍비로 혹은 선지자로 알고 찾아왔습니다만 예수를 구주로 영접하는 자만이 구원받습니다. 할렐루야!

/하나님이 세상을 이처럼 사랑하사/

요한복음 3:14-21

모세가 광야에서 뱀을 든 것같이 인자도 들려야 하리니 이는 그를 믿는 자마다 영생을 얻게 하려 하심이니라 하나님이 세상을 이처럼 사랑하사 독생자를 주셨으니 이는 그를 믿는 자마다 멸망하지 않고 영생을 얻게 하려 하심이라 하나님이 그 아들을 세상에 보내신 것은 세상을 심판하려 하심이 아니요 그로 말미암아 세상이 구원을 받게 하려 하심이라 그를 믿는 자는 심판을 받지 아니하는 것이요 믿지 아니하는 자는 하나님의 독생자의 이름을 믿지 아니하므로 벌써 심판을 받은 것이니라 그 정죄는 이것이니 곧 빛이 세상에 왔으되 사람들이 자기 행위가 악하므로 빛보다 어둠을 더 사랑한 것이니라 악을 행하는 자마다 빛을 미워하여 빛으로 오지 아니하나니 이는 그 행위가 드러날까 함이요 진리를 따르는 자는 빛으로 오나니 이는 그 행위가 하나님 안에서 행한 것임을 나타내려 함이라 하시니라

지난주에 우리는 주님과 니고데모의 대화 장면을 보았습니다. 12절에서 주님은 "내가 땅의 일을 말하여도 너희가 믿지 아니하거든 하물며 하늘의 일을 말하면 어떻게 믿겠느냐"고 하셨습니다. 그 말씀 그대로 이제 주님은 하늘의 일을 말씀하십니다. 즉, 하나님이 왜 그 아들을 세상에 보내셨는지 그 의도를 밝히고 있습니다. 하나님의 의도는 인류를 구원하여 영생에 이르게 하는 데 있습니다. 본문 16절은 성경 전체의 복음을 요약한 것이며, 기독교 구원의 핵심입니다.

하나님이 세상을 이처럼 사랑하사

인류 구원은 하나님께서 인간을 사랑하신 결과입니다.

"하나님이 세상을 이처럼 사랑하사 독생자를 주셨으니 이는 그를 믿는 자마다 멸망하지 않고 영생을 얻게 하려 하심이라"(16절).

하나님은 세상 사람들을 사랑하십니다. 사랑은 하나님이 보여주신 가장 중요한 성품입니다. 인간이 만들어낸 거짓 신들에게는 사랑의 개념이 없습니다. 그리스 로마 신화에 나오는 신들을 보십시오. 그 신들의 삶의 수준은 인간과 똑같습니다. 시기하고 질투하고 보복하고 싸우는 비윤리적인 신들입니다. 인간은 이런 신들의 괴롭힘과 진노를 달래기 위해 끝없이 제물을 바칩니다. 그것이 바로 그리스 로마인들의 종교의식입니다.

그러나 참 하나님은 거룩하고 정의롭고 선하십니다. 그분의 성품을 대표하는 것이 바로 사랑입니다. 그래서 요한 사도는 "하나님은 사랑이시라!"고 했습니다(요일 4:8, 16).

그러면 하나님이 어느 정도로 사람들을 사랑하실까요? 사람들을 위해 외아들을 내어줄 만큼 사랑하십니다. 오늘 말씀은 "이처럼 사랑하사 독생자를 주셨으니"(16절)라고 했습니다.

이 세상에서 자기 자식을 아끼지 않는 사람은 없습니다. 우리가 아무리 돈을 좋아하고 집을 좋아한들 자식과 바꿀 사람은 없습니다. 자식은 아버지에게 가장 값진 존재입니다. 하나님은 그 값진 외아들을 우리에게 주셨습니다. 예수님은 인간의 몸을 갖고 오셨습니다. 비천한 모습으로 오셨습니다. 인간의 죄를 대신하여 억울한 재판을 받고, 침 뱉음을 당하고, 채찍에 맞고, 양손 양발에 못 박혀 죽으셨습니다. 자신이 아픈 것은 견딜 수 있어도 자식이 아픈 것은 견디기 힘듭니다. 하물며 죽을 것을 뻔히 알면서 외아들을 내어줄 사람이 어디 있습니까? 그러나 하나님은 그렇게 하셨습니다. 모든 사람들을 너무나 사랑하시기 때문에! 그것이 바로 하나님의 사랑의 크기입니다.

하나님께서 예수님을 보내신 일차적인 목적은 인류 구원입니다. 물론 예수님께는 두 가지 역할이 주어졌습니다. 첫째는 구원자의 역할이고, 둘째는 심판자의 역할입니다. 그러나 심판자의 역할은 세상 종말, 주님의 재림 때 하실 일입니다. 초림 때의 역할은 심판이 아닌 구원이 목적입니다.

> "하나님이 그 아들을 세상에 보내신 것은 세상을 심판하려 하심이 아니요 그로 말미암아 세상이 구원을 받게 하려 하심이라"(17절).

멸망과 심판이 아니라 영생과 구원이 일차 목적입니다.

인류 구원에는 하나님의 두 가지 중요한 성품이 잘 나타나 있습니다. 하나님께는 중요한 두 가지 성품이 있습니다. 첫째는 사랑이고, 둘째는 공의입니다. 공의는 죄를 절대로 용납하지 않습니다. 반대로 사랑은 모든 죄를 용서합니다. 하나님이 예수님을 이 땅에 보내실 때 하나님은 공의보다 사랑을 앞서 나타내셨음을 의미합니다. 그러나 하나님이 사랑을 우선하셨다고 해서 하나님의 공의가 포기되거나 뒤로 미뤄진 것은 절대로 아닙니다. 왜냐하면 하나님의 공의로 말미암아 예수님이 십자가에 못 박혀 죽으실 수밖에 없었기 때문입니다. 십자가 안에는 하나님의 사랑과 공의가 잘 조화되어 있습니다.

십자가는 사랑과 공의의 조화입니다. 하나님은 절대로 죄를 용납하지 않으십니다. 죄는 반드시 죽음으로 다스리십니다. 하나님의 율법은 엄정합니다. 그러나 하나님의 율법이 무자비한 정죄와 처벌을 목적으로 만들어진 것은 아닙니다. 사도 바울은 이렇게 말씀합니다.

> "그런즉 우리가 무슨 말을 하리요 율법이 죄냐 그럴 수 없느니라 율법으로 말미암지 않고는 내가 죄를 알지 못하였으니 곧 율법이 탐내지 말라 하지 아니하였더라면 내가 탐심을 알지 못하였으리라"(롬 7:7).

인간 사회에 까다로운 법을 세우는 목적은 인간을 법으로 얽매기 위함이 아닙니다. 첫째로는 모든 사람들이 범법자들로 말미암아 피해를 입지 않도록 하기 위함입니다. 둘째로는 무엇이 바른 삶인지 삶의 표준을 제시하여 사람들로 하여금 바른 삶을 살게 하는 데 목적이 있습니다. 셋째로는 물론 범죄자를 정죄하는 근거의 역할입니다.

하나님께서 인류에게 율법을 주신 까닭도 그렇습니다. 사람들로 하여금 죄를 짓지 않게 하고, 무엇이 바른 삶인지 밝혀 줍니다. 내가 지금 얼마나 하나님으로부터 멀리 떨어져 있는가? 내가 얼마나 바른 삶에서 어긋나 있는가? 내가 어느 정도의 죄인인지, 나는 얼마나 구원이 필요한 존재인지 그것을 알려주는 것이 율법입니다. 하나님의 공의가 모든 인간을 심판하는 것은 사실입니다만, 그 하나님의 공의가 인간의 구원을 결코 가로막지는 않습니다. 왜냐하면 하나님은 공의로운 심판을 위해 예수님을 십자가에 죽게 하셨고, 모든 인간에게 구원의 기회를 주셨기 때문입니다.

하나님은 그 아들을 이 땅에 보내셨습니다. 그리고 십자가에 못 박혀 죽게 하셨습니다. 자기 아들의 생명과 온 인류의 생명을 맞바꾸셨습니다. 하나님의 목적은 바로 인간의 생명 구원입니다. 물론 하나님께서는 인간의 올바른 윤리나 도덕, 지상의 평화나 개인적인 번영에도 관심을 가지고 계십니다. 그러나 그 모든 것보다 먼저 하나님은 생명 문제에 관심을 가지고 계십니다. 생명 사랑! 생명 구원! 바로 그 점이 하나님의 첫 번째 목표입니다.

인간이 할 수 있는 응답은 믿음뿐입니다

죄악된 인류를 구하시기 위해서 하나님은 사랑하는 외아들까지 죽음에 내어주셨습니다. 이러한 하나님의 사랑에 대하여 인간은 어떻게 응답해야 할까요? 오늘 말씀은 오직 한 가지 응답을 말씀합니다.

> "이는 그를 믿는 자마다 영생을 얻게 하려 하심이니라"(15절).
>
> "이는 그를 믿는 자마다 멸망하지 않고 영생을 얻게 하려 하심이라"(16절).

그를 믿는 자마다! 예수 그리스도를 믿는 것이 인간이 할 수 있는 유일한 응답이며, 최대의 응답입니다. 이 말씀에서 주목할 것은 두 단어입니다. 첫째는 믿음이고, 둘째는 영생입니다. 우리의 목표는 영생이고, 그 영생을 얻는 방법은 믿음입니다. 바로 이것이 본문의 핵심적인 내용이고, 요한복음의 주제이고, 성경 전체의 복음입니다.

첫째, 먼저 말씀드릴 것은 영생입니다.

영생은 전 인류의 목표입니다. 영생이 무엇입니까? 영생이란 말은 '*ζωὴν αἰώνιον*' 입니다. '*ζωή*' 란 말은 '*ζάω*' 란 동사에서 왔는데, 호흡하고 산다는 뜻입니다. 영생이란 영원히 생존한다는 말입니다.

그러나 영생은 죽지 않는다는 말(immortality)과는 의미가 다릅니다. 죽지 않는다 해도 지옥에서 산다면 영생이 아닙니다. 요한복음은 지옥에서 영원히 사는 것을 '영벌'(*κόλασιν αἰώνιον*, everlasting punishment)이란 말로 표현합니다. 하나님 없는 곳에서의 영원한 삶이 바로 영벌입니다. 영벌에 대해서는 달리 설명할 필요가 없습니다. 현세에서도 하나님 없는 세상이 얼마나 불행한지 충분히 체험할 수 있기 때문입니다. 지금 세상에서 하나님 없이 사는 사람들을 보십시오. 불행의 총집합입니다. 빈곤, 굶주림, 살인, 간음, 도적질, 거짓, 폭력, 억압, 분쟁, 싸움, 분노, 슬픔 등, 이 모든 범죄와 불행이 곧 하나님 없는 삶의 모습입니다.

이와 반대로 영생은 바로 하나님 품에서의 영원한 삶입니다. 요한계시록에 보면 영생에 대해서 이렇게 설명합니다.

> "보라 하나님의 장막이 사람들과 함께 있으매 하나님이 그들과 함께 계시리니 그들은 하나님의 백성이 되고 하나님은 친히 그들과 함께 계셔서 모든 눈물을 그 눈에서 닦아 주시니 다시는 사망이 없고 애통하는 것이나 곡하는 것이나 아픈 것이 다시 있지 아니하리니"(계 21:3-4).
>
> "또 그가 수정같이 맑은 생명수의 강을 내게 보이니 하나님과 및 어린 양의 보좌로부터 나와서 길 가운데로 흐르더라 강 좌우에 생명나무가 있어 열두 가지 열매를 맺되 달마다 그 열매를 맺고 그 나무 잎사귀들은 만국을 치료하기 위하여 있더라 다시 저주가 없으며 하나님과 그 어린 양의 보좌가 그 가운데에 있으리니 그의 종들이 그를 섬기며 그의 얼굴을 볼 터이요 그의 이름도 그들의 이마에 있으리라 다시 밤이 없겠고 등불과 햇빛이 쓸데없으니 이는 주 하나님이 그들에

게 비치심이라 그들이 세세토록 왕 노릇 하리로다"(계 22:1-5).

영생은 모든 사람의 목표입니다.

둘째, 영생을 얻는 길은 예수를 믿는 믿음뿐입니다.

'그를 믿는 자' 라는 말이 15, 16, 18절에 계속 나타납니다. 인자, 독생자, 그 아들, 하나님의 독생자의 이름 등, 여러 가지 말로 신앙의 대상이신 예수 그리스도를 표현합니다. 예수 그리스도는 바로 우리가 믿어야 할 유일한 대상입니다. 예수를 믿는 것! 그것이 바로 우리의 신앙입니다.

예수를 믿는 것은 두 가지 의미를 담고 있습니다.

첫째는 예수 그리스도의 인격, 신분을 믿고 의지하는 일입니다. 예수님은 우리의 구주이십니다. 하나님이 보내신 하나님의 아들이십니다. 이 사실을 믿고 예수님을 마음속에 구주로 모셔야 합니다. 둘째는 예수님께서 하신 구원 사역을 알고 인정해야 합니다. 예수께서 인간의 몸으로 오신 것, 속죄 제물로 십자가에서 죽으신 것, 무덤에서 부활하신 것을 인정해야 합니다. 다시 요약한다면, 첫째는 예수님의 신분을 믿는 것이고, 둘째는 예수님이 이루신 구원 역사를 믿는 것입니다. 이 두 가지를 합하여 우리는 '예수님을 믿는다!' 고 합니다.

바로 이 믿음으로 영생을 얻습니다. 믿음 외에 영생을 얻는 방법은 없습니다. 본문 말씀에 '믿음' 이란 말이 5회 이상 나타납니다.

"이는 그를 믿는 자마다 영생을 얻게 하려 하심이니라……이는 그를 믿는 자마다 멸망하지 않고 영생을 얻게 하려 하심이라……그를 믿는 자는 심판을 받지 아니하는 것이요 믿지 아니하는 자는 하나님의 독생자의 이름을 믿지 아니하므로 벌써 심판을 받은 것이니라"(15, 16, 18절).

믿음은 마음의 결정입니다. 육체적 노력이 결코 아닙니다. 믿기 때문에 어떤 행위를 할 수는 있습니다. 그러나 행위 때문에 구원받는 것은 결코 아닙니다. 믿음의 반대편에는 언제나 인간의 공로주의가 있습니다. 공로주의가 무엇입니까? 하나님께 인정받기 위해 무슨 공로를 세운다는 뜻입니다. 우리가 예수를 믿는 것은 무슨 공로를 세운다는 뜻이 아닙니다. 오직 예수님의 십자가 속죄를 믿고 의지한다는 뜻입니다. 니고데모는 하나님의 계명을 지키려는 노력주의자였습니다. '노력하면 하나님이 인정하시겠지?' 결정적인 실수입니다. 주님을 믿고 신뢰하는 인격적인 관계를 맺지 않고, 자신의 공로로 인정받으려는 것은 잘못입니다.

공로주의는 인간 교만의 산물입니다. 내가 과연 노력한다고 해서 하나님께 의인으로 인정받을 수 있을까요? 우리는 하나님 앞에 내세울 만한 의로움이 전혀 없는 존재입니다. 지옥에 떨어질 존재요, 하나님의 심판 앞에 있는 존재일 뿐입니다. 하나님께 구원받지 않으면 안 되는 죄인입니다.

믿는 것과 믿으려고 노력하는 것은 다릅니다. 믿는 것은 구원 열차에 올라타는 것이요, 믿으려고 노력하는 것은 열차 밖에서 달리는 것입니다. 믿는 것은 바다에 빠진 사람이 구명선에서 던진 밧줄을 붙잡는 것이요, 믿으려고 노력하는 것은 자신이 헤엄을 치는 것입니다. 믿는 것과 공로주의는 이렇게 다릅니다. 우리에게 필요한 것은 예수를 구주로 믿는 것이지, 예수를 위해 공적을 쌓는 것이 아닙니다. 믿는 것은 쉽지만 믿으려고 노력하는 것은 어렵습니다. 믿는 것은 마음의 작용이지만 믿으려고 하는 것은 몸으로 하는 노력일 뿐입니다. 왜 그냥 믿지 않고 믿으려고 애를 씁니까?

믿음이 무엇인지 단적으로 보여주는 사건이 있습니다. 본문 말씀

14-15절에 보면 모세가 광야에서 뱀을 든 사건을 회상하고 있습니다. 이것은 민수기 21장 4-9절에 기록되어 있습니다. 그때 많은 사람들이 험난한 노정을 인하여 모세와 하나님을 원망했습니다. 그 결과 사막에서 불뱀들이 나와서 사람들을 사정없이 물어서 죽어 가게 되었습니다. 그때 하나님은 모세에게 놋으로 뱀을 만들어 장대에 매달라고 하셨습니다. 그 놋뱀을 쳐다보는 자마다 살아나리라고 하셨습니다. 그 말씀대로 모세는 놋뱀을 장대에 매달았습니다. 이 놋뱀을 쳐다보는 사람은 살아났고, '그까짓 것 쳐다보는 것이 무슨 소용이 있겠나?' 생각하면서 무시한 사람들은 다 죽었습니다.

이것은 기독교가 말하는 믿음이 무엇인지를 간명하게 보여줍니다. 놋이란 하나님의 공의와 심판을 상징합니다. 이 뱀은 저주받은 자, 심판 받은 자, 즉 십자가에 달리신 예수님을 나타냅니다. 예수님은 인류의 죄를 대신하여 저주받은 모습으로 십자가에서 죽으셨습니다. 불뱀에 물려 죽어 가는 사람들은 바로 죄 때문에 죽어 가는 세상 사람들입니다. 그들은 좀처럼 자기 죄를 인정하지 않고 원망하고 불평합니다. 이런 사람들 앞에 예수님의 십자가는 높이 달려 있습니다. 누구나 바라만 보면 구원을 받습니다. 믿고 신뢰하는 것만으로 구원은 이루어집니다. 그러나 이 십자가를 값없이 여기고 불신하는 사람에게는 기왕에 주어진 죽음만 기다리고 있습니다.

지금도 많은 사람들이 예수를 믿는 것만으로는 부족을 느낍니다. 다만 믿는 것만으로 당당히 하나님의 자녀가 된다는 것은 뭔가 싸구려 같은 느낌이 듭니다. "사람이 그래도 뭔가 노력을 해야지, 대가 없는 공짜 구원이 어디 있나? 예수쟁이들은 너무나 쉽게 구원을 말하고 있어." 과연 그럴까요?

어느 목사님이 구원의 기쁜 소식을 전하기 위해서 광산에 찾아갔습니다. 그는 일을 하기 위해 갱도로 되돌아가고 있는 한 광부를 붙잡고 하나님께서 인간을 구원하신 방법에 대해 어떻게 생각하느냐고 물어보았습니다. "너무 값싸게 구원해 주시는 것 같아요. 그래서 나는 그것을 도저히 믿을 수 없어요"라고 그는 대답했습니다.

목사님은 그의 말에 대답하는 대신 다시 물어보았습니다. "당신은 어떻게 갱도 끝까지 들어갈 수 있지요?"

"이 동차를 타고 뚫린 길만 따라 들어가면 됩니다."

"그러면 끝까지 들어가는 데 시간이 오래 걸리나요?"

"아니오. 몇 초면 됩니다."

"그렇게 간단하고 쉬운가요? 그러면 당신은 가만히 앉아만 있어도 되겠네요?"

"물론 저는 가만히 갱도 끝까지 내려가는 수레만 타고 있으면 되지요."

목사님은 여기서 다시 질문했습니다. "그렇지만 이 편리한 시설들을 다 갖추는 데는 얼마나 많은 노동력과 자본이 필요했을까요?"

"물론 굉장히 많은 돈이 들었지요. 갱도의 길이가 수천 킬로미터나 되니 아마도 이 광산 주인은 꽤 돈을 썼을 거예요."

그 말을 들은 목사님은 이렇게 말했습니다. "하나님의 구원도 바로 그렇습니다. 하나님이 주시는 구원이 너무 값싸다고 했지만, 하나님은 광산 주인처럼 구원의 길을 열기 위해 얼마나 큰 희생을 치르셨는지 모릅니다. 하나님은 그 길을 만드시기 위해 자신의 외아들 예수 그리스도의 생명을 내어주셨답니다. 그래서 우리는 아무런 대가도 치르지 않고 그 구원의 길을 다닐 수 있는 것입니다."

믿음은 자신의 삶을 맡기는 것입니다. 나의 생활과 생명까지 다 맡기는 것이 믿음입니다. 그것은 돈 드는 작업이 아닙니다. 땀 흘리는 수고도 아닙니다. 어떤 희생도 아니며, 고행이나 선행도 아닙니다. 한순간 마음의 결단입니다. "하나님, 나는 하나님을 인정하지 않고 살아온 죄인입니다. 하나님의 말씀을 따르지도 않았고, 하나님을 섬기지도 않았습니다. 그러나 이제 내가 예수님이 나의 구주이심을 믿습니다. 예수님이 내 죄를 대신하여 십자가에서 죽으신 것을 믿습니다. 지금 내 마음을 엽니다. 예수님, 내 마음에 오셔서 영원히 나의 주인이 되어 주세요."

오늘 바로 이 결단을 하십시오. 그리고 하나님의 자녀가 되시기 바랍니다. 하나님이 가장 원하시는 것이 바로 내 인생의 구원과 영생입니다. 오늘 바로 이 복을 받으시기 바랍니다.

/심판과 구원의 확정/

요한복음 3:18-21
그를 믿는 자는 심판을 받지 아니하는 것이요 믿지 아니하는 자는 하나님의 독생자의 이름을 믿지 아니하므로 벌써 심판을 받은 것이니라 그 정죄는 이것이니 곧 빛이 세상에 왔으되 사람들이 자기 행위가 악하므로 빛보다 어둠을 더 사랑한 것이니라 악을 행하는 자마다 빛을 미워하여 빛으로 오지 아니하나니 이는 그 행위가 드러날까 함이요 진리를 따르는 자는 빛으로 오나니 이는 그 행위가 하나님 안에서 행한 것임을 나타내려 함이라 하시니라

잘못된 전제

인간 사회에서 가장 잘못된 전제가 하나 있습니다. 바로 모든 사람은 선하고 착하다는 전제입니다. 모든 정치나 사회 제도의 밑바탕에는 인간이 착하다는 전제가 깔려 있습니다. 그러나 우리가 분명히 알아야 할 것은, 인간 사회의 모든 실패가 바로 인간의 죄악된 본성에 있다는 점입니다. 인간의 죄악된 본성 때문에 인간 사회는 정치, 경제, 사회, 문화 모든 면에서 확실한 실패를 경험하고 있습니다.

첫째, 정치적 실패입니다.

현대 정치는 여론 정치입니다. 여론에 따라 정책이 좌우됩니다. 여론 정치의 전제는 옳고 그름을 떠나서 다수를 따르는 것입니다. 아무리 다수가 요구해도 옳지 않은 것은 따르지 않는 것이 정상입니다. 그러나 현실은 그렇지 않습니다. 여론이 좌우합니다. 여론 정치의 단골은 민중 운동가들입니다. 히틀러, 트로츠키, 체 게바라, 레닌, 스탈린, 카스트로, 김일성이 선동한 것이 무엇입니까? 대중을 선동하여 만인이 행복한 평등 사회를 실현하자는 것입니다. 선동가들이 제시하는 것은 미래적 환상입니다. '현재는 나쁘니까 뒤집어엎어서 좋은 미래를 만들어야 한다!'

하지만 지금 북한 사회를 보십시오. 끝없이 제시하는 것은 현재가 아니라 미래입니다. 2012년에는 강성대국을 만들 수 있다! 그래서 성공했습니까? 히틀러가 성공했습니까? 레닌, 스탈린이 성공했습니까? 카스트로가 성공했습니까? 김일성이 성공했습니까? 결과는 지구상에서 가장 못사는 거지 나라를 만들어 놓고 끝났습니다. 왜 그렇지요? 사람의 본성이 악하다는 전제를 무시했기 때문입니다. 공산주의든 민주주의든 인간 본성의 악함을 극복하지 못합니다.

둘째, 경제적 실패입니다.

마르크스의 공산주의 실험이 실패한 것처럼 미국 자본주의 역시 심각한 위기에 직면해 있습니다. 그 이면에는 돈으로 돈을 버는 사기꾼 같은 돈 장사꾼들이 있기 때문입니다. 일반인들이 알 수 없는 파생 상품을 만들어서 남의 돈을 끌어다가 돈잔치를 합니다. 인간의 탐욕과 부패성 때문입니다. 부의 재분배 문제도 그렇습니다. 나라마다 경쟁에 이기기 위해 먼저 파이를 키우는 데 주력하자고 합니다. 그러다 보니 점점 더 부가 편중됩니다. 세계 제일의 부자 나라인 미국은 극빈자 천지요, 못 먹어서 영양실조에 걸린 아이들이 수없이 생겨나고 있습니다.

그리스 사태도 그렇습니다. 유럽의 덩치를 키워서 외부에 대항해 보자는 발상으로 시작한 것이 지금의 EU입니다. 그런데 막상 한데 묶어 놓고 보니 골고루 잘살게 되는 게 아니라 부익부 빈익빈이 더 심해졌습니다. 경쟁력이 떨어지는 지역은 더 살기 힘들어졌습니다. 문제는 인간의 탐욕입니다. '나는 절대로 손해 보지 않겠다! 손해는 네가 봐라!' 개인적으로도 그렇습니다. 인간의 소유욕과 과시욕이 소비를 조장하고 자원을 고갈시킵니다. '남이 굶든지 말든지 나만 잘살면 그만이다!' 인간의 탐욕을 제거하지 않는 한, 모든 경제 이론이나 실험은 실패할 것입니다.

셋째, 교육의 실패입니다.

고등교육이 사회를 개선시킨다는 생각은 다수의 사람들이 오래 전부터 가져왔던 생각입니다. 제가 대학에 들어갈 무렵에는 대학 진학률이 높지 않았습니다. 지금은 고등학교 졸업생 전부가 원하기만 하면 대학에 갈 수 있습니다. 대학 정원보다 지원자가 오히려 적습니다. 모든 사람이 대학에 간다고 뭐가 좋아졌습니까? 대학 졸업생이 많아졌다고 예의 바른 사람이 많아졌습니까? 사회의 도덕성이 높아졌습니까? 질서가 더 잘 지켜집니까? 오히려 법을 교묘히 어기는 고등 사기꾼만 더 늘어났습니다. 교육과 상관없이 인간 품질이 더 나빠졌습니다. 인간의 죄악된 본성을 모르고 교육에 임했기 때문입니다.

넷째, 사회 문화적인 실패입니다.

제법 진보되고 발전된 사회는 소위 똘레랑스가 크다고 합니다. 'tolérance!' 원래는 허용 오차를 의미하는 과학적인 용어입니다. 관용이란 의미입니다. '최대한 다른 사람을 존중하자! 뭐라고 말하든지, 무슨 행동을 하든지, 개인의 자유와 행복을 위해 최대한 봐주자!' 그런 개념입니다.

그런데 이런 사상이 정말 관용적인 사회를 만들었을까요? 정작 사람에게 관용을 베풀지는 않고 엉뚱한 데 관용을 베풀고 있습니다. 술에 대해 관용을 베풀고, 도박에 대해 관용을 베풀고, 간음죄와 성의 상품화에 대해 관용을 베풀었습니다. 그 결과가 무엇입니까? 폭력, 살인, 강도, 사고의 온상이 되어 버렸습니다. 극단적 개인주의, 가족 해체, 교실 붕괴, 환경 재앙, 모든 것이 그 잘난 문화적 진보의 결과물입니다. 개인의 자유를 최대한 보장하면 사회가 잘되리라는 전제는 잘못된 것입니다. 인간 본성이 악하다는 전제를 모르고 있기 때문입니다.

이제 성경 말씀을 봅시다. 성경은 인생사의 중요한 판단을 인간에게 맡기지 않습니다. 하나님은 출애굽 당시 모든 전권을 모세에게 맡기셨습니다. 모든 중대 사안을 모세가 하나님께 묻고 판단하고 결정했습니다. 세상적인 말로 하면 신정통치입니다. 여기에 백성들의 의견은 전혀 반영되지 않았습니다. 완전한 하나님의 통치입니다. 극단적인 예는, 광야 시절 가나안으로 가자는 모세의 의견에 찬동한 사람은 단 두 명에 불과했습니다. 정확히 말하면 603,550명 중에 두 사람만 찬성하고 나머지는 다 반대했습니다. 30만 대 1의 압도적 다수결입니다. 그래도 하나님은 그들의 결정을 거부하셨습니다. 그래야만 가나안으로 갈 수 있기 때문에!

오늘날 교회가 점점 세속화되고 파괴되는 것은 인본주의가 지배하기 때문입니다. '다수의 교인들이 원한다면 무엇이든지 할 수 있다!' 바로 그것이 잘못된 것입니다. 다수의 사람은 착하다는 그릇된 전제! 인간 본성은 결코 선하지 못합니다. 그러므로 다수가 좋아한다고 따라가는 것은 곧 망하는 길입니다.

"좁은 문으로 들어가라 멸망으로 인도하는 문은 크고 그 길이 넓어 그리로 들어가는 자가 많고 생명으로 인도하는 문은 좁고 길이 협착하여 찾는 자가 적음이라"(마 7:13-14).

인간 사회는 개개인의 죄악된 본성으로 인하여 결국은 망합니다. 그것이 성경의 예언입니다. 사회가 점점 발전하고 있는지 퇴보하고 있는지 자세히 보십시오. 사람들의 심성이 점점 착해지고 있는지 악해지고 있는지 관찰해 보십시오. 작년보다 올해가, 올해보다 내년이 더 살 만한 세상이 되어 가고 있는지 살펴보십시오. 물질적인 편의성만 바라보지 마십시오. 영혼, 정신, 사상, 가치관의 변화를 보십시오. 과연 인간이 나아지고 있는지 망가져 가고 있는지, 인간 세상이 행복해지고 있는지 불행해지고 있는지!

인류는 악한 본성 때문에 멸망합니다.

확정 판결 후 복역 중인 인류

현재 인류의 상태를 법률적인 관점에서 설명한다면, 확정 판결 후 복역 중인 상태입니다. 이미 사형 선고가 내려졌습니다. 18절 말씀에 보면 하나님의 아들을 믿지 않는 자는 이미 심판을 받았다고 말씀합니다.

"그를 믿는 자는 심판을 받지 아니하는 것이요 믿지 아니하는 자는 하나님의 독생자의 이름을 믿지 아니하므로 벌써 심판을 받은 것이니라"(18절).

심판 받았다!(*κέκριται*, has been judged!) 현재완료수동태입니다. 원하든지 원하지 않든지, 하나님께서 형을 확정하셨습니다.

인류는 정말 복역 중일까요? 정말 사형 선고가 내려졌나요? 가끔 지옥을 보여달라는 사람들이 있습니다. 지옥을 보면 믿겠다고 합니다. 그런 사람들에게 지옥을 특별히 보여줄 필요가 없습니다. 현실이 바로 지옥이기 때문입니다.

사람들은 이미 마귀의 지배를 받고 있습니다. 정의보다 불의를 사랑합니다. 제아무리 선을 외쳐도 악은 뿌리 뽑히지 않습니다. 서로 미워하고 시기하고 싸우고 죽이고 뺏고 빼앗깁니다. 병들고 가난하고 배반당하고 죽습니다. 아담이 범죄함으로 모든 인류는 이미 에덴 동산에서 쫓겨났습니다. 이마에 땀을 흘려야 먹고살게 되었습니다. 죽음이 그들 위에 왕 노릇 합니다. 평생 죽음의 공포 속에 살다가 육체는 흙으로 돌아가고, 영혼은 하나님 없는 곳에서 고통받는 것이 인류의 실상입니다. 이 세상이 바로 지옥입니다. 인류는 이미 심판과 지옥 속에 살고 있습니다.

점점 더 지옥의 상황이 심화되고 있습니다. 삶의 환경이 악화됩니다. 거기다가 종국적으로 다가오는 죽음이 문제입니다. 육체적으로 죽는 것은 주지의 사실입니다. 더 심각한 문제는 영적인 죽음입니다. 차라리 육체만 흙으로 돌아가 소멸되어 버린다면 인생 문제는 깨끗할 것입니다. 그러나 영혼의 존재가 문제입니다. 인간은 육체만 있는 게 아닙니다. 영혼이 있습니다. 영혼은 죽지 않습니다. 사람들이 모르고 있는 것이 바로 영적 사망입니다. 모든 사람은 영적으로 죽어 있습니다.

영적 사망이란, 바로 하나님과 단절되어 있는 상태를 말합니다. 에덴 동산에서 쫓겨난 이후로 인간은 하나님과 영적 교제가 끊어져 있습니다. 자연 상태에서는 하나님을 찾는 인간도 없고, 섬기는 인간도 없습니다. 육체적으로는 한시적으로 살아 있고, 영적으로는 이미 죽은 상태에 있는 것이 바로 인생입니다. 하나님이 뭐라고 하시는지 성경을 보십시오.

> "어리석은 자는 그의 마음에 이르기를 하나님이 없다 하는도다 그들은 부패하고 그 행실이 가증하니 선을 행하는 자가 없도다 여호와께서 하늘에서 인생을 굽어살피사 지각이 있어 하나님을 찾는 자가 있는가 보려 하신즉 다 치우쳐 함께 더러운 자가 되고 선을 행하는 자가 없으니 하나도 없도다"(시 14:1-3).
>
> "기록된 바 의인은 없나니 하나도 없으며 깨닫는 자도 없고 하나님을 찾는 자도 없고 다 치우쳐 함께 무익하게 되고 선을 행하는 자는 없나니 하나도 없도다 그들의 목구멍은 열린 무덤이요 그 혀로는 속임을 일삼으며 그 입술에는 독사의 독이 있고 그 입에는 저주와 악독이 가득하고 그 발은 피 흘리는 데 빠른지라 파멸과 고생이 그 길에 있어 평강의 길을 알지 못하였고 그들의 눈앞에 하나님을 두려워함이 없느니라 함과 같으니라"(롬 3:10-18).

현재 인류는 그 무슨 새로운 심판을 받아야 하는 것이 아닙니다. 그냥 놔두면 그대로 지옥 생활이 확정됩니다. 이미 사형 선고를 받은 죄수들이며, 형 집행 중에 있습니다. 그냥 놔두면 그 상태가 영원히 고착됩니다. 그것이 바로 인류의 현재 상황입니다. 모든 인간은 본성적으로 죄인이며 하나님의 심판 아래 있습니다. 이런 전제 아래 본문 말씀을 보겠습니다.

하나님이 보내신 최후 사면장

그러면 하나님이 인간을 구원하시는 방법은 무엇일까요? 그것은 바로 사면하는 방법입니다. 모든 죄를 용서하심으로써 처벌을 면하게 하십니다. 세상 법도 동일합니다. 확정 판결을 받고 복역 중인 죄수가 풀려나는 방법은 오직 한 가지뿐입니다. 사면 받는 방법입니다. 하나님은 바로 그 방법으로 인류를 구원하시기로 하셨습니다. 인간의 죄는 예수님이 십자가에서 형벌을 받는 것으로 대신하고, 이 사실을 근거로 사람들을 사면하시기로 작정하셨습니다. 사면령 발령자는 하나님이시고, 사면의 근거는 예수님의 속죄입니다.

사면의 권한은 하나님만이 갖고 계십니다. 자연 법칙도 인간 사회의 법칙도 영적 법칙도 하나님이 세우셨습니다. 인간의 범죄는 크든 작든 모두가 하나님을 향한 것입니다. 피조물에게 지은 죄든지, 인간에게 지은 죄든지 그 범법의 대상은 창조주 하나님이십니다. 하나님은 사면권을 가지신 유일한 분입니다.

세상에서 사면권은 국가원수가 가집니다. 우리나라는 대통령이 사면권을 가집니다. 우리나라에는 두 가지 사면이 있습니다. 첫째는 특별 사면입니다. 특별 사면(Begnadigung)은 형의 언도를 받은 특정 범죄인에 대해 국가원수가 국회의 동의 절차 없이 자신의 특권으로 형의 전부나 일부를 소멸시키거나, 형을 선고받지 않은 사람의 공소권을 소멸시키는 제도입니다. 형의 선고를 받은 자에 대하여 법무부 장관의 상신으로 국무회의의 심의를 거쳐 대통령이 시행합니다.

둘째는 일반 사면(amnesty)입니다. 일반 사면은 범죄의 종류를 지정하여 이에 해당하는 모든 범죄인에 대해서 형의 선고의 효과를 전부 소멸시키거나, 또는 형의 선고를 받지 아니한 자에 대한 공소권을 소멸시키는 제도입니다. 일반 사면은 대통령의 사법권에 대한 특권으로 소송법상의 절차에 의하지 않고서 형 선고 효과의 전부 또는 일부를 소멸시키거나, 형의 선고를 받지 않은 자에 대하여는 공소권을 소멸시키는 사면입니다. 대통령령으로 죄의 종류를 정하고, 국무회의의 심의를 거쳐 국회의 동의를 얻어야 합니다. 일반 사면의 효과는 대통령령에 특별한 규정이 있는 경우를 제외하고는 형 선고의 효력을 소멸시키며, 형의 선고를 받지 않은 자에 대하여는 공소권이 상실됩니다. 특별 사면이나 일반 사면이나 형의 선고에 의한 기성의 효과는 사면으로 인하여 변경되지 않습니다. 다시 말해, 전과는 말소되지 않습니다.

오직 하나님만이 인간의 모든 죄에 대하여 원천적인 사면권을 가지고 계십니다. 예수님은 하나님이 보내신 사면장입니다. 누구든지 예수 그리스도를 영접하고 믿는 사람은 사면을 받습니다. 대통령이 행사하는 국가적 사면은 때에 따라 별도의 복권 절차가 있어야 합니다. 또한 이미 복역한 기성의 효과는 변경되지 않는다고 명시하고 있습니다. 즉, 전과는 지워지지 않는다는 말입니다. 그러나 하나님이 주시는 사면은 완전 무죄의 사면장입니다. 전과도 없고, 권리 제한도 없는 완전 사면과 복권입니다.

> "동이 서에서 먼 것같이 우리의 죄과를 우리에게서 멀리 옮기셨으며"(시 103:12).

사면은 받는 사람이 수용하지 않으면 적용되지 않습니다. 앤드루 잭슨이 미국 대통령으로 있을 때, 윌슨이라는 사람이 죄를 지어 사형 선고를 받았습니다. 주정부에서는 그를 특별히 사면해 주기로 결정했습니다. 그러나 윌슨은 이 사면을 거절했습니다. "나는 사면을 원치 않습니다. 죽여 주십시오." 이 사건은 대법원에까지 올라갔습니다. 대법원은 윌슨의 요구대로 사형을 집행하도록 명령했습니다. 대법원의 판결 요지는 "주 정부에서 특별 사면을 선포했다고 하여도 본인이 이를 수락하지 않는 한 그 사면이 적용될 수 없다"는 것이었습니다. 그래서 윌슨은 죽었습니다.

하나님의 사면도 마찬가지입니다. 아무리 예수 그리스도의 사면이 완전하다 해도 받아들일 사람이 거부하면 심판은 확정됩니다. 본문 18절 말씀이 바로 그런 뜻입니다.

> "그를 믿는 자는 심판을 받지 아니하는 것이요 믿지 아니하는 자는 하나님의 독생자의 이름을 믿지 아니하므로 벌써 심판을 받은 것이니라"(18절).

아담 이후로 인류는 분명히 심판 아래 있습니다. 그러나 그 심판은 완결되지 않았습니다. 역사의 종말까지 심판의 과정(process)은 계속됩니다. 인류는 이제 마지막 사면장을 받아 놓고 한 사람 한 사람 최후 집행을 기다리고 있습니다. 다행한 것은 이 사면장이 전 인류에게 예외 없이 발부되었다는 점입니다. '누구든지!' 입니다. 남녀노소, 빈부귀천 모든 조건에 상관없이 사면장이 발부되었습니다.

우리가 만일 예수 그리스도의 속죄를 믿고 의지한다면 우리는 사면을 받습니다. 일반 사면인 동시에 특별 사면입니다. 사면 받을 죄목은 '모든 죄' 이고, 사면의 대상은 믿는 사람입니다. 이 사면 속에는 복권, 전과 기록 말소까지 포함되어 있습니다. 이 사면은 사형수에게 주어지는 마지막 기회입니다. 우리가 만일 이 사면을 거부한다면 우리는 원래대로 형 집행을 당합니다. 무슨 새로운 정죄나 선고가 필요 없습니다. 이미 심판을 받은 상태가 확정됩니다. 그러므로 문제는 하나님 편에서의 사면 작업이 아니라 바로 우리의 결심입니다. 이 사실을 믿고 받아들이든지, 아니면 거부하든지.

믿지 않는 사람들, 그 까닭은?

하나님의 놀라운 사면에도 불구하고 대부분의 사람들은 하나님이 보내신 사면장을 거절합니다. 왜 이렇게 엄청난 사면장을 사람들이 거절할까요?

누가복음 14장 16-20절에 보면, 주님의 초청을 거절한 사람들의 변명이 나옵니다. 첫째는 나는 밭을 샀으니 불가불 못 가겠다고 했습니다. 부동산 매매가 인간이 예수를 거절하게 만들었습니다. 즉, 영토 문제입니다. 개인이나 국가나 영토 문제에는 한 치의 양보도 없습니다. 둘째는 소를 샀으니 시험하러 가야만 한다고 했습니다. 일하고 돈 버는 경제 문제입니다. 직업적인 일이 사람들로 하여금 예수를 거부하게 만듭니다. 셋째는 나는 장가들었으니 못 가겠다고 했습니다. 남녀의 가정사 애정 문제입니다. 애정 문제를 빼버린다면 우리가 보는 TV 드라마 전부가 사라질 것입니다. 가정사가 예수님을 거부하게 만듭니다.

그러나 이 모든 변명들은 주님을 거부하는 근본적인 원인은 아닙니다. 사람들이 주님을 거부하는 보다 근본적인 원인이 있습니다. 그것은 바로 사람들의 악한 본성입니다. 구데기는 빛을 싫어합니다. 조금이라도 빛이 있으면 깜짝 놀라서 어두운 쪽으로 도망쳐 버립니다.

어둠 속에 사는 데 익숙하기 때문입니다. 습관적으로 죄악에 빠져 사는 사람들에게는 진리를 행하는 것이 죽는 것보다 싫습니다. 19절 말씀을 보십시오.

"빛이 세상에 왔으되 사람들이 자기 행위가 악하므로 빛보다 어둠을 더 사랑한 것이니라"(19절).

20절 말씀에도 사람들이 빛을 미워한다고 했습니다.

"악을 행하는 자마다 빛을 미워하여 빛으로 오지 아니하나니 이는 그 행위가 드러날까 함이요"(20절).

왜냐하면 자기 행위가 드러날까 두렵기 때문에! 지금도 많은 사람들이 예수 믿으라고 하면 이런 저런 변명을 늘어놓으면서 거절합니다. 그러나 근본 원인은 하나뿐입니다. 내 자신의 행위가 하나님 앞에 드러나는 것이 두렵기 때문입니다.

그러면 이 세상에 스스로 의롭기 때문에 예수를 믿는 사람이 있을까요? 전혀 없습니다. 그렇다면 21절에 "진리를 따르는 자는 빛으로 오나니 이는 그 행위가 하나님 안에서 행한 것임을 나타내려 함이라"고 하신 뜻은 무엇입니까?

하나님 안에서 행한다? 그것은 자신을 있는 그대로 하나님 앞에 드러내고 산다는 뜻입니다. 우리가 자신을 숨긴다고 해서 하나님이 우리의 소행을 모르시는 것이 아닙니다. 다 아십니다. 못된 짓 하는 것 다 아시고, 거짓과 불의와 연약함을 다 아십니다. 다만 이러한 자신의 모습을 솔직히 하나님께 드러내는 것이 중요합니다. 자신이 죄악된 인생임을 솔직히 고백하면 빛 앞에 드러나는 것이 두렵지 않습니다. 진리를 따르게 됩니다. 그러나 자신을 하나님 앞에서 숨기려 하면 할수록 더욱 어둠을 사랑하게 되고 빛을 미워하게 됩니다. 즉, 자신의 행위를 변명하기 위해 하나님을 거부하게 됩니다.

그러므로 오늘 우리는 하나님 앞에서 중대한 결단을 해야 합니다. 자신을 있는 그대로 하나님 앞에 드러내고 하나님이 내게 주신 마지막 사면의 기회를 받아들여야 합니다. 만일 우리가 이를 거부한다면 우리는 이미 받은 정죄에 의해서 형이 집행될 것입니다. 예수 그리스도를 믿어 영생을 얻고, 하나님의 자녀가 되시기 바랍니다.

/그는 흥하고 나는 쇠하고/

요한복음 3:22-30

그 후에 예수께서 제자들과 유대 땅으로 가서 거기 함께 유하시며 세례를 베푸시더라 요한도 살렘 가까운 애논에서 세례를 베푸니 거기 물이 많음이라 그러므로 사람들이 와서 세례를 받더라 요한이 아직 옥에 갇히지 아니하였더라 이에 요한의 제자 중에서 한 유대인과 더불어 정결예식에 대하여 변론이 되었더니 그들이 요한에게 가서 이르되 랍비여 선생님과 함께 요단 강 저편에 있던 이 곧 선생님이 증언하시던 이가 세례를 베풀매 사람이 다 그에게로 가더이다 요한이 대답하여 이르되 만일 하늘에서 주신 바 아니면 사람이 아무것도 받을 수 없느니라 내가 말한 바 나는 그리스도가 아니요 그의 앞에 보내심을 받은 자라고 한 것을 증언할 자는 너희니라 신부를 취하는 자는 신랑이나 서서 신랑의 음성을 듣는 친구가 크게 기뻐하나니 나는 이러한 기쁨으로 충만하였노라 그는 흥하여야 하겠고 나는 쇠하여야 하리라 하니라

세례 요한 제자들의 불편한 심기

예수님은 누구신가? 예수님은 하나님의 아들이시다! 이 예수님을 알리는 것이 요한복음의 목표입니다. 세례 요한은 바로 이 예수님을 소개하러 온 선지자입니다. 그의 활동은 이미 요한복음 1장 6, 15, 19-36절에 언급되어 있습니다. 세례 요한의 증거를 듣고 많은 사람들이 예수님을 따르기 시작했습니다. 세례 요한의 제자 중에서도 안드레는 이미 예수님의 제자가 되었습니다. 이런 과정에서 일어난 이야기

가 바로 오늘 본문 말씀입니다. 우리는 이 말씀을 통해 예수님과 우리의 관계를 어떻게 설정해야 하는지 밝히 알 수 있습니다. 예수님과 나 사이의 관계 설정! 거기에 내 일평생의 신앙과 삶이 걸려 있습니다. 본문을 봅시다.

> "그 후에 예수께서 제자들과 유대 땅으로 가서 거기 함께 유하시며 세례를 베푸시더라 요한도 살렘 가까운 애논에서 세례를 베푸니 거기 물이 많음이라 그러므로 사람들이 와서 세례를 받더라 요한이 아직 옥에 갇히지 아니하였더라"(22-24절).

이때 세례 요한과 예수님은 각기 다른 곳에서 복음을 전파하며 사람들에게 세례를 베풀고 있었습니다. 요한은 살렘 근처의 애논에서 세례를 베풀었고, 예수님은 제자들을 통해서 유대 촌락에서 세례를 베푸셨습니다. 애논이 어딘지는 확실하지 않고, 살렘이라는 마을은 갈릴리와 사마리아의 경계에 위치했던 것으로 보입니다. 애논이란 말은 히브리어 '아인' 에서 온 말로 '샘물' 이란 뜻입니다. 오아시스처럼 물이 많은 곳에서 요한은 세례를 베풀었을 것입니다.

이렇게 요한이 세례를 베풀고 있을 때 요한의 제자 몇 명이 찾아왔습니다. "랍비여! 선생님과 함께 요단 강 저편에 있던 분, 곧 선생님이 증거하시던 분이 세례를 주는데 사람들이 다 그에게로 몰려갑니다."

> "이에 요한의 제자 중에서 한 유대인과 더불어 정결예식에 대하여 변론이 되었더니 그들이 요한에게 가서 이르되 랍비여 선생님과 함께 요단 강 저편에 있던 이 곧 선생님이 증언하시던 이가 세례를 베풀매

사람이 다 그에게로 가더이다"(25-26절).

25절에 보면 요한의 제자들과 어떤 유대인 사이에 논쟁이 벌어졌습니다. 세례의 효과에 대한 논쟁이었던 것 같습니다. '요한의 세례가 더 위대하냐, 예수의 세례가 더 위대하냐?' '어떤 세례가 효과가 크냐? 누구를 더 많이 따르는가 보자!' 그런 중에 세례 요한을 따르던 사람들이 예수님에게로 옮겨갔습니다. 요한의 제자들은 심기가 불편해졌습니다. 왜 훌륭하신 요한을 떠나 예수에게로 가는가?

우리는 여기서 우리 그리스도인들이 가진 잘못된 경쟁심을 엿볼 수 있습니다. 누구의 추종자가 더 많은가? 어느 교파가 가장 큰가? 어느 교회가 가장 많은 사람이 모이는가? 어떤 지도자가 더 위대한가? 같은 교회 안에서도 무리 짓기는 계속됩니다. 고린도 교회 안에는 여러 파벌이 있었습니다. 베드로파, 아볼로파, 바울파, 야고보파 등. 요즘 교회 안에도 그렇습니다. 원로목사파, 담임목사파, 아무개 장로파, 권사파 등.

이런 경쟁심은 대개 선의에서 출발합니다. 누가 더 전도 많이 하나? 누가 더 봉사 많이 하나? 누가 더 헌금 많이 하나? 누가 더 기도 많이 하나? 누가 더 성경 많이 읽나? 좋은 취지에서 경쟁이 시작됩니다. 그러나 가다 보면 누가 실적이 많고 누가 적으냐 시비가 벌어집니다. 호불호에 따라 무리 짓기가 시작됩니다.

교파도 그렇게 시작되었을 것입니다. '좀 더 성경에 충실하게 예수님을 믿자!' 좋은 취지입니다. 그러나 사람들이 생각하는 교리의 차이는 천국과 지옥으로 갈라설 만큼 큰 차이는 아닙니다. 그런데 마치 천국에서 엄청난 서열이라도 매겨지는 것처럼 경쟁

합니다. 교회 간 경쟁도 그렇습니다. 예배당의 크기나 교회 조직과 시스템이 교회의 품질을 결정하는 것이 아닙니다. 교회에 대한 절대 가치는 평등합니다. 모든 것이 잘 구비된 교회도 있고, 그렇지 못한 교회도 있습니다. 이런 것들이 천국에서의 상급의 지표가 아닌 것은 분명합니다. 그럼에도 불구하고 사람들은 엄청난 차이가 있는 것처럼 경쟁심을 불태웁니다.

경쟁심, 무리 짓기, 줄 세우기는 전형적인 세속 집단의 모습입니다. 사람이 모인 곳은 어디든지 줄 세우기 경쟁을 합니다. 누가 더 우월한가? 누구를 따르는 사람들이 더 많은가? 교회가 세속 집단처럼 경쟁함으로써 스스로 시험에 빠집니다. 우월성 경쟁이 문제입니다. '우리 생각이 곧 하나님 뜻이다! 우리 생각이 정의요 진리다! 우리만이 하나님 편에 있고, 우리만이 은사를 가졌고, 우리만이 신령하다!' 요한의 제자들이 보이고 있는 신경질적인 반응은 바로 우리 자신들의 모습입니다.

그릇된 경쟁심과 시기심은 인간의 죄악된 본성입니다. 집단 속에서 항상 발생하는 독초요 쓴 뿌리입니다. 아무리 제거하려고 해도 끝없이 돋아납니다. 경쟁과 시기심은 남이 잘못했기 때문에 나타나는 감정이 아닙니다. 남이 나보다 잘됨으로 나타나는 감정입니다. 말하자면 전혀 잘못된 감정입니다. 결코 좋은 결과를 가져오지 못합니다. 하나님 나라를 먹칠하고, 천국 문을 가로막습니다. 주님을 욕되게 하고, 개인의 인격을 허물어 버립니다. 오늘 세례 요한의 제자들이 가졌던 그릇된 경쟁심과 시기심을 우리의 마음에서, 우리의 교회에서, 내가 속한 모든 공동체에서 뿌리 뽑아 버리십시오.

하늘 뜻을 전하는 세례 요한

제자들의 그릇된 경쟁심과 논쟁에 대해서 세례 요한은 어떤 대답을 했을까요?

> "요한이 대답하여 이르되 만일 하늘에서 주신 바 아니면 사람이 아무것도 받을 수 없느니라 내가 말한 바 나는 그리스도가 아니요 그의 앞에 보내심을 받은 자라고 한 것을 증언할 자는 너희니라"(27-28절).

이 말씀 속에는 두 가지 중요한 해답이 들어 있습니다.

첫째, '사람들이 예수님을 따르는 것은 하늘에서 정한 바이다! 그러니 하늘 뜻을 따르라!' 이보다 더 정확한 답은 없습니다.

인생사에 일어나는 모든 것은 하나님의 섭리 아래 있습니다. 하나님이 허락하지 않으시면 어떤 일도 발생할 수 없습니다. 인생사에 우연은 없습니다. 반드시 하나님이 아시는 가운데, 혹은 하나님의 허락 아래 일어납니다. 사람들이 세례 요한을 따르는 것도 하나님의 섭리요, 세례 요한의 제자들이 예수님을 따르는 것도 하나님의 섭리입니다. 하나님이 허락하지 않으시면 인생사에 어떤 이합집산도 일어나지 않습니다. 하나님이 예수 그리스도를 메시아로 보내셨으니 그를 따르는 것은 당연한 결과입니다. 인위적으로 거부한다고 거부될 일이 아닙니다.

그러므로 우리는 하나님이 섭리하시는 현실을 존중해야 합니다. 인간 역사는 하나님이 정하신 필연성에 의해 움직입니다. 우연히 움직이는 게 아닙니다. 우리는 때때로 내가 부딪힌 현실을 거부합니다. 곤란한 일이 벌어질 때 특히 그렇습니다. 원치 않는 병이 들었습니다.

원치 않는 돈 가뭄이 왔습니다. 원치 않는 인간관계의 파탄이 왔습니다. 천재지변이 일어났습니다. 그럴 때 사람들의 반응이 무엇입니까? '이것은 현실이 아니야! 나는 이런 현실을 절대로 받아들일 수 없어!' 그러나 내가 인정하지 않는다고 해서 현실이 바뀌지는 않습니다. 현실은 현실입니다.

인생사에 일어나는 모든 일은 좋은 일이든지 나쁜 일이든지 다 하나님 관할 아래 있고, 하나님 손길 아래 있습니다. 하나님은 어떤 이유에서 욥처럼 고통스런 일이 생기게 하십니다. 또 그 고통을 유익한 방향으로 작용하게 하십니다. 괴로운 일이라고 다 불행한 것은 아닙니다. 반대로 내 맘에 드는 일이라고 다 유익한 것도 아닙니다. 하나님의 손길 안에서 불행도 축복이 될 수 있고, 좋은 일도 불행이 될 수 있습니다. 그러므로 우리는 항상 내 삶에 다가오는 현실을 인정해야 합니다. '그래, 이 일은 하나님이 허락하신 일이야! 하나님의 선하신 뜻이 있을 거야!'

둘째, '세례 요한의 제자들아, 너희는 나처럼 예수님의 증언자가 되라! 너희는 세례 요한을 내세우지 말고 예수님을 증거하는 데 앞장서야 한다!'

"우리의 스승이신 세례 요한은 메시아가 아닙니다. 우리의 스승이 전하신 예수가 메시아이십니다!" 바로 이렇게 증거하라는 것입니다. 그것이 하나님의 뜻입니다.

모든 그리스도인에게 주신 사명은 예수님을 증거하는 일입니다. 요한은 자신의 추종자들에게 이 사명을 얘기해 주었습니다. 아무리 많은 사람이 나를 따른다 해도 증거할 분은 예수님이다. 절대로 내가 아니다. 요한은 제자들 앞에서 자기를 높이지 않았습니다. 오히려 자기를 낮추었습니다. "나는 그리스도가 아니다! 나는 다만 그리스도의 앞길을 예비하러 온 사람에 불과하다. 너희도 그렇게 하라!"

오늘 우리는 누구의 제자입니까? 사람의 제자입니까? 그렇다면 이제 사람의 제자가 되지 마십시오. 예수님께 집중하십시오. 예수님의 제자가 되고, 예수님을 증거하십시오. 그것이 하나님의 뜻입니다.

그는 흥하여야 하겠고 나는 쇠하여야 하리라

앞으로 예수님과 나 사이의 관계를 어떻게 맺어 가면 좋을까? 세례 요한은 예수님과 자신의 관계에 대해 명쾌한 해답을 줍니다. 바로 잔칫집 신랑과 그 친구의 비유입니다. 예수님은 신랑이시고, 세례 요한은 신랑의 친구입니다. 이것은 오늘 우리 그리스도인들의 영원한 삶의 지표요, 영원한 그리스도인의 처신법입니다. 예수님을 믿으면서 이런 자세로 산다면 100퍼센트 참 제자가 될 수 있습니다.

> "신부를 취하는 자는 신랑이나 서서 신랑의 음성을 듣는 친구가 크게 기뻐하나니 나는 이러한 기쁨으로 충만하였노라 그는 흥하여야 하겠고 나는 쇠하여야 하리라 하니라"(29-30절).

유대인의 결혼식에서는 신랑 친구들이 중요한 역할을 합니다. 그들은 혼례 전에는 중매자로 활동합니다. 결혼식에서는 신랑 신부에게 선물을 바칩니다. 그리고 신랑을 데려다가 신부에게 인도하고, 신부의 명예를 변호합니다. 그리고 결혼이 완전하게 이루어지면 신랑의 친구는 신랑과 신부의 결합을 보면서 마음껏 기뻐합니다. 세례 요한은 자신을 신랑의 친구라고 합니다.

이 말씀 끝에 요한은 말합니다. '예수님은 흥하셔야 하고 자신은 쇠하여야 한다!' "*ἐκεῖνον δεῖ αὐξάνειν, ἐμὲ δὲ ἐλαττοῦσθαι.*" "He must increase, but I must decrease"(NASB). "He must become greater and greater, and I must become less and less"(NLT). '주님은 점점 커져야 하고 나는 점점 작아져야 한다!' 이 말씀에 담긴 의미를 세 가지로 생각해 볼 수 있습니다.

첫째, 주님은 역사의 무대에 영원히 등장하는 인물이시고, 요한은 퇴장하는 인물이란 뜻입니다.

세례 요한은 역사 무대에서 자신이 퇴장해야 할 시기를 알았습니다. 그는 자신이 무엇 하러 이 세상에 왔는지를 알았고, 언제 떠나야 할지를 알았습니다. 그는 결혼식의 주인공이 아니요 들러리였습니다. 들러리는 결혼식이 끝나면 퇴장해야 합니다. 요한은 메시아가 아니요 메시아를 세상에 소개하러 온 사람입니다. 그러므로 메시아를 세상에 소개했으면 이제는 퇴장해야 합니다.

사람은 누구나 때와 시기가 있습니다. 이 세상에서 영원히 살아남을 자는 아무도 없습니다. 그럼에도 불구하고 많은 사람들이 자기는 결코 역사 무대에서 퇴장당하지 않을 줄 알고 버티려고 합니다. 배우는 자기 역할이 끝나면 퇴장해야 합니다. 만일 그냥 남아 있다면 조롱을 받습니다.

요즘 우리 사회에서는 등장만 하고 퇴장하지 않으려는 사람들 때문에 골치가 아픕니다. 권력에도 때가 있고, 청춘도 때가 있습니다. 건강에도 때가 있고, 매력에도 때가 있습니다. 특히 하나님의 사명에도 때가 있습니다. 교회 일도 그렇습니다. 어떤 사람들은 하나님의 일이니까 자신이 끝까지 맡아야만 한다고 생각합니다. 죽도록 충성하라고 한 말을 늙어 죽을 때까지 자기 지위를 지켜 가라는 말로 오해합니다.

구약 레위기에 보면, 제사장은 25세 혹은 30세에 직무를 시작해서 50세가 되면 퇴임하도록 했습니다. 나 말고도 잘할 사람들이 많은데 굳이 내가 붙잡고 늘어져서 하나님의 일을 가로막을 필요는 없습니다. 하나님은 영원하시고 인간의 역할은 유한합니다. 우리는 이 불변의 진리를 깨달아야 합니다. 때가 지난 사람이 퇴장하지 않으면 가정이든지, 회사든지, 국가든지, 교회든지 유익이 없습니다. 때가 지나면 사람은 보잘것없어집니다.

요한은 자기의 역할이 끝난 것을 스스로 알고 물러가려 하고 있습니다. 우리는 자신이 역사 속에서 맡은 역할이 무엇인지 알아야 합니다. 그리고 그 역할이 마감되는 시기를 알아야 합니다. 요한은 사명을 맡은 동안에는 최선을 다했고, 물러갈 때가 되었을 때에는 욕심 없이 퇴장했습니다. '주님은 등장하고 나는 물러가야 한다!' 영원히 무대에 머물지 말고 퇴장할 때가 되었으면 퇴장하십시오. 그래야 멋진 인생이 됩니다. 할렐루야!

둘째, 주님은 커져야 하고 나는 작아져야 한다는 뜻입니다.

세례 요한은 쇠할 사람이고, 주님은 흥할 분입니다. 흥한다는 말은 문자적으로 커진다는 말이고, 쇠한다는 말은 작아진다는 뜻입니다. 말하자면 세례 요한 자신은 점점 작아져야 할 사람이고, 예수님은 점점 커질 분이란 뜻입니다. 요한 자신은 신랑의 친구라고 했습니다. 결코 주인공이 아니라는 뜻입니다. 들러리는 들러리로서 머물러야 합니다. 들러리가 신랑 자리를 차지할 수는 없습니다.

요한은 메시아가 아니라 메시아의 앞길을 예비하러 온 사람입니다. 요한은 예수를 세상에 소개했습니다. 이제 그 예수 그리스도가 세상 사람들에게 드러나고 전파되기 시작했습니다. 예수님의 나라가 시작되었을 뿐만 아니라, 점점 확대되어 가고 있습니다. 이제 요한의 위치는 축소되어야 합니다. 그러므로 요한은 뒤로 물러서서 주인공 예수를 바라보면서 박수 치며 기뻐하고 만족해하고 있습니다. 주님은 커지고 요한은 작아집니다. 그것이 하나님의 뜻입니다.

우리는 쉽게 자기의 위치를 망각합니다. 작아지지 않고 커집니다. 그래서 예수님이 받으셔야 할 영광과 칭찬을 대신 받습니다. 내가 커지면 예수님이 작아지게 됩니다. 이 사실을 뻔히 알면서도 많은 그리스도인들이 자기를 높임으로써 예수님을 작아지게 만들고 있습니다.

그러면 사람들은 왜 자기 위치를 지키지 못할까요? 그 원인 중의 하나가 대중의 유혹에 있다고 봅니다. 대중들의 인기가 문제입니다. 사람들은 항상 카리스마적인 우상을 찾습니다. 영화배우 우상, 운동선수 우상, 정치인 우상, 종교지도자 우상……이렇게 치켜세워진 사람은 쉽게 그 자리에서 내려오지 못합니다. 오늘 아침 신문에 어떤 여배우의 죽음에 대한 기사가 나왔습니다. 연예인으로 데뷔하여 9년이 경과되었는데 스포트라이트를 받지 못해 스스로 삶을 포기했다는 것입니다. 그녀의 정신질환 병명은 '스포트라이트 증후군' 이라고 합니다. 생소한 병명입니다. 스포트라이트 증후군이 무엇입니까? 스포트라이트를 받던 사람은 대중에게서 잊혀지는 것을 죽음보다 더 심한 고통으로 생각합니다. 저는 스포트라이트를 받을까봐 걱정입니다. 제 삶의 모토는 남의 눈에 띄지 않게 사는 것입니다. 남이 알아주고 말고 하는 것이 뭐 그렇게 중요합니까?

스티브 잡스는 소문자 'i' 를 좋아했습니다. 보통 자기를 표현할 때 대문자 'I' 를 씁니다. 보편화된 나의 표현입니다. 스티브 잡스는 각 사람이 자기 삶을 살아야 한다는 철학이 있었습니다. '내가 왜 남을 따라서 살아야 하는가? 내게 주어진, 나만이 가진, 나의 삶을 사는 것이 행복 아닌가!' 남이 높인다고 높아질 이유도 없고, 낮춘다고 낮아질 이유도 없습니다. 다만 본래대로 하나님이 주신 소시민의 삶을 살면 됩니다.

오늘날의 대중도 어떤 객관적인 기준에 의해서가 아니라 분위기에 의해서 자기 지도자를 치켜세우고 높은 자리에 앉히려고 열광합니다. 그래서 '지도자'는 자기 위치를 지키지 못하고 분수에 어긋나는 자리에 앉아 버립니다. '대중이 원한다면 어떤 자리인들 마다하겠느냐!' '교인들이 원한다면 하나님 자리에 못 앉겠느냐!' 그래서 사이비가 되고 이단자가 되는 것입니다. 애당초 사이비 이단자가 아닙니다. 어리석은 대중이 그렇게 만들어 버린 것입니다.

그러므로 우리는 남들이 나를 주님의 자리에 앉히는 것을 조심해야 합니다. 세례 요한이 만일 천박한 지도자였다면 그는 제자들의 칭찬과 아첨에 흥분하여 얼른 주님 자리에 앉았을 것입니다. 그러나 그는 냉정하게 자기 위치를 지켰습니다. 남이 치켜세우든지 말든지 스스로 작아지십시오.

내가 작아지면 주님은 커집니다. 내가 죽으면 복음이 살아납니다. 나의 세계가 작아지면 주님의 나라가 확장됩니다. 그러나 내가 커지면 주님은 초라해집니다. 교회 안에서 인간 지도자의 카리스마가 강해지면, 예수 그리스도의 카리스마는 없어집니다. 그래서 병을 고치는 것이 주님이 아니라 사람이 되고, 축복을 주는 것이 하나님이 아니라 성직자로 둔갑해 버립니다. 그것이 바로 전도관 교주이고, 그것이 통일교 교주이고, 그것이 바로 신천지 교주 아닙니까? 인간 지도자가 커지면 지도자의 추종자들은 많아지는데 예수님의 추종자들은 없어집니다. 우리는 주변에서 그러한 모양을 많이 봅니다.

우리 모두 결코 높지 않은 지위에 앉음으로 주님을 작게 만들지 말아야 합니다. 나는 작아져야 하고 주님은 커져야 합니다. 그래야 주님의 모습, 주님의 나라가 커집니다. 이것이 바로 세례 요한이 실천했던 복음 전파, 교회 성장의 원리입니다.

결론입니다. 세례 요한의 제자들은 자기들을 따르던 무리가 예수님을 따르게 되는 것을 불쾌하게 생각했습니다. 세례 요한은 이런 제자들에게 간단히 설명합니다. '예수님을 따르는 것은 하늘의 뜻이다! 너희도 나처럼 예수님을 증거하라!' 오늘 우리가 예수님을 따르고, 예수님을 증거하는 것은 하나님의 뜻입니다.

또한 세례 요한은 예수님은 흥해야 하고 자신은 쇠해야 한다고 했습니다. 주님은 영원히 무대에 계실 분이고, 우리는 때가 되면 무대에서 퇴장할 사람들입니다. 본분을 알고 사는 것이 축복입니다. 주님은 점점 커져야 하고, 우리는 점점 작아져야 합니다. 내가 작아져야 주님이 커집니다. 내가 커지면 주님의 영광을 가리게 됩니다. 세상 속에서 내가 작아진다고 나빠질 것은 아무것도 없습니다. 오히려 내가 작아짐으로써 모든 사람에게 유익을 줄 수 있습니다. 그것이 삶의 중요한 원리입니다.

/아들을 믿는 자는 영생이 있고/

요한복음 3:31-36

위로부터 오시는 이는 만물 위에 계시고 땅에서 난 이는 땅에 속하여 땅에 속한 것을 말하느니라 하늘로부터 오시는 이는 만물 위에 계시나니 그가 친히 보고 들은 것을 증언하되 그의 증언을 받는 자가 없도다 그의 증언을 받는 자는 하나님이 참되시다는 것을 인쳤느니라 하나님이 보내신 이는 하나님의 말씀을 하나니 이는 하나님이 성령을 한량없이 주심이니라 아버지께서 아들을 사랑하사 만물을 다 그의 손에 주셨으니 아들을 믿는 자에게는 영생이 있고 아들에게 순종하지 아니하는 자는 영생을 보지 못하고 도리어 하나님의 진노가 그 위에 머물러 있느니라

위로부터 오시는 분

앞서 세례 요한은 예수님은 흥하고, 자신은 쇠하여야 한다고 말씀했습니다. 본문은 그 말씀의 결론 부분입니다. 왜 세례 요한은 쇠하여야 하고 예수님은 흥하여야 하는지 그 결정적 비교입니다. 즉, 세례 요한과 예수님은 근원이 다르고 출신이 다릅니다. 세례 요한은 지상에서 출생했고, 예수님은 천상에서 오셨습니다. 천상에서 오신 예수님, 지상에서 태어난 세례 요한! 예수님은 하나님이시고, 세례 요한

은 피조물 인간입니다.

예수님은 하늘에서 오셨습니다.

"위로부터 오시는 이……하늘로부터 오시는 이"(31절), "하나님이 보내신 이"(34절).

세례 요한은 태어났고(γεννάω), 예수님은 오셨습니다(ἔρχομαι). 인간적 차원과 신적 차원, 물질세계와 영적 세계, 지상과 천상, 창조주와 피조물의 차이입니다.

예수님은 위로부터 오셨습니다. '위로부터' 라는 말에 주목하십시오. 예수님은 니고데모에게 거듭나야 하나님 나라를 볼 수 있다고 하셨습니다.

> "진실로 진실로 네게 이르노니 사람이 거듭나지 아니하면 하나님의 나라를 볼 수 없느니라"(요 3:3).

'거듭난다' (γεννάω ἄνωθεν)는 말은 '위로부터 출생한다' (born from above)는 뜻입니다. 사람은 위로부터 태어나야 합니다. 그래야 영생합니다. 그러나 예수님은 위로부터 나시지 않고 위로부터 오셨습니다. "ἄνωθεν ἔρχομαι" (come from above), 똑같이 위로부터(ἄνωθεν)지만 세례 요한은 위로부터 출생(born)한 인간이고, 예수님은 위로부터 오신(come) 하나님이십니다. 감히 비교할 수 없습니다.

예수님은 하나님이시기 때문에 만물 위에 계십니다.

> "위로부터 오시는 이는 만물 위에 계시고 땅에서 난 이는 땅에 속하여 땅에 속한 것을 말하느니라 하늘로부터 오시는 이는 만물 위에 계시나니"(31절).

"아버지께서 아들을 사랑하사 만물을 다 그의 손에 주셨으니"(35절).

예수님은 우주 만물의 창조주십니다. 또한 그 만물의 통치자십니다. 이 점에 대해서는 요한복음 초반에서 이미 말씀드렸습니다(1:3). 우리가 믿는 예수님은 인간의 모습으로 오셨지만 하늘에서 오신 하나님이십니다. 자연계뿐만 아니라 인간계의 모든 삶을 주관하십니다. 바로 이 점을 알고 믿으십시오.

우리가 믿는 예수님은 세례 요한 같은 인간 스승이 아닙니다. 전능하신 하나님이십니다. 나를 살리시고 죽이실 수 있습니다. 내 영혼을 지옥에 넣으실 수도 있고, 천국으로 인도하실 수도 있습니다. 내 인생을 충분히 행복하게 만드실 수도 있고, 충분히 불행하게 만드실 수도 있습니다. 말씀 한마디로 창조도 하시고 소멸도 하십니다. 그 예수님을 우리는 날마다 모시고 살고 있습니다. 할렐루야!

땅에 속한 말씀과 하늘에 속한 말씀

앞서 세례 요한의 제자들은 왜 사람들이 예수님께로 가느냐고 불평했습니다. 세례 요한이 비록 훌륭한 랍비이기는 하지만 예수님과 비교할 형편은 못 됩니다. 겉으로 드러난 메시지는 비슷합니다. 세례 요한과 예수님은 똑같은 말씀을 전했습니다. "회개하라 천국이 가까이 왔느니라"(마 3:2, 4:17). 그러나 그 메시지를 전하는 주체는 전혀 다릅니다.

세례 요한은 땅에 속한 인간입니다. 그가 하늘의 말씀을 전할 수 있었던 것은 주님께 받은 계시 때문입니다. 세례 요한은 천국에 대해서 아는 바가 없었습니다. 단지 명령을 받고 전했을 뿐입니다. 그러나 예수님은 하늘에서 오셨습니다. 천국의 주인이십니다. 예수님은 '전해 들은 천국' 이 아닌 '자신이 직접 통치하시는 천국' 을 전하셨습니다. 이 점에 있어서 세례 요한과 예수님은 절대로 같을 수 없습니다. 바로 그 말씀이 31절과 32절 말씀입니다.

> "위로부터 오시는 이는 만물 위에 계시고 땅에서 난 이는 땅에 속하여 땅에 속한 것을 말하느니라 하늘로부터 오시는 이는 만물 위에 계시나니 그가 친히 보고 들은 것을 증언하되 그의 증언을 받는 자가 없도다"(31–32절).

자신도 잘 모르는 하늘의 계시를 받아서 전하는 세례 요한과 스스로 아는 것을 전하는 하나님이신 예수님을 비교할 수는 없습니다. 오늘 우리는 예수님이 직접 전하신 메시지를 듣고 있습니다. 세례 요한보다 훨씬 축복된 사람들입니다.

또한, 세례 요한보다 예수님이 얼마나 탁월하신지는 성령의 역사로 알 수 있습니다. 예수님은 성부 하나님과 함께 성령을 한량없이(*οὐ μέτρου*, without measure or limit) 소유하시고 주십니다.

> "하나님이 보내신 이는 하나님의 말씀을 하나니 이는 하나님이 성령을 한량없이 주심이니라"(34절).

세례 요한이 제아무리 훌륭한 스승이라 해도 성령을 주지는 못합니다. 그러나 예수님은 믿는 사람에게 성령을 부어 주십니다. 우리에게 성령을 주심으로써 거듭나게 하십니다. 진리를 알게 하십니다. 죄를 이기게 하십니다. 천국 비전을 갖게 하십니다. 고난을 이기게 하십니다. 성령을 주시는 주님! 그 주님과 세례 요한은 전혀 다릅니다.

오늘 우리 주변에는 훌륭한 지도자들이 많습니다. 탁월한 설교가들이 있습니다. 훌륭한 전도자들이 있습니다. 순교자들도 있습니다. 그러나 그 어떤 사람의 가르침도 예수님의 말씀과 비교할 수는 없습니다. 또한 그 누구도 성령을 주지는 못합니다. 오직 주님만 믿고, 오직 주님만 의지하고, 오직 주님만 경청하고, 오직 주님께만 순종하시기 바랍니다.

믿는 자와 믿지 않는 자의 운명 결정

그러면 이제 믿는 자와 믿지 않는 자의 운명에 대해서 얘기해 봅시다.

제아무리 좋은 말씀을 전한다 해도 듣지 않으면 끝장입니다. 세례 요한은 여자가 낳은 자 중에 가장 큰 선지자입니다. 예수님이 그렇게 평가하셨습니다. 메시아를 직접 알아보고 전했기 때문입니다. 그 세례 요한이 전한 말씀을 사람들이 듣지 않았습니다. 하물며 세례 요한보다 비교할 수 없이 탁월하신 예수님, 메시아가 친히 오셔서 전한 말씀을 듣지 않는다면 그 운명은 이미 결판이 날 수밖에 없습니다. 하나님의 아들이 친히 전하는 말씀이라 해도 듣지 않으면 대책이 없습니다. 영원히 정죄 받고 심판 받을 수밖에 없습니다. 바로 이 말씀이 본문 32절의 말씀입니다.

> "그가 친히 보고 들은 것을 증언하되 그의 증언을 받는 자가 없도다"(32절).

예수님은 세례 요한 같은 심부름꾼이 아닙니다. 사신이 아닙니다. 하나님 자신이십니다. 하나님이 친히 오셔서 천국을 전해도 듣지 않았으니 상황은 종결입니다.

이제 운명은 결정되었습니다. 예수님이 친히 오셔서 전하신 것은 하나님의 최후통첩입니다. 더 이상 어떤 기회도 없습니다. 마지막 결정입니다. 믿으면 구원받고 믿지 않으면 진노를 받습니다.

> "아들을 믿는 자에게는 영생이 있고 아들에게 순종하지 아니하는 자는 영생을 보지 못하고 도리어 하나님의 진노가 그 위에 머물러 있느니라"(36절).
>
> "그러므로 아들을 믿는 사람은 영원한 생명을 얻을 것이며 아들을 믿지 않는 사람은 생명을 얻기는커녕 오히려 하나님의 영원한 분노를 사게 될 것이다"(36절, 공동번역).

예수를 믿으면 영생이 있습니다. '있다'(ἔχω)는 말은 현재형입니다. '붙잡는다'는 의미의 동사로 소유한다는 뜻입니다. 예수님을 믿는 순간 이미 영생을 소유합니다. 오늘 여러분은 이미 예수님을 믿고 영접하셨습니까? 그렇다면 지금 여러분 속에는 영생이 있습니다. 생명이신 주님이 계십니다. 성령이 계십니다. 육체 부활의 능력이 있습니다. 몸이 일시적으로 죽어 흙으로 돌아가도 결국은 부활합니다. 부활의 능력이 있기 때문입니다. 세상에 사는 동안에도 천국의 축복을 누립니다. 마음의 평안을 얻습니다. 고난과 시련을 이깁니다. 죄를 이깁니다. 악한 마귀와 귀신들과 싸워서 이깁니다. 하나님과 교제하는 영적 능력을 가집니다. 이게 다 예수님을 믿음으로 내가 지금 소유하게 된 선물입니다.

그러나 믿지 않는 사람에게는 하나님의 진노가 그 위에 머물러 있습니다. '머무른다' (μένω)는 말은 떠나지 않고 계속 체류한다(remain)는 뜻입니다. 하나님의 진노가 잠시 나타나는 게 아닙니다. 영원히 요지부동으로 머물게 됩니다. 즉, 지옥의 심판을 확정 받게 됩니다. 이미 말씀드렸듯이, 마지막 사면장을 거부한 죄수에게는 형 집행만이 남아 있을 뿐입니다.

예수님을 향한 절대적인 믿음 신뢰의 결단

지금까지 세례 요한이 전한 말씀을 정리해 보면 이렇습니다. "나를 믿지 말고 예수를 믿으라! 그래야 영생을 얻는다! 주님은 흥하여야 하고, 나는 쇠하여야 한다. 왜냐하면 나는 결코 메시아가 아니기 때문이다. 참 메시아는 예수 그리스도뿐이다. 나는 역사 무대에서 사라질 사람이다. 너희에게 영원히 필요한 존재는 예수 그리스도시다. 그러니 이제는 나에게 주목하지 말고 예수를 믿어라."

그런데 문제는 불신앙입니다. 세례 요한이 아무리 말씀을 잘 전했다 해도 믿지 않고 받아들이지 않으면 아무 효력도 없습니다. 본문 32절을 보십시오. 사람들은 세례 요한의 증거는커녕, 메시아 자신의 증거조차 믿지 않았습니다. 그렇게 많은 사람들이 예수에게로 몰려갔는데 믿는 사람이 없다니, 그게 무슨 말입니까? 요즘 말로 한다면 이렇게 됩니다. '교회에 다니는 사람이 그렇게 많은데 예수를 진정 믿는 사람이 별로 없더라!' 왜 그럴까요? 사람들은 천상적인 것을 믿지 않는 악한 본성을 갖고 있기 때문입니다.

"이 일에 너희가 너희의 하나님 여호와를 믿지 아니하였도다"(신

1:32).

"이는 하나님을 믿지 아니하며 그의 구원을 의지하지 아니한 때문이로다"(시 78:22).

"두 사람이 가서 남은 제자들에게 알리었으되 역시 믿지 아니하니라"(막 16:13).

"내가 땅의 일을 말하여도 너희가 믿지 아니하거든 하물며 하늘의 일을 말하면 어떻게 믿겠느냐"(요 3:12).

"이는 그 형제들까지도 예수를 믿지 아니함이러라"(요 7:5).

"너희가 내 양이 아니므로 믿지 아니하는도다"(요 10:26).

"이렇게 많은 표적을 그들 앞에서 행하셨으나 그를 믿지 아니하니" (요 12:37).

신앙이란 믿는 것입니다. 인류 역사는 신앙의 역사와 불신앙의 역사로 나뉩니다. 아무리 전해도 안 믿는 사람들이 있는 반면, 어떤 일이 있어도 믿는 사람들이 있습니다. 예수를 믿는 사람은 예수님의 말씀을 하나님의 말씀으로 믿습니다. 왜냐하면 예수님이 하늘에서 오신 분이심을 믿기 때문입니다. 믿는 사람들은 하나님이 참되심을 믿습니다. 그들은 하나님이 그 아들에게 모든 것을 맡기셨음을 믿기 때문에, 아들을 믿는 것이 영생의 길임을 믿습니다.

믿음이란 어느 한두 가지 내용만을 믿는 것이 아닙니다. 복음 전체를 100퍼센트 받아들이는 것입니다. 믿음이란 선별적일 수가 없습니다. 저는 믿음을 결혼에 비유하고 싶습니다. 우리가 결혼 상대자를 받아들일 때에, 얼굴이 아름답다고 얼굴하고만 결혼하지는 않습니다. 한 사람의 인격 전체를 받아들입니다. 손이나 발, 얼굴, 신체의 모든 것과 그 마음의 모든 것까지 다 받아들입니다.

하나님을 믿으면 하나님이 행하신 모든 것을 믿어야 합니다. 하나님의 성품을 믿어야 하고, 하나님의 구원의 길을 믿어야 하고, 하나님의 말씀을 믿어야 하고, 하나님의 아들을 믿어야 합니다. 하나님의 아들을 믿으면 그 말을 믿어야 하고, 그가 행한 일을 믿어야 하고, 그 아버지를 믿어야 하고, 그가 가진 모든 것을 믿어야 합니다.

오늘날 좀 배웠다 하는 사람들은 전폭적인 신앙보다는 납득이 가는 것만 믿으려는 선별적 신앙의 입장에 서 있습니다. 믿음은 신뢰입니다. 어느 한 가지라도 신뢰하지 못하면 사실상 맡겼다고 볼 수 없습니다.

그러므로 전폭적으로 신뢰하시기 바랍니다. 저는 지금 믿음의 분량을 말하고 있는 것이 아닙니다. 믿음의 진정성을 얘기하는 것입니다. 이해가 안 가더라도 무조건 믿고 신뢰하십시오. 다소 의심이 있다 해도 삶을 맡기십시오. 신뢰하고 맡기는 데서 우리의 영생은 보장됩니다. 예수님께 모든 것을 맡기십시오. 하루하루의 삶을 맡기십시오. 생애 전체를 맡기십시오. 가정이나 사업이나 지식이나 사회생활 등 다 맡기십시오. 현재 일이나 장래 일이나 영원의 일이나 다 맡기십시오. 최후 나의 생명도 다 맡기십시오. 예수님을 그렇게 믿는 사람에게 영생은 보장됩니다.

본문 말씀의 요약입니다. 요한의 제자들은 사람들이 예수에게 몰려가는 것을 보면서 시기심이 생겼습니다. 그러나 요한은 제자들에게 자신이 누구인지를 분명히 밝혔습니다. '믿어야 할 대상은 내가 아니라 예수님이다! 그는 흥하여야 하고, 나는 쇠하여야 한다. 그는 메시아요 나는 그 앞길을 예비하러 온 사람에 불과하다. 그는 등장하고, 나는 사라져야 한다. 그는 대접받아야 하고, 나는 뒤로 물러가야 한다. 그의 나라는 커질 것이요, 너희는 그의 나라에 들어가야 한다.

왜냐하면 나는 땅에서 났지만 예수님은 하늘에서 오신 하나님이시기 때문이다. 나는 내가 아는 것만 얘기할 뿐이다. 그러나 주님은 하늘나라의 모든 것을 다 말씀하신다. 너희는 그를 믿어야 한다. 이제 더 이상 나 같은 인간 랍비를 믿고 따르지 말라! 나는 믿을 대상이 아니다. 이제 오직 예수님만 신뢰하고 따르라!'

예수님을 믿고 영생을 소유하고 사시는 여러분이 되시기를 주님의 이름으로 축원합니다.

/사마리아를 통과하신 예수님/

요한복음 4:1-9

예수께서 제자를 삼고 세례를 베푸시는 것이 요한보다 많다 하는 말을 바리새인들이 들은 줄을 주께서 아신지라 (예수께서 친히 세례를 베푸신 것이 아니요 제자들이 베푼 것이라) 유대를 떠나사 다시 갈릴리로 가실새 사마리아를 통과하여야 하겠는지라 사마리아에 있는 수가라 하는 동네에 이르시니 야곱이 그 아들 요셉에게 준 땅이 가깝고 거기 또 야곱의 우물이 있더라 예수께서 길 가시다가 피곤하여 우물 곁에 그대로 앉으시니 때가 여섯 시쯤 되었더라 사마리아 여자 한 사람이 물을 길으러 왔으매 예수께서 물을 좀 달라 하시니 이는 제자들이 먹을 것을 사러 그 동네에 들어갔음이러라 사마리아 여자가 이르되 당신은 유대인으로서 어찌하여 사마리아 여자인 나에게 물을 달라 하나이까 하니 이는 유대인이 사마리아인과 상종하지 아니함이러라

유대를 떠나심

공생애 첫 번째의 유월절을 지키기 위해 예루살렘에 올라오셨던 주님은 그곳에서 얼마간 전도 활동을 하셨습니다. 그러다가 다시 갈릴리로 떠나십니다. 그 직접적인 원인은 바리새인들입니다.

"예수께서 제자를 삼고 세례를 베푸시는 것이 요한보다 많다 하는 말을 바리새인들이 들은 줄을 주께서 아신지라 (예수께서 친히 세례를

> 베푸신 것이 아니요 제자들이 베푼 것이라) 유대를 떠나사 다시 갈릴리로 가실새"(1-3절).

바리새인들은 예수님 당시 유대 사회의 주류 세력입니다. 그들은 자신들 외에 다른 지배 계층이 출현하는 것을 싫어했습니다. 세례 요한이 등장했을 때 그들은 긴장했습니다. 세례 요한을 견제하기 위해 조사를 시작했습니다. '당신의 정체가 뭐냐? 그리스도냐? 엘리야냐? 그 선지자냐? 왜 세례를 주느냐?' (요 1:19-25)

이런 긴장 속에서 이제는 예수님이 나타나셨습니다. 이때쯤 벌써 열두 제자들 외에 70여 명의 제자들까지 활동을 시작했습니다. 그들이 나가서 세례를 베풀 때 수많은 사람들이 다가왔습니다. 바리새인들은 세례 요한보다 더 큰 적수가 나타났다고 생각했습니다. 그들은 예수님께 적대감을 품었습니다. 그들은 예수가 세례를 베풀어서 많은 사람을 모은다고 생각했습니다.

예수님은 직접 누구에게 세례를 주신 적이 없습니다. 예수님은 물 세례를 주시는 분이 아닙니다. 성령의 세례를 주시는 분입니다. 어쨌든 바리새인들의 적대감 속에서 더 이상 유대에 머물 필요가 없었습니다. 예수님은 곧바로 유대를 떠나 갈릴리로 향하셨습니다.

세상 인기를 따라 움직이지 않고 하나님의 때를 따라 움직이는 것이 예수님의 삶의 원칙입니다. 사람들이 좋아한다고 머물지 않고, 싫어한다고 떠나지 않으셨습니다. 단지 하나님 아버지께서 원하시면 머물기도 하시고 떠나기도 하십니다.

오늘 내 삶을 움직이는 행동 원칙이 무엇입니까? 사람들의 인기입니까, 아니면 하나님의 뜻입니까? 하나님의 뜻이라면 머물기도 하고 떠나기도 하시기 바랍니다.

사마리아를 통과하시는 예수님

유대를 떠난 예수님은 사마리아를 통과하셨습니다.

"사마리아를 통과하여야 하겠는지라"(4절).

사마리아를 통과하셔야만 했습니다! "δεῖ"(must, need to, had to, necessary). 사마리아를 반드시 통과해야만 하는 어떤 당위성이 있었습니다. 주석가들은 그 이유를 두 가지로 설명합니다. 첫째는 그 길이 유대에서 갈릴리로 가는 최단거리였기 때문입니다. 신속하게 갈릴리로 가려면 반드시 사마리아를 통과해야 합니다. 둘째는 하나님 아버지의 뜻입니다. 사마리아를 통과하면서 해야 할 일이 있었기 때문에 통과할 수밖에 없었다는 뜻입니다. 우리는 두 번째 의미에 더 큰 비중을 둡니다. 예수님은 일부러 사마리아를 통과하셨습니다.

사마리아에 대한 배경 설명을 좀 해야 하겠습니다. 예수님의 교훈이나 행적에 사마리아가 종종 언급됩니다. 사마리아를 이해해야 본문 말씀을 깊이 있게 이해할 수 있습니다. 먼저 '사마리아'라는 이름의 유래입니다. 사마리아란 명칭의 유래는 북왕국의 오므리 왕 때 붙여진 이름입니다(B.C. 880-874년).

"그가 은 두 달란트로 세멜에게서 사마리아 산을 사고 그 산 위에 성읍을 건축하고 그 건축한 성읍 이름을 그 산 주인이었던 세멜의 이름을 따라 사마리아라 일컬었더라"(왕상 16:24).

'שֶׁמֶר' (세메르)란 이름은 동사 'שָׁמַר' (샤마르: 지키다, 보호하다)에서 온 것으로, 아마 오므리가 수도를 이전하고 성곽이나 요새를 만들고 붙인 이름이 아닌가 생각합니다. 본래 사마리아란 명칭은 도시 명칭입니다. 그러나 나중에는 넓은 지역 명칭으로도 사용되었습니다. 구약 시대 북왕국 전체를 가리키는 별명으로 사용되었습니다. 예수님 당시에는 요단 서편 이스라엘 땅을 대략 셋으로 구분하여 남쪽은 유대, 중부는 사마리아, 북쪽은 갈릴리 지역으로 불렀습니다.

구약 시대부터 신약 시대에 이르기까지 사마리아란 이름은 좋은 이미지보다는 주로 나쁜 이미지로 나타납니다. 북왕국의 설립자인 여로보암 1세는 금송아지 숭배를 시작했고, 왕조가 여러 차례 바뀌고 완전히 멸망당할 때까지 금송아지 숭배는 계속되었습니다. 북왕국 시대에 단 한 차례도 바른 신앙을 가진 왕이 나온 적이 없습니다. B.C. 722년 아시리아에게 완전히 정복당한 후에, 아시리아 정부는 사마리아에 거주하던 유대인들을 산지사방에 흩어 놓을 뿐만 아니라, 주변의 다른 민족들을 사마리아에 이주시켜서 혈통을 흐려 놓았습니다. 그 결과 혈통적인 혼합은 물론 종교적으로도 이교와 혼합되고 말았습니다. 그 후로 사마리아 사람들은 이방인도 아니고 유대인도 아닌 어정쩡한 위치에서 푸대접을 받아 왔습니다.

에스라 시대에 유다인들은 예루살렘 성전을 재건했습니다. 그때 사마리아 사람들도 참여하려고 했지만 유다인들에게 거부당했습니다. 그래서 B.C. 400년경 그들은 그리심 산에 따로 성전을 짓고 최대의 경배 장소로 삼았습니다. 그러나 B.C. 128년 유대 왕 힐카누스는 사마리아를 점령하면서 이 성전을 불태워 버렸습니다. 예수님 당시 사마리아 사람들도 여호와를 믿기는 믿었습니다. 그러나 그들은 사마리아 오경이라 해서 모세 오경만을 경전으로 믿었고, 그리심 산을 예루살렘보다 나은 최고의 경배의 장소로 여겼습니다. 예수님 당시 유대인들은 사마리아 사람들을 이방인보다 더 부정하게 여겼습니다. 보수적인 유대인들은 사마리아를 통과하지 않고 먼 길로 우회하여 다녔습니다.

예수님 당시 남쪽 유대 지역에서 북쪽 갈릴리로 가는 길은 대개 세 가지 경로가 있었습니다. 첫째는 지중해 쪽 평지를 통과하는 해변길입니다. 둘째는 남북의 고원 지대를 통과하는 길, 바로 사마리아 길입니다. 셋째는 여리고 건너 베뢰아 지역 요단 골짜기를 따라 북상하는 길입니다. 이 길은 일반 사람들은 잘 다니지 않았고, 보수적인 유대인들이 사마리아 사람을 피하기 위해 이용했습니다. 그런데 예수님은 일부러 사마리아 길을 선택하셨습니다.

오늘 우리 앞에도 여러 갈래의 길이 있습니다. 보다 편한 길이 있는가 하면, 힘든 길도 있습니다. 사람들이 가장 기피하는 길은 귀찮은 길입니다. 만나기 싫은 사람을 만나는 길, 접촉하기 싫고 얘기하기 싫은 사람을 만나는 길! 가장 가기 싫은 길입니다. 예수님은 그 길을 일부러 택하셨습니다. 가기 힘든 길로 가셨기 때문에 얻은 소득이 많습니다. 수가 성 여인을 구원했습니다. 그 여인을 통해 많은 사람들이 구원받았습니다. 오늘 내가 비록 가기 싫은 길이지만 전도를 위해 선택한다면, 하나님은 그 길에서 많은 기적을 행하실 것입니다. 나를 통하여 버림받은 사람을 만나게 하십니다. 얘기하기 싫지만 마주 앉아 얘기하는 가운데 영혼을 구원하십니다.

하나님은 내가 원하는 길을 통해서가 아니라, 내가 원하지 않는 길을 통해서 많은 일을 하십니다. 오늘 내 앞에 어떤 선택이 놓여 있습니까? 좋고 편한 길보다는 힘들지만 하나님이 원하시는 길을 선택하십시오. 그래서 영혼을 얻으시기 바랍니다.

야곱의 우물에 앉으신 예수님

예수님이 멈추신 곳은 사마리아 수가 마을에 있는 야곱의 우물입니다. 이 지역과 이 우물은 역사적으로 의미가 큰 곳입니다. 사마리아, 수가 성, 야곱, 요셉, 우물, 이들은 서로 깊은 연관성이 있습니다.

우선 수가란 마을이 위치한 배경에 대해 살펴봅시다.

> "사마리아에 있는 수가라 하는 동네에 이르시니 야곱이 그 아들 요셉에게 준 땅이 가깝고 거기 또 야곱의 우물이 있더라"(5-6절).

수가라는 마을의 현재 이름은 'Askar' 입니다. 수가의 서북쪽에는 그리심 산(해발 881m)이 있고, 동북쪽에는 에발 산(940m)이 있습니다. 신명기에 보면, 애굽에서 나온 이스라엘이 가나안 땅에 들어가면 그리심 산과 에발 산에 서서, 그리심 산에서는 축복을 선포하고 에발 산에서는 저주를 선포하라고 했습니다.

> "너희가 요단을 건넌 후에 시므온과 레위와 유다와 잇사갈과 요셉과 베냐민은 백성을 축복하기 위하여 그리심 산에 서고 르우벤과 갓과 아셀과 스불론과 단과 납달리는 저주하기 위하여 에발 산에 서고……이 율법의 말씀을 실행하지 아니하는 자는 저주를 받을 것이라 할 것이요 모든 백성은 아멘 할지니라"(신 27:12-13, 26).

여호수아는 이스라엘 백성을 인도하여 가나안에 들어간 후에 이 말씀대로 했습니다(수 8:33). 사마리아 사람들은 이 그리심 산을 아브라함이 이삭을 바쳤던 모리아 산이라고 믿었습니다. 그리고 마지막 때에 거기에 참 성전이 세워지고, 거기에서 참 예배가 드려진다고 믿었습니다.

오늘날 그리심 산 아래에는 나블루스라는 도시가 있습니다. 나블루스는 라틴어 'Nea Polis'가 아랍식으로 변형된 말로, 영어로는 'New City'란 뜻입니다. 나블루스는 구약 시대 세겜이란 명칭으로 오래 사용되던 곳입니다. 말하자면 사마리아, 세겜, 현재의 나블루스는 거의 같은 지역입니다.

이곳은 하나님의 축복과 저주가 선포된 곳입니다. 어떻게 하면 사람들이 축복을 받는지, 어떻게 하면 저주를 받는지 명백히 선언한 곳입니다. 바로 이 장소에 야곱의 우물이 있고 거기에 예수님이 머무셨습니다.

수가 마을이 있는 지역은 야곱의 땅이었습니다. 야곱은 밧단아람에서 돌아온 후에 그 땅을 아모리 사람 세겜에게서 은 100개에 샀습니다.

> "야곱이 밧단아람에서부터 평안히 가나안 땅 세겜 성읍에 이르러 그 성읍 앞에 장막을 치고 그가 장막을 친 밭을 세겜의 아버지 하몰의 아들들의 손에서 백 크시타에 샀으며 거기에 제단을 쌓고 그 이름을 엘엘로헤이스라엘이라 불렀더라"(창 33:18-20).

야곱은 이 땅을 산 직후에 세겜 집안과의 사이에 불미스러운 일이 발생하여 이곳을 떠났습니다. 땅을 팔았던 세겜은 매매 약정을 어기고 그곳을 다시 점령했습니다. 그러나 야곱은 후일 다시 무력으로 이 땅을 되찾았습니다.

"이스라엘이 요셉에게 또 이르되 나는 죽으나 하나님이 너희와 함께 계시사 너희를 인도하여 너희 조상의 땅으로 돌아가게 하시려니와 내가 네게 네 형제보다 세겜 땅을 더 주었나니 이는 내가 내 칼과 활로 아모리 족속의 손에서 빼앗은 것이니라"(창 48:21-22).

야곱은 이 땅을 자기 자손들이 영원히 축복 받을 땅으로 생각했습니다. 이 땅에는 요셉의 유골이 묻혀 있었습니다. 요셉은 죽으면서 유언했습니다(창 50:25). '내가 죽은 후에 반드시 내 유골을 가나안 땅에 묻어 달라!' 그 유언대로 이스라엘 백성들은 요셉의 유골을 애굽에서 가져왔고, 그 유골을 바로 이 그리심 산 근처에 묻었습니다.

"또 이스라엘 자손이 애굽에서 가져온 요셉의 뼈를 세겜에 장사하였으니 이곳은 야곱이 백 크시타를 주고 세겜의 아버지 하몰의 자손들에게서 산 밭이라 그것이 요셉 자손의 기업이 되었더라"(수 24:32).

여기에는 야곱의 우물이 있습니다. 오늘날에도 여전히 이 우물이 있습니다. 지금도 유대인이나 사마리아인이나 회교도들이나 그리스도인들이 똑같이 이 우물은 야곱의 우물이라고 인정합니다. 역사적으로 유서 깊은 우물입니다. 깊이가 100피트(약 30m)에 이르는 이 우물에서는 오늘날에도 시원한 물이 솟아나옵니다. 왜 야곱은 이 우물을 팠을까요?

야곱은 아버지 이삭이 우물 때문에 주변 사람들과 다투는 것을 목격했습니다(창 26장). 그는 우물의 중요성을 알았습니다. 그래서 자기 땅에 양질의 우물을 파려고 했습니다. 이웃과 경계선 때문에 다투지 않아도 되는 우물을 자기 땅에 갖고 싶었습니다. 어떤 우물이 좋은 우물일까요? 갈수기에, 가물에 마르지 않는 우물입니다. 사마리아 근방에는 많은 우물들이 있었습니다. 그러나 상당수의 우물은 갈수기에 수량이 부족하거나 말라 버렸습니다. 야곱은 정말 좋은 우물을 찾아냈습니다. 수맥에서 솟아나는 우물입니다. 야곱은 이 우물을 자손에게 물려주었습니다. 예수님은 바로 이 야곱의 우물 앞에 멈추셨습니다.

이제 그림이 보이지 않습니까? 야곱이 돈을 주고 산 땅. 제단을 쌓고 이스라엘의 하나님을 경배한 곳. 자손대대로 물려주려고 했던 땅. 요셉에게 축복한 곳. 요셉의 뼈가 묻힌 곳. 요셉이 죽은 후에도 영원히 머물려고 했던 곳. 야곱이 자손대대에 주려고 했던 생명을 살리는 우물이 있는 곳! 바로 그 장소에 예수님이 나타나셨습니다. 이 모든 것이 우연한 일일까요? 야곱이 대대에 받으려고 했던 진정한 축복이 이제 예수님을 통해서 이루어지기 직전입니다. 할렐루야!

야곱은 요셉에게 이런 축복을 했습니다.

> "그가 요셉을 위하여 축복하여 이르되 내 조부 아브라함과 아버지 이삭이 섬기던 하나님, 나의 출생으로부터 지금까지 나를 기르신 하나님, 나를 모든 환난에서 건지신 여호와의 사자께서 이 아이들에게 복을 주시오며 이들로 내 이름과 내 조상 아브라함과 아버지 이삭의 이름으로 칭하게 하시오며 이들이 세상에서 번식되게 하시기를 원하나이다……내가 네게 네 형제보다 세겜 땅을 더 주었나니 이는 내가 내 칼과 활로 아모리 족속의 손에서 빼앗은 것이니라"(창 48:15-16, 22).

야곱의 축복이 어떻게 성취되었습니까? 요셉은 애굽에서 총리가 되었습니다. 요셉 지파는 가나안 땅을 정복한 후에 두 몫을 받았습니다. 에브라임과 므낫세, 요셉의 두 아들이 각기 한 지파분의 땅을 배정받았습니다. 다른 아들들의 두 배, 즉 장자 몫을 받았습니다. 북왕국의 초대 왕인 여로보암 1세는 요셉의 아들 에브라임 지파 사람입니다. 요셉 자손은 땅에서 복을 많이 받았습니다. 그러면 그것이 야곱이 요셉에게 빌어 준 축복의 전부일까요? 결코 아닙니다.

요셉 자손이 누렸던 세상적인 축복은 결국 왕국의 멸망과 함께 끝났습니다. 예수님 당시 사마리아는 정말 초라했습니다. 종교나 경제나 정치나 어느 면으로도 신통치 않았습니다. 유대인들은 사마리아 사람들을 더러운 존재로 여겼습니다. 그러면 야곱의 축복은 무효가 된 것일까요? 결코 그렇지 않습니다. 이제 예수님을 통해서 그들의 축복이 이루어집니다.

예수님이 주시는 축복은 과거 그들이 누렸던 축복과는 전혀 다릅니다. 지상의 축복이 아니라 천상의 축복입니다. 잠깐의 축복이 아니라 영원한 축복입니다. 육체의 축복이 아니라 영혼의 축복입니다. 예수 그리스도를 만난 사람은 영원히 목마르지 않습니다. 영생의 즐거움과 만족이 있습니다.

오늘 우리가 자자손손 받으려고 하는 축복이 무엇입니까? 세상 영달입니까? 그것은 과거에 지나갔습니다. 한때의 영달은 초라한 부끄러움으로 전락합니다. 우리에게 필요한 것은 야곱의 축복이 아닙니다. 예수 그리스도가 주시는 신령한 복입니다. 예수님은 그 복을 주시려고 야곱의 땅을 찾아오셨습니다. 영생의 복, 영원의 복, 영혼의 복, 천국의 복, 쇠하지 않는 복, 바로 이런 복을 받으시기를 주님의 이름으로 축원합니다.

여섯 시에 사마리아 여인에게

예수님이 야곱의 우물에 앉으신 시간은 6시입니다.

"예수께서 길 가시다가 피곤하여 우물 곁에 그대로 앉으시니 때가 여섯 시쯤 되었더라"(6절).

유대인의 시간법으로 하면 정오이고, 로마인의 시간법으로 하면 오후 6시입니다. 신약성경, 특히 요한복음에 나타나는 시간을 어느 시간법으로 보아야 할까요?

신약성경 특히 요한복음에 나타나는 시간에 대해서는 크게 두 가지 견해가 있습니다. 첫째는 유대인의 시간법입니다. 유대인들은 하루 24시간을 낮 12시간과 밤 12시간으로 나눕니다. 아침 해 뜰 때가 낮 1시이고, 해 질 때가 낮 12시입니다. 해가 지면 밤 1시이고 해 뜨기 직전이 밤 12시입니다. 둘째는 로마인들의 시간법입니다. 로마인들은 오늘날 우리처럼 자정부터 시간을 따집니다. 밤 12시부터 낮 12시까지 12시간, 낮 12시부터 밤 12시까지 12시간입니다.

그러면 요한복음에 나타난 시간은 로마인의 시간일까요, 유대인의 시간일까요? 어떤 학자들은 유대인의 시간이라고 하지만 또 다른 학자들은 로마인의 시간이라고 합니다. 제가 보기에는 로마인의 시간이 맞는 것 같습니다. 주석가 윌리엄 헨드릭슨은 그 이유를 여러 가지로 열거하는데, 그중 몇 가지를 소개하면 다음과 같습니다.

첫째, 요한복음은 A.D. 90년 이후에 기록되었습니다. 그 당시 독자는 대부분이 이방인이었기 때문에 굳이 유대인의 시간법을 쓸 이유가 없었습니다.

둘째, 요한복음 20장 19절에 "안식 후 첫날 저녁때" 라고 했는데, 유대식으로 하면 '안식 후 둘째 날 저녁' 이 되어야 합니다. 왜냐하면 유대인들의 하루는 밤부터 시작하기 때문입니다.

셋째, 요한복음 19장 14절에 빌라도가 재판석에 앉은 시각을 6시라고 했습니다. 마가복음 15장 25절에 보면 3시에 십자가에 못 박은 것으로 되어 있습니다. 이 시간들을 유대식으로 환산하면 정오에 재판해서 오전 9시에 못 박은 것이 됩니다. 시간이 거꾸로 갑니까? 말도 안 되는 일입니다. 로마식으로 하면 자연스럽습니다. 오전 6시에 재판을 해서 이리저리 괴롭히다가 오후 3시에 십자가에 못 박은 것이 됩니다.

그러면 이제 로마인의 시간법으로 본문을 봅시다. 예수님이 수가 마을의 우물에 앉으신 시간은 오후 6시가 됩니다. 하루 일과를 마치고 고단한 시간입니다. 예루살렘으로부터 60km 이상 걸어오신 직후입니다. 물 길으러 나온 여인이 사람들의 눈을 피하여 일부러 정오에 나왔다는 것도 큰 설득력이 없습니다. 부근에는 다수의 우물이 있었기 때문입니다. 여인이 다른 사람을 피했다는 해석도 다분히 그랬을 것이라는 주관적인 해석입니다. 이 여인은 나름대로 사마리아 조상들의 역사와 종교적 현실을 이해하고 있었습니다. 주변 사람들과 격리되었다고 판단할 이유가 없습니다. 동네 사람들이 이 여인의 전도를 받고 나온 것을 보면 알 수 있습니다.

예수님은 이 여인과 마주하셨습니다. 의도적인 마주침입니다. 이 부분은 앞선 3장의 장면과 상당히 대조적입니다. 3장의 니고데모는 남성이고, 여기는 여성입니다. 니고데모는 유대인이고, 이 여인은 사마리아인입니다. 니고데모는 신분상 최상급의 공회원이고, 이 여인은 무명의 여인입니다. 니고데모는 도덕적으로 하이클래스인 반면,

이 여인은 비천합니다. 예수님은 바로 이 여인을 찾아오셨습니다.

예수님은 이 여인 역시 야곱의 자손이요, 요셉의 축복을 받을 수 있음을 보여주셨습니다. 유대인들은 사마리아 사람들을 천히 여겼습니다. 상종하지 않았습니다.

> "사마리아 여자가 이르되 당신은 유대인으로서 어찌하여 사마리아 여자인 나에게 물을 달라 하나이까 하니 이는 유대인이 사마리아인과 상종하지 아니함이러라"(9절).

여기 '상종한다'는 말은 헬라어로 '*συγχράομαι*'(쉉크라오마이)입니다. 어떤 도구를 함께 사용한다는 뜻입니다. 유대인들은 사마리아 사람들과 함께 식사를 하지 않았습니다. 그릇을 함께 쓰지 않았습니다. 손을 잡고 접촉하지도 않았습니다. 극단적인 유대인들은 사마리아 사람들을 최고로 부정하게 여겼습니다. 댄비(Danby)는 이 사실을 이렇게 기록하고 있습니다. "사마리아 사람들이 눕거나 앉거나 올라탔던 것은 다 부정하며, 목구멍이나 코로 내뱉는 것도 부정하며, 오줌도 부정하며, 그 여인들은 어려서부터 부정하다!"

극단적인 유대인들은 사마리아를 피하기 위해 일부터 요단 강을 건너 베뢰아를 지나 갈릴리로 다녔습니다. 예수님은 바로 이런 지역에서, 그것도 부정한 여인을 찾아오셨습니다. 예수님은 평소에도 사마리아 사람들을 우호적으로 대하셨습니다. 성경에 보십시오. 예수님은 일부러 사마리아를 지나셨습니다(눅 9:52, 17:11). 예수님이 고쳐주신 나병 환자 10명 중에 사마리아 사람만이 예수님께 돌아와 믿었습니다(눅 17:16). 길 가다가 강도 만난 사람을 도와준 사람도 사마리아인으로 예를 드셨습니다(눅 10:25-37).

오늘 마주 앉기 싫은 사람이 있습니까? 찾아가십시오. 마주 앉아 보십시오. 우호적인 마음으로 접근해 보십시오. 그러면 주님께서 영혼 구원의 역사를 시작하실 것입니다. 오늘 낮고 천하게 여기는 사람이 있습니까? 마주 앉아 보십시오. 하나님께서 존귀하게 만들어 주실 것입니다. 바로 나를 통해서 주님은 일하십니다. 만나기 싫든 좋든, 주님이 원하시면 만나십시오. 그래야 역사가 일어납니다. 할렐루야!

/영원히 목마르지 않는 물/

요한복음 4:7-19

사마리아 여자 한 사람이 물을 길으러 왔으매 예수께서 물을 좀 달라 하시니 이는 제자들이 먹을 것을 사러 그 동네에 들어갔음이러라 사마리아 여자가 이르되 당신은 유대인으로서 어찌하여 사마리아 여자인 나에게 물을 달라 하나이까 하니 이는 유대인이 사마리아인과 상종하지 아니함이러라 예수께서 대답하여 이르시되 네가 만일 하나님의 선물과 또 네게 물 좀 달라 하는 이가 누구인 줄 알았더라면 네가 그에게 구하였을 것이요 그가 생수를 네게 주었으리라 여자가 이르되 주여 물 길을 그릇도 없고 이 우물은 깊은데 어디서 당신이 그 생수를 얻겠사옵나이까 우리 조상 야곱이 이 우물을 우리에게 주셨고 또 여기서 자기와 자기 아들들과 짐승이 다 마셨는데 당신이 야곱보다 더 크니이까 예수께서 대답하여 이르시되 이 물을 마시는 자마다 다시 목마르려니와 내가 주는 물을 마시는 자는 영원히 목마르지 아니하리니 내가 주는 물은 그 속에서 영생하도록 솟아나는 샘물이 되리라 여자가 이르되 주여 그런 물을 내게 주사 목마르지도 않고 또 여기 물 길으러 오지도 않게 하옵소서 이르시되 가서 네 남편을 불러오라 여자가 대답하여 이르되 나는 남편이 없나이다 예수께서 이르시되 네가 남편이 없다 하는 말이 옳도다 너에게 남편 다섯이 있었고 지금 있는 자도 네 남편이 아니니 네 말이 참되도다 여자가 이르되 주여 내가 보니 선지자로소이다

사마리아 여인과의 대화

앞서 예수님이 사마리아를 통과하신 배경에 대해 말씀드린 바 있습니다. 오늘은 예수님과 여인의 대화를 중심으로 말씀을 나누겠습니다. 먼저 본문을 보십시오.

"사마리아 여자 한 사람이 물을 길으러 왔으매 예수께서 물을 좀 달라 하시니 이는 제자들이 먹을 것을 사러 그 동네에 들어갔음이러라"(7-8절).

예수님은 여인에게 물을 좀 달라고 하셨습니다. 예루살렘에서 사마리아까지는 직선 거리로 약 50km쯤 됩니다. 꼬불꼬불 가다 보면 60km 이상 되는 길입니다. 예수께서는 이 길을 해가 질 때까지 하루 종일 걸어오셨습니다. 육체적으로 피곤하고 목마르셨을 것입니다. 우물을 찾으신 주님은 거기서 잠깐 쉬면서 물을 잡수시고자 하였습니다. 그동안에 제자들은 먹을 것을 사러 동네로 들어갔습니다.

때마침 한 여인이 물동이를 들고 물을 길러 왔습니다. 주님은 그 여인에게 물을 달라고 하셨습니다. 그러나 여인은 물을 주는 대신 질문부터 했습니다.

"사마리아 여자가 이르되 당신은 유대인으로서 어찌하여 사마리아 여자인 나에게 물을 달라 하나이까 하니 이는 유대인이 사마리아인과 상종하지 아니함이러라"(9절).

여인이 보기에는 상황이 매우 이상했습니다. 유대인이 사마리아 사람과 마주하는 것이 이상합니다. 더구나 남자가 여자에게 말을 걸고 있습니다. 일반인도 아닌 랍비 차림의 사람이 사마리아 여자와 마주하고 있습니다. 물을 달라는 것도 이상한 일입니다. 9절 말씀처럼 유대인은 사마리아 사람과 상종하지 않았습니다. 상종한다는 단어의 뜻은 그릇을 함께 사용한다는 뜻입니다. 사마리아 사람의 그릇에 물을 먹겠다고 합니다. 하도 이상해서 물을 떠주기 전에 질문을 한 것

입니다. '어떻게 유대인 남자가 사마리아 여자에게 물을 달라고 할 수 있는가?'

엄격한 랍비들의 가르침에 의하면, 길에서는 자기 아내와도 이야기하지 말라고 했습니다. 낯모르는 여인과 이야기를 하는 것은 금기사항입니다. 더구나 사마리아 여자와 대화하는 것은 있을 수 없는 일입니다. 주후 65년경에 만들어진 규례에 보면 "사마리아의 딸들은 요람에서부터 월경을 한다"라고 기록되어 있습니다. 그만큼 부정하게 여긴다는 뜻입니다. 그런데 유대인이 사마리아를 통과하고 사마리아 여인에게 물을 달라고 하니 얼마나 놀랍고 이상한 일인가!

전도는 때때로 어색하고 이상한 만남에서 시작됩니다. 껄끄러운 사이라 해도, 충분히 오해를 살 만한 상황이라 해도 오직 영혼을 구하려는 열망으로 다가가야 합니다. 이 눈치, 저 눈치 보다가는 영혼을 구하지 못합니다. 예수님은 오해를 무릅쓰고 사마리아 여인에게 다가가셨습니다. 오직 영혼 구원을 위해서! 이런 상황에 대해서 본문 27절은 이렇게 말합니다.

> "이때에 제자들이 돌아와서 예수께서 여자와 말씀하시는 것을 이상히 여겼으나 무엇을 구하시나이까 어찌하여 그와 말씀하시나이까 묻는 자가 없더라"(27절).

상황이 이상했다! 그러나 묻지는 않았다! 이런 이상한 전도의 결과로 한 영혼을 구원했습니다. 뿐만 아닙니다.

> "여자가 물동이를 버려두고 동네로 들어가서 사람들에게 이르되 내가 행한 모든 일을 내게 말한 사람을 와서 보라 이는 그리스도가 아

니냐 하니 그들이 동네에서 나와 예수께로 오더라"(28-30절).

이 여인으로 말미암아 많은 사람들이 예수님을 믿었습니다. 영혼 구원을 원하십니까? 힘들지만 만나십시오. 체면 불구하고, 오해를 사는 일이 있다 해도 영혼을 구하려는 진심으로 만나십시오. 그러면 반드시 천국으로 인도할 수 있습니다. 할렐루야!

알았더라면 그에게 구하였을 것이요

여인의 질문에 대하여 예수님은 답하십니다.

"예수께서 대답하여 이르시되 네가 만일 하나님의 선물과 또 네게 물 좀 달라 하는 이가 누구인 줄 알았더라면 네가 그에게 구하였을 것이요 그가 생수를 네게 주었으리라"(10절).

만일 예수님이 누구신지 알았다면, 만일 가장 소중한 하나님의 선물이 무엇인지 알았다면 당장 구했을 것입니다. 오늘 이 귀중한 시간에 여러분은 왜 여기에 앉아 계십니까? 주님께 무엇을 구하러 오셨습니까? 만일 주님께서 내게 일생일대에 가장 중요한 선물 한 가지를 주신다면 무엇을 구하시겠습니까? 무엇이 소중한지, 누가 주시는지 알면 구할 것입니다. 만일 이 여인이 가장 소중한 것이 생수인 줄 알았다면, 그 생수를 예수님이 주시는 줄 알았다면 예수님을 보자마자 당장 생수를 달라고 구했을 것입니다.

생수가 무엇입니까? 생수, '*ὕδωρ ζῶν*, living water.' 살아 있는

물, 혹은 살리는 물이란 뜻입니다. 그 생수가 구체적으로 무엇일까요?

어떤 사람은 영생이라고 합니다. 어떤 사람은 영혼을 만족시키는 무엇이라고 합니다. 그러나 성경은 예수님이 주실 생수를 성령이라고 분명히 말씀합니다. 이 점에 대해서는 잠시 후에 다시 말씀드리겠습니다.

우리는 주님께 성령을 받음으로써 영생합니다. 예수님은 그 생수를 주시는 분입니다. 성령은 거저 주시기 때문에 선물입니다. 사람들은 성령이 하나님의 선물인 줄 모르고 마법사 시몬처럼 돈을 주고 사려고 합니다. 성령을 살 만큼 지불할 수 있는 사람은 없습니다. 거저 얻어야만 얻을 수 있습니다. 그래서 하나님의 선물입니다. 성령이 하나님의 선물인 줄 알았다면, 그 생명의 물을 예수님이 주시는 줄 알았다면 당장 구하지 않을 사람이 없습니다. 모르니까 구하지 않습니다. 알면 왜 구하지 않겠습니까? 오늘 예수님께 영생을 구하십시오. 예수님은 영생을 주시는 분입니다.

여인은 예수님의 말씀을 알아듣지 못했습니다. 예수님이 지금 이 여인에게 이상한 농담을 하는 줄로 알았습니다. 그래서 다시 반문합니다.

> "여자가 이르되 주여 물 길을 그릇도 없고 이 우물은 깊은데 어디서 당신이 그 생수를 얻겠사옵나이까 우리 조상 야곱이 이 우물을 우리에게 주셨고 또 여기서 자기와 자기 아들들과 짐승이 다 마셨는데 당신이 야곱보다 더 크니이까"(11-12절).

'이 우물은 깊고 당신은 물 길을 그릇도 없는데 어떻게 물을 준다는 말입니까? 이 우물은 우리 조상 야곱이 파서 주신 것인데 당신은

이 우물을 마련해 준 야곱보다 위대한가요?'

야곱의 우물이라고 하는 이 우물은 지금도 나블루스에 있습니다. 1841년 윌슨(Dr. Wilson)이 측정한 바에 의하면, 그 깊이가 23m나 되었다고 합니다. 주석가 고뎃에 의하면, 이 근처에는 저절로 솟아나는 샘물이 80여 개나 됩니다. 그런데도 야곱은 깊이가 20-30m나 되는 우물을 팠습니다. 야곱은 당시에 이 땅의 이방인이었습니다. 그러므로 자연히 솟아나는 물을 가질 기회가 없었고, 딱딱한 땅을 파야만 했습니다. 그러나 야곱은 땅속 깊이 있는 좋은 샘 근원을 찾았습니다. 그리고 이 샘을 오래오래 후손들에게 물려주었습니다. 훌륭한 조상입니다.

이 여인은 야곱을 자신들의 조상이라고 합니다. 유대인들이 뭐라고 하든지, 그들은 야곱이 돈 주고 산 땅에서 야곱이 판 우물물을 먹고 사는 야곱의 후손이었습니다. 이 여인은 예수를 야곱과 비교했습니다. '당신은 과연 이 우물을 파서 후손을 먹여 살린 우리 조상 야곱보다 위대합니까?'

예수님은 말씀하십니다.

> "예수께서 대답하여 이르시되 이 물을 마시는 자마다 다시 목마르려니와 내가 주는 물을 마시는 자는 영원히 목마르지 아니하리니 내가 주는 물은 그 속에서 영생하도록 솟아나는 샘물이 되리라"(13-14절).

야곱의 우물물이 아무리 좋다 한들 먹으면 다시 갈증나는 육신의 물입니다. 그러나 예수님이 주시는 물은 성령의 물입니다. 영생하게 만드는 영혼의 물입니다. 그 물을 먹는 자는 영생합니다. 영원히 만족합니다. 영원히 갈증을 느끼지 않습니다. 주님의 말씀에 대해서 여인이 대답합니다.

"여자가 이르되 주여 그런 물을 내게 주사 목마르지도 않고 또 여기 물 길으러 오지도 않게 하옵소서"(15절).

'그런 좋은 물이 있다면 내게 주시고 다시 물 길으러 오지 않게 하소서! 내가 보니 당신은 우물 파는 전문가이신 모양인데, 그렇다면 우리 집 마당에 우물을 파 주셔서 이렇게 멀리 물 길으러 다니지 말게 해주세요!' 개인 소유의 우물을 파 달라는 말입니다.

우리는 이 대화를 통해서 여인과 예수님이 계속 동문서답을 하고 있는 것을 봅니다. 대화의 주제는 우물과 생수입니다. 그러나 여인은 계속 육신을 위한 물을 말하고 있고, 주님은 영혼을 살리는 영생의 물, 즉 성령을 말씀하고 계십니다. 이 여인은 예수님이 무엇을 말씀하시는지 몰랐을까요? 대화를 하면서 알아채지 못했을까요? 왜 동문서답을 계속하고 있을까요? 그 이유를 두 가지로 볼 수 있습니다.

첫째, 이 여인의 영적 무지입니다.

그는 영생을 몰랐습니다. 영생을 주시는 예수님도 몰랐습니다. 10절의 말씀처럼 하나님의 선물인 영생을 몰랐고, 예수님이 메시아이심을 몰랐습니다. 대화를 살펴보면 이 여인이 예수님에 대해서 알아가는 과정이 드러납니다. 처음에는 목마른 나그네로 알았습니다. 그다음은 유대인으로 알았고, 그다음은 선지자라고 불렀습니다. 마지막 말씀을 듣고 나서야 비로소 주님이 메시아이심을 알았습니다.

예수에 대한 무지가 사람들의 심각한 문제입니다. 예수를 윤리적 교훈이나 한 사람 정도로 알면서 무엇을 얻을 수 있겠습니까? 성령 주시는 분, 생명 주시는 분으로 알아야 구하지요! 예수를 얼마나 아느냐에 따라 사람들의 태도가 결정됩니다. 예수를 메시아로 아는 사람은 영생을 구할 것이요, 예수를 인간으로만 아는 사람은 육신적인 것만 구할 것입니다. 이 여자는 시종일관 우물 얘기만 했습니다. 야곱의 우물에서 시작해서 나중에는 자기 개인의 우물까지 우물을 소유하는 것이 소원이었습니다.

그러나 예수님은 애당초부터 우물물을 말씀하신 것이 아닙니다. 영원히 목마르지 않는 물, 곧 영혼의 생수를 말씀하셨습니다. 우리 중에도 예수에게 와서 육신의 물만 구하는 사람이 있습니다. 그러나 예수께서 우리에게 주시고자 하는 것은 궁극적인 영원한 물, 영생의 물입니다.

둘째, 이 여인이 고의적으로 영적 얘기를 기피했다고도 볼 수 있습니다.

예수님과 대화를 나눈 사람이라면 누구나 그 신적인 권위 앞에 자연히 솔직해질 수밖에 없습니다. 그럼에도 이 여인은 끝까지 자신의 신상 얘기를 꺼내지 않고 있습니다. 아마 예수님과 이야기를 진행하면서 예수님이 말씀하시는 생수의 의미가 무엇인지 점차 깨달았을 것입니다. 하지만 이 여인은 자신의 신상에 대해서 일체 말하지 않았습니다. 생수가 무엇인지 느끼면서도, 끝까지 영적인 얘기로 받아들이지는 않았던 것입니다.

지금도 마찬가지입니다. 고의적으로 내세나 영생이나 영혼 얘기를 기피하는 사람들이 많습니다. 그러나 명심하십시오. 주님은 지금 나와 더불어 육신의 삶 문제를 얘기하려고 하시는 것이 아닙니다. 바로 내 영혼의 얘기, 영생의 얘기를 하고자 하십니다. 마음을 열고 영혼 얘기를 시작하시기 바랍니다.

가서 네 남편을 데려오라

이제 여인의 생애와 관련된 가장 결정적인 얘기가 시작됩니다. 이 대화의 결정타입니다. 주님은 느닷없이 이 여인에게 말씀하십니다.

> "이르시되 가서 네 남편을 불러오라"(16절).

얼핏 보면 이 이야기는 앞의 대화와는 전혀 상관없는 얘기처럼 보입니다. 그러나 실상은 맥이 통하는 얘기입니다. 템플(Temple)은 이렇게 논리를 전개합니다. 이 여인은 자기 자신의 우물을 가지기 원했습니다. 그리고 그는 이 우물을 주님이 말씀하신 하나님의 선물로 생각했습니다. 만일 주님이 주실 우물이 하나님의 선물이라면, 그 우물을 함께 나눌 가족이 필요합니다. 하나님의 선물은 독점해서는 안 되며 다른 사람과 나누어야 한다는 것이 그들의 가르침입니다. 그렇다면 이러한 하나님의 선물을 가장 먼저 함께 나누어야 할 상대를 불러오라, 다시 말해서 남편을 불러오라는 말씀입니다. 여인은 간단히 대답합니다.

> "여자가 대답하여 이르되 나는 남편이 없나이다"(17절).

이 여인은 자신에게 가장 위험스러운 대화의 주제를 가장 간단한 말로 중지시키려 했습니다(Plummer). 그러나 주님은 본격적으로 이 여자의 신상 얘기를 꺼내셨습니다.

> "예수께서 이르시되 네가 남편이 없다 하는 말이 옳도다 너에게 남

편 다섯이 있었고 지금 있는 자도 네 남편이 아니니 네 말이 참되도 다"(17-18절).

사실 이 여인은 다섯 남자와 동거한 경험이 있었습니다. 랍비들의 교훈에 의하면 이혼은 금지 사항입니다. 불가불 이혼이 허락되는 경우가 있기는 했지만 재혼은 자유롭지 못했습니다. 두 번까지는 결혼이 허락될지라도 세 번 이상은 허락되지 않았습니다. 이 여인은 다섯 남자와 살았을 뿐 아니라, 지금 있는 남자까지 하면 여섯 번째입니다. 더구나 지금 있는 남편도 법적으로 보면 정식 남편이 아닙니다. 유부남이거나 내연 정도의 관계였을 것입니다. 그래서 주님은 지금 있는 남편도 네 남편이 아니라고 하셨습니다.

원문에 보면 여인의 말과 주님의 말씀이 순서가 다릅니다. 여인은 '*οὐκ ἔχω ἄνδρα*' (I have not a husband)라고 했는데, 주님은 이 말을 '*ἄνδρα οὐκ ἔχω*' (a husband I have not)라고 단어의 순서를 바꾸셨습니다. "나는 남편이 없어요!"란 말을 "남편, 나는 없어요!"라고 바꾸셨습니다. 남편이 강조되었습니다. 이 여인은 사별이든 이혼이든, 불법으로 재혼을 거듭했습니다. 여러 번 팔자를 고치려고 했습니다만 고치지 못했습니다. 신통한 남자를 만나지 못했습니다. 돈 많은 남자도 만나지 못했고, 자신을 아껴 주는 남자도 만나지 못했습니다.

이 여인이 남편이 없다고 한 말은 두 가지로 이해할 수 있습니다. 첫째는 자기에게 합법적인 남편이 없다는 뜻입니다. 둘째로 자기 마음에서 남편으로 인정할 만한, 만족할 만한 사람이 없다는 뜻입니다.

예수님은 왜 이 여인의 사생활을 거침없이 들춰내셨을까요? 하나님 앞에 있는 그대로 드러나야만 전폭적으로 주님을 믿고 영접할 수 있기 때문입니다. 가리고 감춘다고 감춰지지도 않지만, 정직하게 자신을 고백하지 않는 자는 주님을 만날 수 없습니다. 예수님은 이 여자가 감추든지 말든지, 죄악된 과거를 끄집어내셨습니다. 자신의 모습 그대로, 죄악된 생애 그대로 드러나야만 구원의 필요성을 인정하기 때문입니다. 자기 죄를 깨닫는 사람만이 예수님의 속죄가 필요함을 느낍니다.

세상에는 이 사마리아 여인보다 몇백 배 추한 모습을 숨겨 가면서 살아가는 사람들이 많습니다. 아무것도 없으면서 대단한 것이나 가진 듯이 살아갑니다. 모르고도 아는 척, 약하면서도 강한 척, 낮으면서도 높은 척합니다. 이런 사람들은 자신의 참모습이 드러날까 두려워서 예수를 믿지 못합니다. 자신의 본색을 드러내는 자만이 주님과 진정한 대화를 할 수 있습니다.

주님은 우리의 모습을 아십니다. 허물을 아시며, 약점을 아시며, 필요한 것이 무엇인지 아십니다. 그러므로 주님 앞에 자신을 감추지 마십시오. 회피하지도 마십시오. 하나님 앞에 있는 그대로 고백하십시오. '주여, 나는 죄인입니다. 내게 성령의 생수를 주십시오. 주님만 믿습니다!' 주님은 자신을 드러내는 자를 치료하시며, 축복하십니다. 그런 자만이 진정한 생수를 얻을 수 있고, 진정한 구원에 이를 수 있습니다.

영원히 목마르지 않는 생수를 얻으라

오늘 말씀의 중심 주제는 생수입니다. 예수께서 우리에게 주시는 최대의 선물은 생수입니다. 10절 말씀에 나오는 하나님의 선물은 생수요, 이 생수는 영원히 목마르지 않습니다. 물은 생존의 필수 요소입니다.

주님은 이 여인에게 물을 달라 하셨습니다. 우리는 주님께 한 그릇의 냉수를 대접할 수 있습니다. 그러나 우리가 주님께 드린 그 물로는 갈증을 영원히 해소하지는 못합니다. 오히려 주님께서 우리에게 주시는 생수만이 우리의 갈증을 영원히 해소시킬 수 있습니다. 이 생수는 야곱이 공들여 팠던 우물물이 아닙니다. 진정한 물은 오직 하나님만이 주실 수 있습니다.

그러면 이러한 물이 구체적으로 무엇이겠습니까? 성경은 그것을 성령이라고 말씀합니다.

"나를 믿는 자는 성경에 이름과 같이 그 배에서 생수의 강이 흘러나오리라 하시니 이는 그를 믿는 자들이 받을 성령을 가리켜 말씀하신 것이라"(요 7:38-39).

때에 따라서는 하나님 자신을 생수에 비유하시기도 합니다. 예레미야는 이렇게 말씀합니다.

"내 백성이 두 가지 악을 행하였나니 곧 그들이 생수의 근원 되는 나를 버린 것과 스스로 웅덩이를 판 것인데 그것은 그 물을 가두지 못할 터진 웅덩이들이니라"(렘 2:13).

이사야 선지자는 이렇게 말씀합니다.

"너희 모든 목마른 자들아 물로 나아오라 돈 없는 자도 오라 너희는 와서 사 먹되 돈 없이, 값없이 와서 포도주와 젖을 사라 너희가 어찌하여 양식 아닌 것을 위하여 은을 달아 주며 배부르게 하지 못할 것을 위하여 수고하느냐 내게 듣고 들을지어다 그리하면 너희가 좋은 것을 먹을 것이며 너희 자신들이 기름진 것으로 즐거움을 얻으리라"(사 55:1-2).

에스겔 선지자는 하늘 성전의 환상을 보면서 이렇게 기록하고 있습니다.

"그가 나를 데리고 성전 문에 이르시니 성전의 앞면이 동쪽을 향하였는데 그 문지방 밑에서 물이 나와 동쪽으로 흐르다가 성전 오른쪽 제단 남쪽으로 흘러내리더라"(겔 47:1).

이것은 바로 하나님 자신이 생수의 근원이심을 의미합니다. 주님은 이렇게 말씀하셨습니다.

"누구든지 목마르거든 내게로 와서 마시라 나를 믿는 자는 성경에 이름과 같이 그 배에서 생수의 강이 흘러나오리라"(요 7:37).

"너희가 악할지라도 좋은 것을 자식에게 줄 줄 알거든 하물며 너희 하늘 아버지께서 구하는 자에게 성령을 주시지 않겠느냐 하시니라"(눅 11:13).

이제 우리 인생에 대하여 생각해 봅시다. 사람들은 만족의 물을 얻기 위해서 열심히 우물을 팝니다. 돈의 우물을 팝니다. 출세의 우물을 팝니다. 명예의 우물을 팝니다. 지식의 우물을 팝니다. 그러나 그러한 것들이 우리에게 줄 수 있는 만족에는 한계가 있습니다. 사마리아 여자는 팔자를 고치기 위해서 남자를 다섯 번이나 바꾸었습니다. 그는 남자의 우물을 팠습니다. 그러나 그는 결국 만족을 얻지 못했습니다. 그는 여전히 세상의 우물에 물을 길으러 나와야만 했습니다. 사람마다 죽는 날까지 우물 파는 작업을 계속합니다. 그러나 결코 만족은 없습니다.

오늘 우리에게 필요한 물은 자연의 생수가 아닙니다. 영혼을 만족시킬 영원한 생수입니다. 오늘 본문 말씀 13-14절에 보면, 물을 마신다는 말이 두 번 나옵니다. 13절에는 야곱의 우물물을 마신다는 말이요, 14절에는 주님이 주시는 생수를 마신다는 말입니다. 13절에 마신다는 말은 현재분사형으로 되어 있습니다. '*πᾶς ὁ πίνων*' (everyone who drinks continually). 그러나 14절의 마신다는 말은 부정과거가정법으로 되어 있습니다. '*ὅς δ ἂν πίῃ*' (whoever has drunk once for all). 세상 물은 끝없이 마셔도 계속 마셔야만 합니다. 그러나 주님이 주시는 생수는 단 한 번만 마시면 영원히 갈증 해결입니다.

진정한 만족, 영원한 만족은 예수님을 믿고 심령에 성령을 받을 때에만 해결됩니다. 성령은 인간이 파서 얻는 것이 아닙니다. 예수 그리스도를 믿는 사람에게 주시는 하나님의 선물입니다. 그러므로 우리는 엉뚱한 곳에서 만족을 얻으려 하지 말고, 주님 앞에 솔직히 엎드려 영혼의 생수를 구해야 합니다. 사마리아 여인은 예수가 누구인지 알지 못함으로 진짜 생수를 구하지 않았습니다.

예수님은 사마리아 여인에게 냉수 한 그릇을 얻어 잡수셨습니다. 그러나 실상 예수님은 이 여인에게 영원한 생수를 주시기 위해서 대화를 시작하셨던 것입니다. 예수님은 영혼의 생수를 주시는 분입니다. 이 여인은 자신의 모습을 있는 그대로 주님께 드러내기를 꺼려했습니다. 그러나 주님은 이 여인의 생애를 꿰뚫어 보셨습니다. 여러분, 우리는 세상에 나가면 누구나 그럴듯한 사회적인 직함들을 하나씩 달고 있습니다. 그러나 속으로는 이 사마리아 여인보다 더 추악한 삶의 궤적을 안고 있습니다.

주님은 다 아십니다. 주님 앞에 자신의 영혼 문제를 있는 그대로 꺼내시기 바랍니다. 주님은 여러분에게 생수를 주실 준비가 되어 있습니다. 영원한 갈증 해소를 준비하고 계십니다. 마음 문을 열고 주님을 영접하시기 바랍니다. 주님은 여러분의 마음에 지금 임하십니다. 그리고 영혼의 샘물, 영생할 수 있는 성령을 주십니다. 그래서 마음의 공허를 채우시고, 허무를 채우시고, 기쁨과 만족을 주십니다.

인생은 정말 가치 있고 빛난 것입니다. 그러나 우리가 만일 탐욕의 우물만 판다면 우리는 영원히 만족하지 못할 것이며, 우리 인생은 만물보다 더 추악해질 것입니다. 생수의 근원이신 예수 그리스도를 마음에 모셔서 성령을 받으시고, 영원히 목마르지 않는 인생들이 되시기 바랍니다. 그래야만 진정한 가치와 빛을 낼 수 있습니다. 생수로 가득 찬 인생이 되십시오.

/신령과 진정의 예배/

요한복음 4:19-26
여자가 이르되 주여 내가 보니 선지자로소이다 우리 조상들은 이 산에서 예배하였는데 당신들의 말은 예배할 곳이 예루살렘에 있다 하더이다 예수께서 이르시되 여자여 내 말을 믿으라 이 산에서도 말고 예루살렘에서도 말고 너희가 아버지께 예배할 때가 이르리라 너희는 알지 못하는 것을 예배하고 우리는 아는 것을 예배하노니 이는 구원이 유대인에게서 남이라 아버지께 참되게 예배하는 자들은 영과 진리로 예배할 때가 오나니 곧 이때라 아버지께서는 자기에게 이렇게 예배하는 자들을 찾으시느니라 하나님은 영이시니 예배하는 자가 영과 진리로 예배할지니라 여자가 이르되 메시야 곧 그리스도라 하는 이가 오실 줄을 내가 아노니 그가 오시면 모든 것을 우리에게 알려 주시리이다 예수께서 이르시되 네게 말하는 내가 그라 하시니라

신상 얘기에서 예배 문제로

수가 성 여인과의 대화가 계속됩니다. 앞선 대화의 주제는 생수였습니다. 영원히 목마르지 않는 생수! 예수님은 생수를 주시는 분입니다. 예수님은 이 생수 얘기 중에 남편을 데려오라는 말씀을 하셨습니다. 여인의 가장 불행했던 과거가 나왔습니다. 거기까지 대화가 진행되다가 여인은 갑자기 화제를 예배 문제로 돌렸습니다. 그것이 바로 오늘 본문 내용입니다.

본문에 '예배'(*προσκυνέω*)라는 단어가 열 번이나 나타납니다. 왜 이 여인은 예배 얘기를 시작했을까요? 두 가지 해석이 있습니다. 첫째는 이 여인이 더 이상 자신의 부끄러운 신상 얘기를 피하기 위해서 예배 얘기를 꺼냈다는 해석입니다. 둘째는 이 여인이 예수를 선지자로 알았기 때문에 가장 궁금하던 예배에 대해서 질문을 했다는 해석입니다. 두 가지 해석이 다 가능합니다.

이제 자신의 불행했던 결혼 얘기는 접고, 궁금했던 예배 장소에 대해서 질문함으로써 화제를 바꿨습니다. 당시에 유대인과 사마리아인들은 여러 면에서 신앙적으로 대립했습니다. 유대인이 구약 전체를 믿는 반면, 사마리아인들은 오경만을 믿었습니다. 유대인들이 예루살렘을 성지로 여기는 반면, 사마리아인들은 그리심 산을 유일 성지로 생각했습니다. 유대인들은 예루살렘을 유일 예배처로 여겼고, 사마리아 사람들은 그리심 산을 유일 예배처로 생각했습니다. 이 여인은 예루살렘과 그리심 산, 둘 중 어느 곳이 하나님이 정하신 예배 장소인지 예수님께 물었습니다.

여인의 관심사는 예배 장소였습니다. 주님께서도 예배의 주제를 거부하지 않으셨습니다. 왜냐하면 예배 문제를 통해 자신이 메시아 이심을 알릴 수 있었기 때문입니다.

여인과의 대화는 예배 장소 문제로부터 시작하여 참된 예배 문제로 진전되었습니다. 어떤 예배가 참된 예배인가? 어떤 예배를 드려야 하는가?

이 주제는 오늘 우리에게도 매우 중요한 문제입니다. 지금도 수없이 많은 곳에서 예배가 드려집니다. 예배는 하나님 백성의 제1의 목표입니다. 과거 출애굽 시절에 하나님은 모세에게 강조하셨습니다. 왜 애굽을 떠나려 하는가? 그 목표는 바로 하나님을 향한 예배임을 분명히 밝히셨습니다. 요한계시록에 보면, 천국에서 성도들의 가장 중요한 일과는 예배입니다. 아브라함이 부름을 받은 이유도 하나님 경배입니다. 오늘 교회의 제1의 목표는 예배입니다. 성도들의 제1의 과제가 바로 예배입니다. 성도들은 예배를 통해서 하나님과 교제합니다. 성도들은 예배를 통해서 하나님을 높이고, 예배를 통해서 하나님께 복을 받습니다.

그러면 어떻게 드리는 것이 진정한 예배일까요?

예배 장소의 문제

우선 이 여인의 관심사는 예배 장소였습니다.

> "여자가 이르되 주여 내가 보니 선지자로소이다 우리 조상들은 이 산에서 예배하였는데 당신들의 말은 예배할 곳이 예루살렘에 있다 하더이다"(19-20절).

하나님이 정하신 예배 장소가 예루살렘인가, 그리심 산인가? 그것이 바로 유대인과 사마리아 사람들의 논쟁거리였습니다.

유대인들은 예루살렘을 천하 유일의 참 예배 장소로 믿었습니다. 하나님은 모세에게 성별된 장소 예루살렘에서만 제사를 드리라고 명령하셨습니다(신 12:5; 대하 6:6, 7:12; 시 78:68). 이것은 모세 시대나 가나안 정착 시대에 이방 종교와의 구별을 위해서, 또는 이스라엘 종교의 통일성을 위해서 주셨던 명령입니다. 그러나 그들은 이 말씀을 문자적으로 고정시켜서 다른 장소에는 참 성전이 있을 수 없다고 여겼습니다. 유대인의 전통인 미드라시에 보면 이런 말씀이 나옵니다. "예루살렘에서 기도하는 자는 영광의 보좌 앞에서 기도하는 것이다. 왜냐하면 거기에는 하늘의 문이 있고 기도를 듣기 위한 열린 문이 있기 때문이다."

반면에, 사마리아 사람들은 그리심 산을 유일한 성지로 삼았습니다. 그리심 산은 과거 여호수아 시대에 축복의 율법을 선포했던 산입니다. 지금도 사마리아에 가면 이 그리심 산이 있습니다. 이 그리심 산의 이름은 13가지나 됩니다. 사마리아 사람들은 성경에 나오는 모든 사건이 다 이 산에서 일어났다고 주장했습니다. 에덴 동산이 여기 있었고, 그 산의 흙으로 아담을 만들었고, 노아의 방주가 닿았던 아라랏 산도 그리심 산이며, 노아가 배에서 나와서 첫 제물을 바친 곳도 바로 이곳이라고 믿었습니다. 아브라함이 이삭을 바친 곳도 이곳이며, 하나님께서 어린 양을 준비하신 곳도 이곳이며, 아브라함이 멜기세덱을 만난 곳도 이곳이며, 야곱이 잠자다가 하나님을 만난 벧엘도 이곳이라고 주장했습니다.

사마리아인들에게 이런 얘기가 있습니다. 이스마엘이라는 사람이 기도하러 예루살렘에 올라가다가 그리심 산을 지나게 되었습니다. 그때 한 사마리아 사람이 그에게 물었습니다. "어디로 가십니까?" 나그네는 대답했습니다. "예루살렘에 기도하러 갑니다." 그랬더니 사마리아 사람이 말합니다. "이 축복의 산에서 기도하는 것이 똥더미에서 기도하는 것보다 낫지 않겠습니까?" 이런 정도로 사마리아 사람들은 그리심 산을 예배의 성지로 여겼습니다.

이런 배경에서 사마리아 여인은 예수님께 질문을 한 것입니다. 당신이 선지자라면 예배 장소에 대한 해답을 달라는 것입니다. 이 여인의 질문은 곧 오늘 우리의 질문이기도 합니다. "우리는 어느 교회에서 예배를 드려야 할까요?" 즉, 예배의 '장소주의' 입니다.

우리의 의식 속에 어떤 교회에 속해야만 복을 받는다는 사고방식이 자리 잡고 있습니다. 축복은 어떤 장소나 어떤 집단에 속한 것에 의해 좌우되지 않습니다. 그것은 우리의 신앙과 행위에 달려 있습니다. 살기는 엉망진창으로 살면서 어디에 속하기만 한다고 복을 받겠습 니까?

데일(R. W. Dale)은 현대판 장소주의의 세 가지 위험성을 이렇게 지적합니다. 첫째, 그 장소에 참여치 못하는 사람들은 복을 덜 받는 것으로 착각하기 쉽다. 둘째, 하나님이 마치 특정한 사람들만의 하나님이신 것으로 오해하기 쉽다. 셋째, 하나님이 어떤 특정한 장소에만 임하시는 제한적인 분으로 오해하기 쉽다.

참 예배는 성가대의 규모나 예배 분위기나 장소에 있지 않습니다.

> "두세 사람이 내 이름으로 모인 곳에는 나도 그들 중에 있느니라" (마 18:20).

그러므로 어느 교파에 속한 것 자랑 말고, 누구의 설교를 듣는 것 자랑 말고, 어느 교회에 속한 것 자랑 말고, 어느 장소에서 기도한 것 자랑 마십시오. 나만 바로 되어 있다면, 이단이 아닌 한 언제 어디서 누구와 함께 예배를 드리든지 하나님은 받으십니다. 예배에서 특정 처소를 고집하는 것은 아무 의미가 없습니다.

자녀로서 아버지께 예배할 때가 온다

주님이 강조하신 것은 예배 장소가 아닙니다. 참 예배입니다. 예배 장소가 문제가 아닙니다. 예배 방식도 문제가 아닙니다. 가장 중요한 것은 예배 당사자의 신분과 경로의 문제입니다. 즉, 누가 누구에게 어떤 경로로 예배를 드리느냐가 중요합니다. 누가? 누구에게? 어떤 경로로? 이 질문을 잘 기억해 두십시오.

참 예배는 누가 누구에게 어떤 경로로 드리는가가 중요합니다. 주님의 말씀을 보십시오.

> "예수께서 이르시되 여자여 내 말을 믿으라 이 산에서도 말고 예루살렘에서도 말고 너희가 아버지께 예배할 때가 이르리라 너희는 알지 못하는 것을 예배하고 우리는 아는 것을 예배하노니 이는 구원이 유대인에게서 남이라 아버지께 참되게 예배하는 자들은 영과 진리로 예배할 때가 오나니 곧 이때라 아버지께서는 자기에게 이렇게 예배하는 자들을 찾으시느니라"(21-23절).

첫째로 강조하신 것은 예배자의 신분입니다.

> "이 산에서도 말고 예루살렘에서도 말고 너희가 아버지께"(21절).

하나님의 자녀가 하나님 아버지께 경배를 드리는 것이 참 예배입니다. 뒤집어 얘기하면 하나님의 자녀가 아닌 사람이 하나님을 아버지라고 부르면서 예배를 드릴 수는 없습니다. 주님은 예배의 대상을 아버지라고 부르셨습니다. 참 자녀만이 아버지의 마음을 알고, 아버지가 원하는 바를 압니다. 진정한 하나님의 자녀들만이 하나님을 올바로 경배할 수 있습니다. 하나님의 자녀가 아닌 사람은 하나님을 경배할 수 없습니다.

여기서 강조되는 것은 예배자의 신분입니다. 하나님을 생전 인정하지도 않고 살던 무신론자가 예배 의식에 참여했다고 예배를 받으시지는 않습니다. 하나님을 공경하지 않고, 하나님의 뜻을 저버리고 산 사람이 하나님을 경배할 수 있습니까? 우선 하나님 자녀가 되어야 합니다. 하나님 자녀의 신분을 얻어야 합니다. 하나님이 받으시는 참 경배자가 되고 싶습니까? 그러면 먼저 자녀가 되시기 바랍니다. 하나님 자녀의 신분을 회복하시기 바랍니다. 그래야만 참 예배자가 됩니다.

둘째로 강조하신 것은 참된 예배의 때입니다.

> "예수께서 이르시되 여자여 내 말을 믿으라 이 산에서도 말고 예루살렘에서도 말고 너희가 아버지께 예배할 때가 이르리라……아버지께 참되게 예배하는 자들은 영과 진리로 예배할 때가 오나니 곧 이때라" (21, 23절).

'때'(ὥρα)라는 단어는 영어로 'hour' 입니다. 막연히 흐르는 시간을 가리키지 않고 어느 시점을 가리키는 말입니다. 유대인이든 사마리아인이든 참 예배를 드릴 때가 옵니다. 그때가 언제입니까? 그때는 바로 메시아가 오시는 때입니다. 예배의 때는 결국 예배의 경로가 갖추어지는 때를 말합니다. 참 메시아이신 예수 그리스도가 오셔야만 비로소 제대로 된 예배가 드려질 수 있습니다. 참 예배는 예수님이 오셔야만 드려질 수 있습니다.

그리스도를 통한 예배의 경로

그러면 그리스도와 참된 예배는 무슨 관련이 있습니까? 절대적으로 관련이 있습니다. 왜 그렇습니까? 앞서 참 예배를 드리기 위한 두 가지 조건을 말씀드렸습니다. 첫째는 예배자의 신분이 갖춰져야 하고, 둘째는 예배의 때, 즉 예배의 경로가 갖춰져야만 했습니다. 그런데 바로 그 예배자의 신분과 예배의 경로가 예수님을 통해서만 회복될 수 있기 때문입니다.

첫째, 예배자의 신분입니다.

참 자녀만이 참 경배자가 될 수 있습니다. 그렇다면 누가 참 자녀입니까? 유대인입니까? 사마리아인입니까? 이방인입니까? 그 누구도 아닙니다. 오직 예수 그리스도를 믿고 거듭난 사람입니다. 그러므로 그리스도 안에서 거듭나지 못한 사람은 참 예배자가 될 수 없습니다. 즉, 예수님을 믿지 않고 드리는 모든 예배는 실효성이 없습니다. 우리는 예수 그리스도를 믿음으로써 하나님의 자녀가 됩니다. 우리가 비록 이 수가 성 여인보다 몇천 배 더한 죄인일지라도, 그리스도께서 우리를 위해 죽으시고 부활하신 사실을 믿기만 하면 우리는 모든 죄를 용서받습니다.

> "영접하는 자 곧 그 이름을 믿는 자들에게는 하나님의 자녀가 되는 권세를 주셨으니"(요 1:12).

예수 그리스도를 통해서 거듭난 자들만이 신령과 진정의 예배자들이 될 수 있습니다. 먼저 신분 회복을 하십시오. 잘 알지도 못하는 남의 아버지를 경배하지 마십시오. 자녀로 인정받지 못하는 사람이 아버지의 이름을 부를 수는 없습니다. 먼저 참 하나님의 자녀가 되십시오. 그리고 자녀로서 아버지께 경배하십시오. 예배자는 먼저 그리스도를 통해서 자녀의 신분을 회복해야 합니다.

둘째, 예배의 때입니다.

예배의 때란 바른 예배의 경로가 마련되는 때입니다. 바른 예배의 경로가 그렇게 중요합니까? 그렇습니다. 구약의 제사 제도에 보면 죄인이 하나님께로 나아가는 길이 두 가지 있습니다. 구약 레위기를 요약하면 두 가지 중요한 예배의 경로가 나옵니다. 첫째는 희생 제사입니다. 둘째는 그 희생 제사를 집행하는 대제사장입니다.

죄인이 하나님을 만나려면 먼저 희생 제사를 통해 속죄를 받아야 합니다. 그다음은 대제사장이 대신 하나님 앞에 나아갑니다. 예배 당사자가 하나님께 나아가는 것이 아닙니다. 대리적입니다. 즉, 하나님의 자녀들이 하나님을 만나는 경로는 제사와 제사장입니다. 어디까지나 간접적이고 대리적입니다. 죄인들은 하나님 앞에 얼씬도 할 수 없습니다. 그런 상황에서 참된 예배는 드려질 수 없습니다. 즉, 하나님을 직접 만나는 일은 있을 수 없습니다.

이러한 예배의 경로 문제가 예수 그리스도가 오심으로 완전히 해결되었습니다. 예수님은 짐승의 피로 속죄하지 않으셨습니다. 예수님 자신의 피로 직접 속죄하셨습니다. 짐승의 피는 상징에 불과합니다만, 예수님의 피는 실제적입니다. 어떤 죄라도 넉넉히 씻어서 하나님 앞에 세우실 수 있습니다.

구약 시대 사람들은 아무리 속죄 제물을 많이 드려도 하나님을 직접 만나지 못했습니다. 대면하지 못했습니다. 그러나 예수님을 통해 속죄를 받은 사람은 완전한 자녀입니다. 임시 자녀가 아닙니다. 영원한 자녀입니다. 임시 신분이 아닙니다. 영원한 신분입니다. 대제사장이 대신 만나는 게 아닙니다. 대제사장이신 예수님의 이름을 의지하여 내가 직접 하나님을 대면합니다. 오늘 우리는 구약 시대에는 상상할 수도 없는 특권을 누리고 있습니다. 하나님을 직접 만나다니! 바로 예수 그리스도를 통해서입니다.

우리에게는 예수님을 통해서 무시로 하나님께로 나아가는 경로가 활짝 열려 있습니다. 우리는 예수님을 통해서 신분이 회복되고, 예수님을 통해서 하나님께로 나아가는 특권을 얻었습니다. 할렐루야!

영과 진리로 드리는 예배

그러면 그리스도를 통해서 하나님의 자녀가 드릴 참 예배는 어떤 성격의 예배일까요? 주님은 참 예배의 특징을 두 단어로 말씀하셨습니다. 첫째는 영의 예배이고, 둘째는 진리의 예배입니다. 영과 진리의 예배! 이는 무슨 뜻일까요?

첫째, 영으로 드려야 합니다.

영(*πνεῦμα*)이란 말은 '靈'(spirit), 성령을 의미하기도 하고 사람의 영혼을 의미하기도 합니다. 본문에는 '*πνεῦμα*' 앞에 정관사가 없어서 인간의 영혼을 의미하는 것으로 보기도 합니다. 예배는 영으로 드려야 합니다. 나의 영으로 성령의 인도를 받아서 드리는 것이 참된 예배입니다. 왜냐하면 하나님은 영이시기 때문입니다.

> "하나님은 영이시니"(24절).

하나님의 본성이 영이십니다. 영이신 하나님은 만유인력의 법칙이나 질량불변의 법칙으로 존재하시는 분이 아닙니다. 영적 속성으로 존재하십니다. 사랑, 믿음, 거룩, 공의, 지혜, 지식, 진실, 기쁨, 은혜! 하나님은 물질이 아니라 영이신 인격체십니다. 그러니 우리도 마땅히 영적인 예배를 드려야 합니다.

영적인 예배는 손이나 발로 섬기는 의전적인 외형에 머물지 않습니다. 우리의 영으로, 인격적으로 하나님을 만납니다. 예배에 참석하고, 찬송을 부르고, 설교를 듣고, 축도를 받는 것은 예배의 외면입니다. 더 중요한 것은 우리의 마음입니다. 예배 시간에 마음이 어디에 가 있습니까? 찬송을 부르되 시간을 재면서 '왜 꼭 4절까지 불러야 하나? 어허, 이 찬송은 지루하게 5절까지 있네!' 생각하는 사람이 있습니다. 설교를 들으면서 지금 하나님이 하시는 말씀으로 듣지 않고 인간의 연설로 생각합니다. 그러니 설교 시간에 시계만 볼 수밖에 없습니다. '지난주에는 30분 하더니 오늘은 35분이 지났는데도 안 끝나네!'

예배는 목사와 만나는 시간이 아닙니다. 하나님과 만나는 시간입니다. 21, 23절 말씀을 보십시오. 하나님을 아버지라고 부릅니다. 아버지를 만나러 온 사람들이 아버지는 만나지 않고 목사 얼굴만 쳐다보고 찬송가 몇 절까지 부르는가만 보다가 가시겠습니까? 몸만 왔다 가지 마시고, 내 영으로 하나님의 인격과 만나고 가십시오. 그것이 바로 영적 예배입니다.

영으로 드리라는 말씀 속에는 하나님의 무한성이 포함되어 있습니다. 하나님은 시공의 제약을 받지 않으시는 분입니다. 그러므로 하나님은 예루살렘이나 그리심 산에만 임하신다든지, 유대인이나 사마리아인의 종교의식 속에만 강림하시는 분이 아닙니다. 하나님은 성도의 마음속에 자유롭게 임하십니다. 제한된 예배당에만 임하시는 분이 아닙니다. 주님의 이름으로 모인 곳이라면 때와 장소를 불문하고 임하십니다. 우리가 예배당에 있든지 집에 있든지, 서울에 있든지 부산에 있든지, 어제든지 오늘이든지 내일이든지 주님은 임하십니다. 우리는 하나님의 편재성에 맞는 예배를 드려야 합니다. 그것이 바로 영적 예배입니다.

둘째, 진리로 드려야 합니다.

진리(ἀληθινοί)란 말은 거짓과 반대되는 말입니다. 허위의 예배를 드리지 말고 참 예배를 드리라는 뜻입니다. 바울이 아테네에 갔을 때 거리에 보니 "알지 못하는 신에게"라는 제단이 있었습니다(행 17:23). 알지 못하고 드리는 예배는 허위와 거짓의 예배입니다. 누구에게 드리는지 예배의 대상도 알지 못하면서 어떻게 경배가 있을 수 있겠습니까?

사람들은 무조건 지성(至誠)이면 감천(感天)이라고 합니다. 산신령, 용왕님, 칠성님, 고목나무 귀신, 부뚜막 귀신, 장독대 귀신, 대들보 귀신, 동네 어귀 귀신 등, 다 섬기지만 그들이 누구인지 전혀 모릅니다. 누구를 향한 것인지도 모르는 지성이 어떻게 하나님을 감동시킬 수 있겠습니까? 거짓된 의식을 하나님이 어떻게 받으시겠습니까? 그럴 수는 없습니다.

그러면 사람이 하나님을 어떻게 알고 진실된 예배를 드리겠습니까? 그 해답이 바로 하나님의 계시, 하나님의 말씀입니다. 하나님은 우리에게 자신을 알리셨습니다. 하나님이 어떤 분이신지, 어떤 일을 하셨으며 어떤 생각을 가지고 계시는지, 또한 인간이 어떤 존재이며 어떻게 하나님을 섬기는 것이 합당한 것인지를 성경 속에 계시하셨습니다.

그러므로 참 예배는 하나님의 말씀에 기초한 예배입니다. 주님은 오늘 이 여인에게 "너희는 알지 못하는 것을 예배하고 우리는 아는 것을 예배하노니"라고 하셨습니다. '우리'란 말은 유대인이란 뜻이요, '너희'란 말은 사마리아 사람이란 뜻입니다. 유대인들은 모세 오경뿐만 아니라 선지서들과 역사서, 시가서를 다 믿었습니다. 그러나 사마리아 사람들은 모세 오경만 믿었습니다. 그 결과 자연히 사마리아 사람들은 유대인들보다 못한 지식을 가지고 하나님을 섬길 수밖에 없었습니다.

우리는 하나님의 계시를 제쳐놓고 나름대로 하나님은 이런 분이고 저런 분이라고 판단해 버립니다. 그러나 우리가 하나님에 대해서 알 수 있는 것은 모두 하나님이 주신 계시, 성경에 의존한 것뿐입니다. 성경 말씀을 깊이 듣고 아는 것이 곧 진정한 예배의 기초입니다.

유대인들은 구원이 유대인에게서 나온다고 믿었습니다. 메시아는 유다 지파 다윗의 자손에게서 나온다고 성경에 기록하고 있기 때문입니다. 그러나 사마리아 사람들은 오경만을 믿음으로써 이러한 지식을 가지고 있지 못했습니다. 참 예배는 하나님의 말씀에 기초한 예배입니다.

영과 진리의 예배는 서로 밀접한 관계가 있습니다. 오늘 말씀에 보면 'ἐν πνεύματι καὶ ἀληθείᾳ' (in spirit and truth)라고 되어 있습니다. 하나의 전치사 뒤에 영과 진리란 말이 붙어 있습니다. 영의 예배와 진리의 예배는 서로 떨어질 수 없습니다. 성령은 말씀을 통해서 역사하십니다. 말씀이 없는 곳에는 성령의 은혜도 없습니다. 하나님과 영으로 만나는 신령한 예배는, 곧 진리의 말씀을 통해서 하나님을 경배하는 예배입니다.

지금도 참 예배자를 찾아오십니다

하나님은 참 예배자를 찾아오십니다. 23절 말씀에 보면 하나님 아버지께서 '예배를 받으신다' 고 하지 않고, '예배자를 찾으신다' (ζητέω, to seek)고 하셨습니다. 하나님은 수동적인 하나님이 아닙니다. 친히 바른 예배자를 찾아오시는 능동적인 분이십니다. 하나님은 우리가 어느 장소, 어느 집단에 소속되어 예배를 드리기 때문에 무조건 받으시지는 않습니다. 영과 진리로 예배드린다면 어디든지 그 예배를 찾아오셔서 받으십니다.

선지자 하나니는 유다 왕 아사에게 이렇게 말합니다.

> "여호와의 눈은 온 땅을 두루 감찰하사 전심으로 자기에게 향하는 자들을 위하여 능력을 베푸시나니……"(대하 16:9).

할렐루야! 아멘!

그러므로 능동적인 예배자가 되십시오. 예배를 통해서 하나님을 만나십시오. 하나님을 자주 만나고 싶으시면 자주 예배를 드리십시오. 한시라도 빨리 만나고 싶으시면 빨리 예배를 드리십시오. 급한 일이 있으면 급하게 예배를 먼저 드리십시오. 내 모든 삶에서 예배를 최우선으로 하십시오. 결코 예배를 다른 일보다 뒤로 미루지 마십시오. 항상, 당장, 지금 예배를 드리시기 바랍니다.

수가 성 여인도 참 예배의 문제를 알고 있었습니다.

> "여자가 이르되 메시야 곧 그리스도라 하는 이가 오실 줄을 내가 아노니 그가 오시면 모든 것을 우리에게 알려 주시리이다"(25-26절).

'메시아가 오실 것을 내가 아는데, 그분이 오시면 참 예배에 대한 모든 것을 알려 주실 것입니다!' 이 여인은 참 예배는 메시아가 오시는 때에 이루어진다고 말합니다. 메시아의 강림과 예배를 연관 짓고 있습니다. 그는 애매모호한 교리적 논쟁은 결국 메시아가 오실 때 다 해결된다고 생각했습니다. 사마리아 사람들은 메시아를 '타헤브' 라고 불렀습니다. 이 말의 뜻은 '돌아오는 자' 혹은 '재건하는 자' 란 뜻입니다.

25절 말씀에서 이 여인은 정관사 없이 그냥 메시아라고 부르고 있습니다. 그들은 막연하게 메시아에 대한 기대를 하고 있었고, 메시아가 오면 뭔가 달라지리라고 생각했습니다. 그러나 이 여인이 아직도 깨닫지 못하고 있는 것이 한 가지 있습니다. 메시아가 멀리 있어서 아직 참된 예배의 때가 이르지 않았다고 생각한 것입니다. 바로 지금 눈앞에 메시아가 계시는데! 예수님이 내게 다가오셔서 참된 예배를 드리라고 나를 부르고 계시는데! 예배를 뒤로 미루고 있습니다.

주님은 이 여인의 말에 대해 즉시 응답하셨습니다. "내가 그라!"

'너는 메시아가 오면 참 예배를 드린다고 했다. 자, 보라. 내가 바로 그 메시아니라! 지금이 바로 참 예배의 때다! 지금 바로 예배를 드려라! 예수 그리스도를 통해서!'

여인은 자신의 부끄러운 삶 때문에 움츠리고 있었습니다. 이 여인에게는 서기관이나 바리새인 같은 경건의 모습이 없습니다. 삶의 행적도 누추합니다. 죄 많은 인생을 살았습니다. 손가락질을 당했습니다. 그러나 주님은 이 여인을 곧바로 참된 예배자로 만들어 주셨습니다. 신분 회복을 해주셨습니다. 하나님 자녀가 되게 하셨습니다. 그리고 참 예배의 통로가 되어 주셨습니다. 이제 예수님만 통하면 예루살렘에 가지 않아도 됩니다. 그리심 산이 아니어도 좋습니다. 예수님을 통해서 언제 어디서든지 하나님께 예배드리고 만날 수 있습니다. 지금 당장!

주님은 멀리 계시지 않습니다. 지금 바로 우리 앞에 계십니다. 영접하는 것을 뒤로 미루지 마십시오. 지금 곧 영접하십시오. 그리고 당장에, 매일, 어디서나 참 예배 생활을 계속하시기 바랍니다.

"여호와로 인하여 기뻐하는 것이 너희의 힘이니라"(느 8:10).

/사마리아 여인의 전도/

요한복음 4:27-30, 39-42

이때에 제자들이 돌아와서 예수께서 여자와 말씀하시는 것을 이상히 여겼으나 무엇을 구하시나이까 어찌하여 그와 말씀하시나이까 묻는 자가 없더라 여자가 물동이를 버려두고 동네로 들어가서 사람들에게 이르되 내가 행한 모든 일을 내게 말한 사람을 와서 보라 이는 그리스도가 아니냐 하니 그들이 동네에서 나와 예수께로 오더라……여자의 말이 내가 행한 모든 것을 그가 내게 말하였다 증언하므로 그 동네 중에 많은 사마리아인이 예수를 믿는지라 사마리아인들이 예수께 와서 자기들과 함께 유하시기를 청하니 거기서 이틀을 유하시매 예수의 말씀으로 말미암아 믿는 자가 더욱 많아 그 여자에게 말하되 이제 우리가 믿는 것은 네 말로 인함이 아니니 이는 우리가 친히 듣고 그가 참으로 세상의 구주신 줄 앎이라 하였더라

와서 보라

이제 예수님과 사마리아 여인의 대화가 끝났습니다. 여인은 예수님과의 대화를 통해서 예수님이 누구신지 알았습니다. 오늘 읽은 본문은 그 직후의 반응입니다. 여인의 반응이 어떻게 나타났을까요? 그 첫 번째 반응은 바로 자신이 누구를 만났는지 알리는 일입니다. "내가 구세주를 만났어요! 와서 보세요!" 언젠가 제가 음식점에 갔다가 유명한 연예인을 만났습니다. 그래서 핸드폰으로 사진을 찍고 아는

사람에게 보여줬습니다. '내가 이런 사람을 만났어!' 여인이 바로 그런 심정이었습니다.

여인은 물동이를 버려두고 마을로 달려갔습니다.

> "여자가 물동이를 버려두고 동네로 들어가서 사람들에게 이르되" (28절).

어떤 사람들은 이 여인이 다시 우물로 돌아올 것이기 때문에 물동이를 놔두고 갔다고 합니다. 혹은 물을 아직 채우지 못했기 때문에, 아니면 예수님이 물을 잡수시도록 놔두었다고 주장하기도 합니다. 그러나 여인이 물동이를 놔두고 달려간 것은 한시가 급했기 때문입니다. 만일 물동이에 물을 채워 머리에 이고 마을로 간다면 주님은 이미 떠나 버리실 수도 있습니다. 아직 주님이 우물가에 머무시는 동안 마을 사람들에게 알려야만 했습니다.

여인이 전한 내용은 29절에 압축되어 있습니다. 그는 많은 말을 하지 않았습니다. 많은 말을 할 겨를도 없었습니다. 그래서 그는 가장 사람들의 관심을 집중시킬 수 있는 말로 예수를 전했습니다.

> "내가 행한 모든 일을 내게 말한 사람을 와서 보라 이는 그리스도가 아니냐"(29절).

'내가 대단한 사람을 만났어요. 와서 보세요!' 그는 예수님의 신성을 몰랐습니다. 그냥 사람이라고 불렀습니다. 어떤 사람인가? 바로 내가 행한 모든 일을 내게 말한 사람! 다시 말하면 '나의 과거를 전부 알아낸 사람' 이란 뜻입니다. 남의 과거를 한눈에 다 알아볼 사람이 세상에 어디 있습니까? 그런 사람이 있다면 비범한 사람임에 틀림없겠지요? 동네 사람들은 이 여자가 하는 말이 무슨 뜻인지 단번에 알아들었습니다. 왜냐하면 이 여인의 행실을 누구나 다 알고 있었기 때문입니다. '과연 어떤 사람이 이 여자의 과거를 단번에 알아맞혔을까?' 사람들은 호기심에 몰려왔습니다.

여인은 예수님에 대해서 한마디를 덧붙이고 있습니다.

"이는 그리스도가 아니냐"(29절).

이 말은 얼핏 보면 자신 없는 말처럼 들립니다. 그리스도면 그리스도지 '그리스도가 아니냐?' 는 무슨 말입니까? 그러나 이 말 속에는 여인의 확신이 들어 있습니다. '내가 볼 때는 분명히 그리스도신데 당신들 스스로 와서 눈으로 확인해 보라!' 는 권고의 말입니다.

'와서 보라' 는 말은 주님께서 첫 제자들을 부르실 때 사용하신 말씀이요, 안드레나 빌립이 형제들에게 전도할 때 사용한 말입니다. 이 여인에게는 예수가 누구신지 설명할 능력이 부족했습니다. 그래서 그는 그가 할 수 있는 한 가지 방법을 사용했습니다. 그것은 바로 예수님이 계신 데까지 사람들을 불러오는 일이었습니다. '일단 와서 그분을 만나 보세요!'

우리가 주목해야 할 것은 이 여인의 내면의 변화입니다. 예수님을 만나서 어떻게 변했는지! 이 여인은 "내가 행한 모든 일을 내게 말한 사람"(29절)이 있다고 선전했습니다. '내가 행한 모든 일' 이란 자신의 부끄러운 과거입니다. 실패한 결혼, 남성 편력, 떳떳하지 못한 인생 경력입니다. 이 여인은 자신의 그런 과거를 덮어두고 살았습니다. 결코 꺼내기 싫은 일이었습니다. 그런 그가 자신의 과거를 들추어낸 사람이 있다고 선전하러 뛰어나갔습니다.

정말 놀라운 일입니다. 이 여인은 이제 자신의 삶을 드러내도 좋다는 판단을 했습니다. 그만큼 자신의 변화에 자신감을 얻었습니다. 예수님을 만나면 새사람이 된 것에 대해 자신감이 생깁니다.

첫째, 주님을 만남으로 과거의 삶을 충분히 청산할 수 있다는 자신감입니다.

그는 아마 자신의 삶을 바로잡기 위해 수없이 많은 노력을 기울였을 것입니다. 그러나 그는 자신의 과거를 결코 지우지 못하고 살았습니다. 사람이 과거를 청산한다는 것은 정말로 힘든 일입니다. 1991년 우리 사회에 관심을 끄는 사건이 하나 있었습니다. 김부남 씨 사건입니다. 20년 전 어린 나이에 추행당한 상처를 지우지 못했습니다. 결혼을 하고 가정을 가지고 사회생활을 해봤지만 과거는 지워지지 않았습니다. 가정생활도, 사회생활도 실패했습니다. 그래서 고민 끝에 그는 복수의 칼을 들었습니다. 자기를 추행한 남자를 찾아가서 죽여 버렸습니다. 과거의 상처를 청산하지 못한 결과입니다.

그러면 과거를 어떻게 청산할 수 있습니까? 사람의 힘으로는 불가능합니다. 오직 한 가지, 예수님을 만나 용서받고 거듭나면 됩니다.

오늘 수가 성 여인은 예수 그리스도를 만남으로 말미암아 과거를 충분히 청산할 수 있다는 확신을 가지게 되었습니다. 예수님을 믿고 새사람이 되고, 예수님으로 영원히 목마르지 않는 생수를 얻고, 예수님으로 하나님께 직접 예배드리는 자녀가 되었습니다. 이제 낡은 옛사람이 아닙니다. 새사람입니다.

낡은 집에 페인트칠만 하기는 쉽습니다. 그러나 낡은 집을 헐고 다시 짓기는 어렵습니다. 그래서 대개는 낡은 집을 헐어내지 않고 페인트칠만 합니다. 그러나 페인트칠 잘했다고 새집이 될 수는 없습니다. 인생도 마찬가집니다. 본성적으로 변화 받지 않고, 겉모양만 바꾼다고 새사람이 되지는 않습니다. 이 본성적 변화는 사람의 힘으로는 불가능합니다. 오직 예수님을 인격적으로 만날 때 가능합니다. 이 여인도 평생토록 자기 행실을 고치지 못하다가, 예수님을 만남으로써 본성적 변화를 맛보고 있습니다. 그는 이제 과거가 부끄럽지 않았습니다. 과거를 청산해 버릴 수 있기 때문입니다. 아니, 이미 청산해 버렸습니다. 예수님을 만남으로써 가정생활, 사회생활, 예배생활의 모든 것이 변했습니다.

과거가 부담스럽습니까? 과거 청산이 어려워서 고통스럽고 불안합니까? 주님을 마음에 모시기 바랍니다. 주님은 여러분의 과거를 청산해 주시고, 새사람으로 만들어 주십니다.

둘째, 주님을 만남으로 미래에 대한 자신감을 얻었습니다.

이 여인에게는 내일이 없었습니다. 과거를 청산하지 못하는 사람에게는 내일도 의미가 없습니다. 과거의 열매는 미래에 나타납니다. 아마도 이 여인은 자신이 저지른 죄악으로 인하여 사람들에게는 물론, 장차 하나님께 받을 응징에 대해서도 두려워했을 것입니다. 죄 많은 사람일수록 처벌 또한 두려워합니다. 그러므로 이 여인에게 내일의 소망이란 없었습니다.

그런데 이제 예수 안에서 그는 과거의 짐을 벗었습니다. 그러므로 이제 미래의 소망도 생겼습니다. 하나님의 자녀가 되었습니다. 당장 하나님께 직접 예배드리는 특권을 얻었습니다. 하나님과의 직접적인 교통! 이것은 그에게는 상상할 수도 없는 일이었습니다. 평생을 거룩하게 살기 위해 노력하는 바리새인들도 이루지 못하던 일입니다. 그러나 이제 그 자신이 하나님의 자녀로 인정받았습니다. 예수 안에서 그는 내일을 확신하고 있습니다. 그것이 그로 하여금 부끄러운 과거를 기탄없이 드러내게 했던 것입니다.

그러면 이 여인의 전도 결과는 어떠했습니까? 수많은 사람들이 몰려왔습니다. 본문 30절에 "예수께로 오더라" 하는 말은 과거진행형으로 번역합니다. 계속 오고 있었다는 뜻입니다. 여인의 전도를 받고 많은 사람들이 계속 예수님께로 왔습니다.

여기서 재미있는 비교를 해봅시다. 예수님의 제자들은 여러 시간 마을에 가서 겨우 빵 몇 쪼가리를 얻어 왔습니다. 그러나 이 여인은 달려가서 단숨에 수많은 사람들을 모아 왔습니다. 중심에서 주님을 만난 죄인 한 사람이 열두 명의 제자들보다 더 큰 전도자가 되었습니다. 할렐루야!

사마리아 사람들의 회심 과정

이제 사마리아 사람들이 예수님을 믿게 된 과정을 살펴봅시다.

> "예수의 말씀으로 말미암아 믿는 자가 더욱 많아 그 여자에게 말하되 이제 우리가 믿는 것은 네 말로 인함이 아니니 이는 우리가 친히 듣고 그가 참으로 세상의 구주신 줄 앎이라 하였더라"(41-42절).

예수를 믿었다는 말이 39절에도 나오고, 41-42절에도 나옵니다만 그 의미는 사뭇 다릅니다. 사마리아 사람들이 처음 여인의 말을 들었을 때는 예수를 믿었다기보다는 그냥 호기심을 가졌다는 것이 오히려 타당할 것입니다. 사마리아 사람들은 여인의 말 때문에 믿은 것이 아니라, 오히려 주님의 말씀을 친히 들었기 때문에 믿게 되었노라고 고백합니다. 42절에 나오는 '네 말' 이라고 할 때의 '말' 은 헬라어로

'λαλιάν' (랄리안)인데, 단순히 'saying' 으로 번역하며, 어떤 주석가는 'gossip' 이란 말로 번역했습니다. 그다지 중대한 말로 받지는 않았다는 뜻입니다.

생각해 보십시오. 행실이 변변치 않은 여자가 무슨 신통한 말을 하리라고 생각했겠습니까? 그럼에도 불구하고 사람들이 이 여인을 따라서 몰려온 것은 여인의 태도 때문이었습니다. 사람들은 이 여인에게서 세 가지 모습을 보았습니다.

첫째, 진실한 모습입니다.

이 여자가 거룩한 척하면서 말했다면 아무도 믿지 않았을 것입니다. 그러나 자신의 행실을 다 들추어냈다고 선전함으로써 오히려 사람들의 신용을 얻었습니다. 진실은 언제나 설득력이 있습니다. 감추어진 작은 죄보다 드러낸 큰 죄가 더 감동적일 수 있습니다. 우리는 의인으로서 전도하기보다 차라리 드러난 죄인으로서 전도해야 합니다. 세상과는 동떨어진 천당에서 내려온 사람인 양 선노하는 사람들을 종종 봅니다. 별세계 사람은 죄인에게 접근하기 힘듭니다. 있는 모습 그대로의 전도자가 되시기 바랍니다.

둘째, 열성적인 모습입니다.

여인은 물 길으러 나왔던 모습으로 전도에 나섰습니다. 그를 보는 사람마다 심각성을 느꼈습니다. '우물가에서 무슨 사건이 벌어졌는가? 물을 긷다 말고 무슨 변이 일어났을까?' 누가 보아도 긴박감을 느낄 수밖에 없습니다. 예수를 전하고자 하는 열의가 온몸에 가득할 때 사람들을 움직일 수 있습니다. 하는 둥 마는 둥 전한다면 결코 영혼을 얻을 수 없습니다.

셋째, 그의 얼굴에 나타난 기쁨과 만족감입니다.

이 여인의 얼굴에 진정한 만족의 표시가 나타난 적은 없었을 것입니다. 고뇌와 우수가 깃든 얼굴, 마음 깊은 곳의 절망감이 그려져 있었을 것입니다. 그런데 이제 그의 음성과 표정에 나타난 활기찬 모습은 그가 무언가 대단한 것을 얻었다는 증표였습니다. 그리스도인의 진정한 행복은 모든 사람들에게 전도의 메시지입니다. 매일 싸우고, 원망하고, 불평하고, 염려에 빠져 있으면서 남들에게 예수 믿으라고 하면 누가 믿겠습니까? 사마리아 사람들은 과거에 불행하게 살았던 이 여인에게서 환희와 만족이 넘치는 표정을 읽었습니다. 그들은 여인의 행복감에 이끌려 주님께로 나왔습니다. 나의 웃는 얼굴 자체가 전도의 도구입니다.

사마리아 사람들은 여인에게 이끌려서 예수께로 나왔습니다. 그러나 예수님을 만난 이후부터는 여인의 말에 의해서가 아니라, 예수님 자신으로 말미암아 믿게 되었습니다. 이제는 호기심이 아니라 주님을 만난 체험 때문입니다. 사마리아 사람들은 예수를 만나서 친히 말씀을 들었습니다. 그리고 예수님께 그곳에 머물기를 간청했습니다. 주님의 말씀을 더 깊이 전해 듣기 위해서였습니다.

주님은 그곳에 이틀을 더 머무셨습니다. 그러나 그 이틀 동안 대단한 추수를 하셨습니다. 35절의 말씀에 보면 넉 달이 지나야만 추수 때라고 하셨습니다. 곡식은 때가 되어야만 추수합니다. 그러나 천국 백성을 불러들이는 영적 추수는 단 이틀로도 이루실 수 있습니다.

사마리아 사람들은 고백했습니다.

> "이제 우리가 믿는 것은 네 말로 인함이 아니니 이는 우리가 친히 듣고 그가 참으로 세상의 구주신 줄 앎이라 하였더라"(42절).

'이제 우리가 예수를 믿게 된 것은 여자의 말을 인함이 아니라 우리가 친히 듣고 알았기 때문이다!' 여기서 우리는 신앙의 두 가지 계기를 발견합니다.

첫째, 체험입니다.

신앙에 중요한 것은 남의 말을 듣는 것이 아니라 내가 직접 체험하는 것입니다. 신앙은 하나님과의 인격적인 관계입니다. 따라서 남이 대신 관계를 맺을 수는 없습니다. 성경은 우리의 신앙을 결혼에 비유합니다. 우리는 주님과 결혼했습니다. 결혼은 남이 대신 해줄 수 없습니다. 본인이 해야 합니다.

둘째, 하나님의 말씀을 듣는 일입니다.

인간의 말은 사람에게 신앙을 일으키지 못합니다. 오직 하나님의 말씀만이 참 신앙을 일으킵니다. 신앙은 인간의 지식이나 말에서 비롯되지 않습니다. 오직 하나님의 말씀이 마음에 들어올 때 비롯됩니다. 신앙은 흐리멍텅한 과정이 아닙니다. 확실한 근거에 기초하여 발전합니다. 그러므로 하나님의 참된 계시에 귀를 기울여야 합니다. 하나님이 누구신지, 사람이 어떤 존재인지, 왜 구원이 필요한지, 예수님이 누구신지, 교회가 어떤 것인지, 세상 종말은 어떻게 오는지, 내가 어떻게 살아야 하는지, 그 모든 것이 오직 성경 말씀에 있습니다. 하나님의 말씀을 매일 경청하십시오.

> "믿음은 들음에서 나며 들음은 그리스도의 말씀으로 말미암았느니라"(롬 10:17).

사마리아 사람들은 주님을 '세상의 구주'(*ὁ σωτὴρ τοῦ κόσμου!*)라고 고백했습니다. 오직 하나밖에 없는 인간 세계의 구주란 고백입니다. 사마리아 사람들은 유대인들처럼 선입견을 가지고 주님을 대하지 않았습니다. 그들은 남의 말만 듣고 예수를 평가하지도 않았습니다. 그들 스스로가 주님을 만나 보고, 또 그 말씀을 들은 후에 '이분이 진실로 메시아구나' 하는 판단을 내렸습니다. 와서 보고 믿는 체험자들이 되시기를 축원합니다.

주님의 구원 계획을 보십시오

우리는 오늘 수가 성 여인의 전도를 보았습니다. 그러나 이 전도에 있어서 중요한 주인공은 수가 성 여인이 아니고 주님 자신이십니다. 주께서 우연히 사마리아 한복판으로 통과하신 게 아닙니다. 우연히 수가 성 여인을 만나서 대화하신 것도 아닙니다. 우연히 사마리아 사람들이 예수께로 나아온 것도 아닙니다. 이 모두가 하나님의 철저한 구원 계획과 부르심의 결과입니다. 할렐루야!

수가 성 여인의 전도에는 일곱 가지의 신비한 점이 있습니다. 첫째로 의로운 사람이 아니라 지극히 죄 많은 사람을 사용하셔서 전파하셨습니다. 둘째로 남자가 아니라 여자를 통해서 전파하셨습니다. 셋째로 대중 집회를 통해서가 아니라 한 사람을 통해서 많은 사람을 부르셨습니다. 넷째로 유대인들을 부르시지 않고 사마리아 사람들을 부르셨습니다. 다섯째로 오랜 시간 전도하시지 않고 단 이틀 만에 많은 사람을 믿게 하셨습니다. 여섯째로 이적에 의해서 믿게 하시지 않고 대화를 통해서 믿게 하셨습니다. 일곱째로 마실 물로 시작해서 영혼 구원을 이루셨습니다.

이 모든 것들이 상식에 어긋나는 일들입니다. 바로 이런 점에서 사마리아 사람들의 구원은 사람이 이룬 것이 아니라 주님 자신이 이루신 것임을 깨닫게 됩니다.

오늘 이 사건을 통해서 우리 자신의 구원을 돌이켜 봅시다. 우리가 그리스도인이 된 것은 결코 우연한 일이 아닙니다. 내 의지와 결단 때문에 내가 예수 믿은 것이 아닙니다. 아내가 못살게 굴어서 믿게 된 것이 아니고, 이웃집 아줌마가 이끄는 바람에 마지못해 신자가 된 것이 결코 아닙니다. 주님께서 우리를 하나님 자녀로 삼고자 하는 철저한 계획이 있으셔서 각자 부르신 줄 아시기 바랍니다.

> "창세 전에 그리스도 안에서 우리를 택하사 우리로 사랑 안에서 그 앞에 거룩하고 흠이 없게 하시려고 그 기쁘신 뜻대로 우리를 예정하사 예수 그리스도로 말미암아 자기의 아들들이 되게 하셨으니"(엡 1:4-5).
>
> "우리가 알거니와 하나님을 사랑하는 자 곧 그의 뜻대로 부르심을 입은 자들에게는 모든 것이 합력하여 선을 이루느니라 하나님이 미리 아신 자들을 또한 그 아들의 형상을 본받게 하기 위하여 미리 정하셨으니 이는 그로 많은 형제 중에서 맏아들이 되게 하려 하심이니라 또 미리 정하신 그들을 또한 부르시고 부르신 그들을 또한 의롭다 하시고 의롭다 하신 그들을 또한 영화롭게 하셨느니라"(롬 8:28-30).

또한 우리는 이 사건을 통해서 깨닫습니다. '전도 대상자들에게 소망을 가지고 전도에 임하라!' 전도는 내가 하는 것이 아니라 주님이 하십니다. 나는 다만 하나님의 도구로 쓰임 받을 뿐입니다. 하나님의 섭리에 자신을 맡기면 됩니다.

주님은 친히 수가 성 여인을 찾아오셨습니다. 사마리아 사람들을 부르셨습니다. 주님은 오늘 우리가 버린 사람들도 찾으십니다. 도덕적으로 타락해서 버린 사람, 성격이 깐깐하고 완고해서 버린 사람, 혹은 나와 원수 져서 버린 사람, 이런 저런 사유로 인해서 전도하기를 포기한 사람들을 주님은 여전히 불러내십니다. 그러므로 소망을 갖고 전도하십시오. 안 믿는 가문 전도를 위해서 소망을 가지십시오. 타락한 세상 사람들에게 소망을 가지십시오. 수많은 강도 사기꾼들에게도 소망을 가지십시오. 우상과 사이비와 이단자들과 미신으로 가득한 이 민족의 복음화에 소망을 버리지 마십시오. 주님은 누구든지 찾아내십니다.

한 여인이 회개할 때 한 마을이 전도되었습니다. 그렇다면 오늘 내가 회개한다면 내 가정은 물론 내가 속한 직장 동료들, 지역사회도 충분히 전도될 수 있습니다. 어디든지 찾아오시는 주님을 모시고, 영혼 추수하는 일에 소망을 가지고 열심히 전도하시기를 주님의 이름으로 축원합니다.

/아버지의 뜻을 행하는 사명의 양식/

요한복음 4:27-38

이때에 제자들이 돌아와서 예수께서 여자와 말씀하시는 것을 이상히 여겼으나 무엇을 구하시나이까 어찌하여 그와 말씀하시나이까 묻는 이가 없더라 여자가 물동이를 버려두고 동네로 들어가서 사람들에게 이르되 내가 행한 모든 일을 내게 말한 사람을 와서 보라 이는 그리스도가 아니냐 하니 그들이 동네에서 나와 예수께로 오더라 그 사이에 제자들이 청하여 이르되 랍비여 잡수소서 이르시되 내게는 너희가 알지 못하는 먹을 양식이 있느니라 제자들이 서로 말하되 누가 잡수실 것을 갖다 드렸는가 하니 예수께서 이르시되 나의 양식은 나를 보내신 이의 뜻을 행하며 그의 일을 온전히 이루는 이것이니라 너희는 넉 달이 지나야 추수할 때가 이르겠다 하지 아니하느냐 그러나 나는 너희에게 이르노니 너희 눈을 들어 밭을 보라 희어져 추수하게 되었도다 거두는 자가 이미 삯도 받고 영생에 이르는 열매를 모으나니 이는 뿌리는 자와 거두는 자가 함께 즐거워하게 하려 함이라 그런즉 한 사람이 심고 다른 사람이 거둔다 하는 말이 옳도다 내가 너희로 노력하지 아니한 것을 거두러 보내었노니 다른 사람들은 노력하였고 너희는 그들이 노력한 것에 참여하였느니라

제자들이 알지 못하는 양식

주님과 수가 성 여인이 대화를 나누는 중에 제자들이 음식을 구해 가지고 돌아왔습니다. "랍비여 잡수소서"(31절) 하며 제자들은 예수께 음식 잡수시기를 간청했습니다.

제자들은 주님과 함께 다니면서 먹는 문제 때문에 꽤나 신경을

셨습니다.

"날이 저물어 가매 열두 사도가 나아와 여짜오되 무리를 보내어 두루 마을과 촌으로 가서 유하며 먹을 것을 얻게 하소서 우리가 있는 여기는 빈 들이니이다"(눅 9:12).

주님께서 수가 성 우물에서 잠깐 쉬시는 동안에도 그들은 부지런히 음식을 구해 왔습니다. 주님이 무슨 생각을 하시든지 제자들의 주된 관심사는 여전히 의식주 문제였습니다.

제자들이 음식을 내놓을 때 주님이 말씀하셨습니다.

"내게는 너희가 알지 못하는 먹을 양식이 있느니라"(32절).

'어? 누가 주님께 음식을 드렸지?'

제자들은 누군가 음식을 먼저 갖다 드린 것으로 생각했습니다. 주님은 답변하십니다.

"예수께서 이르시되 나의 양식은 나를 보내신 이의 뜻을 행하며 그의 일을 온전히 이루는 이것이니라"(34절).

여기서부터 얘기가 복잡해집니다. 무슨 말씀인지 제자들이 알아듣지 못했습니다.

오늘 우리가 나누어야 할 양식이 바로 이 양식입니다. 제자들이 잘 알아듣지 못한 양식을 우리는 알아들어야 합니다. 제자들이 구해 온 양식보다 더 중요한 양식. 우리가 반드시 먹어야 할 양식. 주님이 가지신 양식. 그 양식을 우리는 얻어야 합니다. 그 양식이 뭘까요?

인간은 하나님이 창조하실 때부터 두 부분으로 만들어졌습니다. 첫째로 만드신 것은 육체입니다. 하나님은 흙을 재료로 아담의 육체를 만드셨습니다. 둘째로 만드신 것은 영혼입니다. 하나님이 숨결을 불어넣으실 때 살아 움직이는 영혼이 되었습니다. 'נֶפֶשׁ חַיָּה' (네페쉬 하야, 생령, 살아 있는 영혼)입니다.

인간은 두 부분으로 되어 있기 때문에 두 가지 양식이 필요합니다. 먼저는 육체의 양식입니다. 둘째는 영혼의 양식입니다. 오늘 주님이 말씀하시는 것은 바로 영혼의 양식입니다.

육신의 양식에 대해서는 말하지 않아도 다 잘 압니다. 사람마다 양식을 얻기 위해 열심히 일합니다. 그런데 영의 양식에 대해서는 아는 사람이 없습니다. 육체가 굶주리면 참지 못하고 어떻게 하든지 양식을 찾습니다. 그런데 영혼이 주리는 것은 전혀 모릅니다. 영혼이 굶주리고 있는지, 무슨 양식을 먹어야 하는지 잘 모릅니다. 결과는 뻔합니다. 영혼이 굶어 죽습니다. 죽는다는 말은 좀 어폐(語弊)가 있습니다. 영혼은 죽지 않습니다. 그러므로 영혼이 굶주린다는 것은 곧 영혼이 계속 배고픈 상태에서 고통당한다는 뜻입니다.

영혼이 굶주리면 증상이 나타납니다. 세상 일이 아무리 잘 풀려도 기쁨이 없습니다. 만족이 없습니다. 평안하지 않습니다. 인생무상(人生無常), 그저 허무를 느낄 따름입니다. 권력도, 재산도, 결혼생활도 다 그저 그렇고 시큰둥합니다. 살아도 그만, 죽어도 그만입니다. 오늘 혹시 우리 중에 그런 분은 없습니까? '인생 살아 봤자 별 볼일 없다! 그럭저럭 빨리 가는 게 상책이다!' 그런 분이 있다면 오늘 말씀에 귀를 기울이십시오. 주님이 뭐라고 하시는지!

아버지의 뜻을 행하는 것이 최고의 양식이다

주님은 제자들에게 "내게는 너희가 알지 못하는 먹을 양식이 있다"고 하셨습니다. 주님에게만 있는 양식, 주님만이 주시는 양식! 그 양식이 무엇입니까?

> "예수께서 이르시되 나의 양식은 나를 보내신 이의 뜻을 행하며 그의 일을 온전히 이루는 이것이니라"(34절).

주님은 하나님 아버지의 뜻을 행하는 것을 양식이라고 하셨습니다. 아버지의 뜻을 행함으로 영혼의 만족을 얻었다는 뜻입니다. 수가성 여인을 구한 것은 하나님 아버지의 뜻이었습니다. 남들이 손가락질하고 부정하게 여기는 여인이지만, 그 영혼을 구하는 것이 하나님의 뜻이기에 기꺼이 행하셨습니다.

이러한 사명 수행을 통해 주님은 제자들이 구해 온 양식이 주지 못하는 영혼의 만족을 얻으셨습니다. 육의 양식은 먹으면 또 배고프지만 하늘 뜻을 행하는 만족은 오래갑니다. 수가 성 여인도 주님을 만남으로써 영혼의 만족을 체험했습니다. 그 결과 여인은 물동이를 버려두고 동네로 달려갔습니다. 예수를 전하는 일은 더 큰 기쁨을 주었습니다. 이 여인은 예수님이 주시는 영원히 목마르지 않는 샘물을 체험했습니다. 복음의 만족, 복음을 전하는 기쁨! 영혼의 만족을 체험해 보십시오.

우리는 가끔 엉뚱한 생각을 합니다. '놀고먹는 사람들은 얼마나 행복할까?' 돈 많은 부모 만나서 유학 가서 공부하고, 재산 상속받아 골프나 치고 여행이나 다니면서 사는 사람들을 부러워합니다. '나는 왜 가난한 부모를 만나서 이렇게 고생인가? 남편이라도 잘 만났어야 하는데, 가난한 사람을 만나서 여행 대신 이사만 다니고……' 하면서 원망하지 마십시오. 진정한 만족은 돈에 있지 않고, 놀고먹는 데 있지 않습니다. 오히려 사명으로 일하는 데 있습니다.

사람의 마음은 참으로 신비합니다. 우리의 영혼은 우리가 생각하는 것과는 정반대에서 행복을 느낍니다. 노는 사람보다는 일하는 사람에게 만족이 있습니다. 공부 열심히 하는 학생이 빈둥빈둥 노는 학생보다 만족하고, 자수성가한 사람이 부모 재산 물려받은 사람보다 만족합니다. 남을 돕는 사람이 남의 도움을 받는 사람보다 행복하고, 남을 섬기는 사람이 섬김을 받는 사람보다 만족합니다. 전도하는 사람이 전도 받는 사람보다 만족하고, 기도하고 말씀을 실천하는 사람이 맨손으로 교회만 오락가락하는 사람보다 더 만족을 얻습니다. 저는 이것을 '영혼 만족의 원리' 혹은 '사명의 원리'라고 부르고 싶습니다. 하늘의 사명을 실행하는 사람은 언제나 최고의 만족, 최고의 배부름 속에 살 수 있습니다.

인생은 사명적인 존재입니다. 하나님은 에덴 동산에서 인간을 창조하신 후에 이런 명령을 주셨습니다.

> "생육하고 번성하여 땅에 충만하라, 땅을 정복하라……모든 생물을 다스리라"(창 1:28).

자식을 낳고 번성하는 것도 사명이요, 세상을 정복하고 다스리는 것도 사명입니다. 말하자면 가정을 잘 세워 가는 것도 사명이고, 자연을 잘 보존하는 것도 사명이고, 정치를 잘하는 것도 사명입니다. 여기 계신 여러분은 자녀 양육을 하나님의 사명으로 알고 잘 기르려고 하십니까, 아니면 내가 못 이룬 욕망을 대타로 이루려고 기르고 있습니까? 직업적인 일을 하면서 나는 지금 하늘의 사명을 수행한다고 생각하고 계십니까, 아니면 목구멍이 포도청이라 할 수 없이 하는 수단으로 생각하십니까? 내 몸이 하나님의 소유인 줄 알고 건강 지키는 것을 사명으로 알고 계십니까, 아니면 그저 오래 살고 싶어서 온갖 보양식을 먹습니까?

우리가 세상에서 살아가는 모든 것이 하늘의 사명입니다. 인생을 사명으로 사는 사람! 그런 사람에게는 진정한 만족이 있습니다.

눈을 들어 밭을 보라 추수하게 되었도다

내 인생에게 주신 사명에 눈을 떠야 합니다. 주님이 뭐라 하셨습니까?

"눈을 들어 밭을 보라"(35절).

눈을 들어 사명의 필드(field)를 바라보십시오. 내가 일해야 할 일터를 바라보십시오. 눈을 들어 밭을 보라고 하셨습니다. 농부에게 밭은 사명의 일터입니다. 회사원에게는 회사가 사명의 일터입니다. 가정주부에게는 가정이 사명의 일터입니다. 학생에게는 학교가 사명의 일터입니다. 각 사람마다 자신이 속한 사명의 일터가 있습니다. 눈을 들어 내가 일하는 사명의 일터를 바라보십시오! 거기에 무엇이 있습니까?

"희어져 추수하게 되었도다"(35절).

추수할 곡식이 보입니다. 유대인들의 전통인 〈탈무드〉에 의하면, 1년을 두 달씩 여섯으로 나눕니다. 파종기, 겨울, 봄, 추수기, 여름, 뜨거운 계절. 주님께서 이 말씀을 하실 당시에 수가 성 주변에는 밀이나 보리가 자라고 있었습니다. 시기적으로 보아 넉 달이 지나면 추수하게 된다고 하셨습니다.

그러나 주님은 말씀하시기를, 희어져 추수할 때가 되었다고 말씀하십니다. 이 말씀은 해석에 난점이 있습니다. 왜냐하면 밀이나 보리는 추수하기 넉 달 전에는 흰색이 아니라 초록색이기 때문입니다. 그래서 이 말씀은 두 가지 의미로 해석합니다.

첫째, 영적인 추수는 언제나 할 수 있다는 뜻입니다.

파종에서 추수까지 넉 달이 걸리는 것은 당연합니다. 그러나 영적 세계에서는 파종한 즉시 추수할 수도 있습니다. 수가 성 여인의 경우가 그렇습니다. 말씀을 전한 즉시 구원에 이르렀습니다. 모든 사람들이 생각하기에, 이 여자는 추수하기 힘든 영혼이라고 생각했습니다. 그러나 당장에 천국 자녀가 되었습니다. 그러므로 구원의 때를 기다리지 말고 즉시 영혼을 추수하라는 말씀입니다.

우리는 먼저 가까운 사람들을 하나님께로 인도해야 합니다. 그런데 우리는 늘 변명합니다. "아직 때가 되지 않아서." 과연 그렇습니까? 오늘 주님은 말씀하십니다. '넉 달을 기다릴 필요가 어디 있느냐? 당장에 추수하라!' 곁에 있는 사람들을 당장 추수하십시오!

둘째, 주님은 보리나 밀밭을 바라보신 것이 아니라, 실제로 주님께로 나아오는 사람들을 보셨다는 뜻입니다.

수가 성 여인의 전도를 듣고 몰려오는 사람들이 마치 흰 밭을 연상시켰습니다(30절). 모턴(H. V. Morton)은 이렇게 자기의 경험을 말했습니다. 그는 언젠가 예수님처럼 수가 성의 야곱의 우물 곁에 앉아서 예수님이 바라보셨던 것처럼 멀리 바라보고 있었습니다. 그런데 멀리서 아랍 사람들이 흰옷을 입고 떼를 지어 오고 있었습니다. 그들의 옷이 햇빛에 반사되어 굉장히 희게 보였습니다. 그래서 그는 예수께서도 그런 장면을 보시고 이 말씀을 하시지 않았나 생각했습니다. 주님은 보리나 밀밭을 보신 것이 아니라, 여인의 전도를 듣고 다가오는 사람들을 보셨습니다.

농사에는 절기가 있습니다. 그러나 천국 백성을 부르시는 인간의 추수에는 절기가 없습니다. 아무 때나 어디서나 추수할 수 있습니다. 우리는 물질 추수보다도 사람 추수에 열심을 내야 합니다. 사람을 천국으로 불러들이는 추수만큼 보람되고 만족스러운 일은 어디에도 없습니다.

하나님의 뜻을 수행하는 일에 시간을 지체할 필요가 없습니다. 특히 사람들을 구원하는 일은 추수기가 따로 없습니다. 우리가 사는 이 시점이 바로 추수 시기이고, 우리 모두가 추수꾼들입니다. 눈을 들어 사람들을 바라보십시오. 얼마나 구원을 갈망하고 있습니까? 지금 곧 영혼 추수에 참여하시기 바랍니다.

뿌리는 자가 있고 거두는 자가 있다

우리는 영혼 추수에 부름 받은 사명자들, 즉 주님께 고용된 품꾼들입니다.

"거두는 자가 이미 삯도 받고 영생에 이르는 열매를 모으나니 이는 뿌리는 자와 거두는 자가 함께 즐거워하게 하려 함이라 그런즉 한 사람이 심고 다른 사람이 거둔다 하는 말이 옳도다 내가 너희로 노력하지 아니한 것을 거두러 보내었노니 다른 사람들은 노력하였고 너희는 그들이 노력한 것에 참여하였느니라"(36-38절).

주님이 하신 말씀의 의미를 몇 가지로 요약해 보겠습니다.

첫째, 우리는 이미 주님께 품삯을 받았습니다.

우리가 받은 품삯이 무엇입니까? 영생을 얻었습니다. 천국 시민의 자격을 얻었습니다. 천국에 거처를 얻었습니다. 성령을 받았습니다. 이미 받을 것은 다 받았습니다. 그러니 이제는 주님이 명하신 추수에 나서야 합니다.

둘째, 영혼 추수에는 뿌리는 자와 거두는 자가 따로 있습니다.

여기서 뿌리는 자가 누구며 거두는 자가 누구인지 다양한 해석이 있습니다만, 일반적으로 볼 때 뿌리는 자는 앞선 세대의 전도자들이요, 거두는 자는 그다음 세대의 전도자들을 말합니다. 예를 들면, 세례 요한은 씨를 뿌린 자요 제자들은 그 씨에서 난 열매를 거두는 자들입니다. 아무튼 뿌리는 자와 거두는 자가 다릅니다. 우리는 언제나 내가 뿌려서 내가 거두기를 갈망합니다. 또 그렇게 되는 것을 당연시합니다. 그러나 영혼 추수는 뿌리는 자와 거두는 자가 다를 수 있습니다. 그래도 좋습니다.

뿌리는 자와 거두는 자가 다른 것이 인간 역사이기도 합니다. 우리는 지금 경제적으로 윤택한 시대에 살고 있습니다. 그러나 이것은 현재 사람들이 뿌린 결과가 아닙니다. 과거 수많은 사람들이 피땀 흘린 결과입니다. 수많은 노동자들이 중동에 가서 일했습니다. 때로는 생명의 위협도 받고, 때로는 가정 파탄의 아픔을 겪어가면서 일했습니다. 수많은 노동자들이 저임금 속에 견디면서 주당 60시간, 80시간 가리지 않고 밤낮으로 일을 했습니다. 그 결과를 우리가 따 먹고 있는 것입니다.

전도의 열매도 뿌리는 자와 거두는 자가 다를 수 있습니다. 언젠가 우리 성도 한 분이 몹시 섭섭해하셨습니다. 왜 그러느냐고 물었더니, 몇 년이나 전도해 놓은 사람을 다른 교회 교인이 빼앗아 갔다는 것입니다. 서운할 것 없습니다. 뿌리는 자와 거두는 자가 다를 수 있습니다. 다윗은 성전을 위해 준비했고, 솔로몬은 건축했습니다. 성전 부지를 사 놓는 사람이 따로 있고, 성전을 짓는 사람이 따로 있을 수 있습니다. 심는 자가 있고 거두는 자가 있으며, 노력하는 자와 그 노력한 것에 참여하는 자가 있습니다. 그것이 바로 주님의 법칙이요 원하시는 바입니다.

우리는 하나님의 일을 하면서 나만이 심고, 나만이 거두려는 탐심을 버려야 합니다. 오늘 심고 오늘 거두려는 욕심도 버려야 합니다. 부지런히 심는 자도 되시고, 거두는 자도 되십시오. 거기에서 참 만족이 옵니다.

셋째, 뿌리는 자와 거두는 자가 함께 기뻐합니다.

> "거두는 자가 이미 삯도 받고 영생에 이르는 열매를 모으나니 이는 뿌리는 자와 거두는 자가 함께 즐거워하게 하려 함이라"(36절).

뿌리는 자와 거두는 자가 함께 기뻐합니다. 이것은 두 가지 의미가 있습니다. 첫째는 뿌리는 자들과 거두는 자들이 천국에서 함께 기뻐한다는 의미입니다. 둘째는 뿌리는 것과 수확이 동시에 일어나서 함께 기뻐한다는 뜻입니다. 사마리아 여인이 뿌린 씨가 당장 수확이 되어 함께 거두고 있습니다.

어떤 의미든지 뿌리는 자와 거두는 자가 함께 즐거워합니다. 세상

일에는 노력하는 자와 거두는 자가 다를 때 난리가 납니다. 내 노력은 내가 거두어야만 직성이 풀립니다. 그러나 하나님 나라에서는 누가 뿌리고 누가 거두든지 함께 기뻐합니다. 38절 말씀을 보십시오.

> "다른 사람들은 노력하였고 너희는 그들이 노력한 것에 참여하였느니라"(38절).

제자들은 지금 앞선 사람들이 뿌린 열매를 거두고 있습니다. 앞서 노력한 사람들과 그 노력한 것을 거두는 자들이 다릅니다. 그러나 서로 반목하지 않고 함께 기뻐합니다. 그것이 바로 영혼 추수입니다.

현재 내가 맡은 교회의 직분도 그렇습니다. 누가 어떤 직분을 맡았느냐, 누가 칭찬을 받았느냐가 중요한 것이 아닙니다. 누가 뿌리고 누가 거두든지 상관이 없습니다. 중요한 것은 사명으로 함께 기뻐하는 일입니다. 하나님은 뿌리는 자에게나 거두는 자에게 적절한 보상을 해주십니다. 사명으로 뿌리고, 사명으로 거두십시오.

오늘 어떤 씨를 뿌리고 어떤 추수를 하고 있습니까?

제자들이 음식을 구해 왔을 때, 주님은 제자들이 알지 못하는 양식이 있다고 말씀하셨습니다. 그 양식은 바로 아버지의 뜻을 행하는 사명 수행의 양식입니다.

아버지의 뜻을 행하는 것! 아버지의 일을 온전히 이루는 것! 주님은 십자가에서 바로 이 말씀을 하셨습니다. '내가 다 이루었다!' 주님은 인류 구원의 대업을 이루는 것을 양식으로 삼으셨습니다.

오늘 우리를 가장 만족하게 만들 수 있는 것은 바로 하나님의 사명 수행입니다. 인생을 사명으로 사십시오. 가정생활도, 직장생활도, 교회생활도 다 사명으로 하십시오. 마지못해 굴러가는 인생에게 만족이란 영원히 없습니다. 그러나 사명으로 사는 사람에게는 기쁨과 만족이 있습니다. 하늘 뜻을 수행하는 사명으로 사십시오. 그러면 정말 만족한 인생이 될 것입니다.

우리는 이미 주님께 품삯을 받았습니다. 영생을 받았습니다. 천국 시민권을 받았습니다. 천국 거처를 받았습니다. 품삯을 선불로 받았으니 이제는 영혼 농사에 참여하십시오. 우리가 오늘 뿌리는 씨를 우리의 자녀들과 손자들이 거두게 됩니다. 선대의 열매를 우리가 거두어 누리듯이, 우리의 후손도 우리가 뿌린 것을 거둘 것입니다. 우리는 오늘의 번영에 대해 겸손해야 하고, 내일의 번영에 대해 책임을 져야 합니다. 우리가 만일 씨를 뿌리지 않는다면 우리 자손들은 거둘 것이 없을 것입니다. 그러므로 우리는 오늘 거두는 일만 하지 말고 내일을 위해 뿌리는 사람들이 되어야 합니다.

역사는 추수 작업입니다. 선대는 뿌리고 후대는 거둡니다. 역사의식을 가지고 복음의 씨를 뿌리십시오. 영혼 추수에 헌신하십시오. 영혼을 추수하는 사명은 하나님이 주신 최대의 사명입니다. 할렐루야!

/네 아들이 살았다/

요한복음 4:43-54
이틀이 지나매 예수께서 거기를 떠나 갈릴리로 가시며 친히 증언하시기를 선지자가 고향에서는 높임을 받지 못한다 하시고 갈릴리에 이르시매 갈릴리인들이 그를 영접하니 이는 자기들도 명절에 갔다가 예수께서 명절 중 예루살렘에서 하신 모든 일을 보았음이더라 예수께서 다시 갈릴리 가나에 이르시니 전에 물로 포도주를 만드신 곳이라 왕의 신하가 있어 그의 아들이 가버나움에서 병들었더니 그가 예수께서 유대로부터 갈릴리로 오셨다는 것을 듣고 가서 청하되 내려오셔서 내 아들의 병을 고쳐 주소서 하니 그가 거의 죽게 되었음이라 예수께서 이르시되 너희는 표적과 기사를 보지 못하면 도무지 믿지 아니하리라 신하가 이르되 주여 내 아이가 죽기 전에 내려오소서 예수께서 이르시되 가라 네 아들이 살아 있다 하시니 그 사람이 예수께서 하신 말씀을 믿고 가더니 내려가는 길에서 그 종들이 오다가 만나서 아이가 살아 있다 하거늘 그 낫기 시작한 때를 물은즉 어제 일곱 시에 열기가 떨어졌나이다 하는지라 그의 아버지가 예수께서 네 아들이 살아 있다 말씀하신 그때인 줄 알고 자기와 그 온 집안이 다 믿으니라 이것은 예수께서 유대에서 갈릴리로 오신 후에 행하신 두 번째 표적이니라

갈릴리로 내려오신 주님

예수님은 사마리아에서 이틀간 전도하시고 갈릴리 가나로 오셨습니다.

"이틀이 지나매 예수께서 거기를 떠나 갈릴리로 가시며"(43절).

갈릴리로 오시면서 주님은 속담 같은 말씀을 하셨습니다.

> "친히 증언하시기를 선지자가 고향에서는 높임을 받지 못한다 하시고 갈릴리에 이르시매 갈릴리인들이 그를 영접하니 이는 자기들도 명절에 갔다가 예수께서 명절 중 예루살렘에서 하신 모든 일을 보았음이더라"(44–45절).

원문에 보면 44절 말씀은 '*γὰρ*', '왜냐하면' 이란 말로 시작되어 있습니다. 갈릴리로 오신 까닭이 바로 선지자가 고향에서 높임을 받지 못하기 때문이라는 말씀입니다. 예수님의 고향은 갈릴리 나사렛입니다. 그렇다면 주님은 고향에서 높임 받지 못할 것을 잘 아셨기 때문에 고향에 오셨다는 말이 됩니다. 높임을 받지 못할 줄 알고 고향에 오셨다? 좀 이상한 말씀입니다. 이 말씀에 대해 두 가지 해석이 있습니다.

첫 번째 해석은, 예수님이 고향 갈릴리에서 대접을 받지 못하셨으므로 유대 땅 예루살렘으로 가셨고, 거기서 많은 이적을 행하시고 명성을 얻은 다음, 그 명성을 가지고 고향에 돌아오심으로 고향 사람들의 환영을 받으셨다는 해석입니다. 45절 말씀을 보십시오. 갈릴리 사람들이 예루살렘에 갔다가 예수님의 기적들을 보고 갈릴리로 돌아와서 영접했다고 합니다.

두 번째 해석은, 문자 그대로 예수님은 고향 갈릴리에서 대접받지 못하셨기 때문에 일부러 갈릴리로 오셨다는 해석입니다. 본문에 보면 '높임을 받는다' 는 말이 '*τιμή*'(티메)란 말로 되어 있습니다. 흔히 하나님을 높일 때 사용되는 '*δοξα*'(독사), '영광' 이란 말과 차이가 있습니다. 예수님은 고향에서, 신성을 지니신 하나님의 아들로는 고사하고, 인간으로서의 존경도 제대로 받지 못했습니다. 예수님의 친형제들까지도 예수님이 미친 줄 알고 잡으러 다녔습니다(막 3:21). 고향 사람들은 언제나 예수님을 단순한 인간으로 맞이했습니다. 이런 대접이 잠시나마 주님을 편하게 만들었습니다. 왜냐하면 유대 땅이나 예루살렘에서처럼, 최소한 유대인들에게 박해를 당하지는 않았기 때문입니다. 제대로 대접하지는 않았지만, 그렇다고 대항하거나 훼방하지도 않는 갈릴리 땅을 편하게 생각하시고 오셨다는 말씀입니다.

여기서 주님이 제시하신 중요한 테마는 바로 예수님의 신분입니다. '예수님은 누구신가? 알고 믿는가?'

내 아들의 병을 고쳐 주소서

> "예수께서 다시 갈릴리 가나에 이르시니 전에 물로 포도수를 반드신 곳이라 왕의 신하가 있어 그의 아들이 가버나움에서 병들었더니 그가 예수께서 유대로부터 갈릴리로 오셨다는 것을 듣고 가서 청하되 내려오셔서 내 아들의 병을 고쳐 주소서 하니 그가 거의 죽게 되었음이라"(46–47절).

예수님이 가나에 머무실 때 왕의 신하가 예수님께 달려와서 호소합니다. '내 아들이 죽게 되었습니다!' '왕의 신하'(βασιλικὸς)입니다. 왕에게 속했다는 뜻으로, 당시 갈릴리 지역을 다스렸던 헤롯 안티파스 왕실 사람이었습니다. 어떤 주석가는 이 사람이 헤롯의 젖동생 마나엔(행 13:1)이라고 하기도 하고, 헤롯의 청지기 구사(눅 8:3)라고 하기도 합니다만, 누구인지는 알 수 없습니다. 왕궁 사람이라면 지위 불문하고 괜찮은 신분입니다. 그러나 그의 신분도 죽어 가는 아들에게는 아무 소용이 없었습니다. 문자적으로 '죽게 되었다' (be about to die) 혹은 '죽음의 시점' (at the point of death)에 이르렀다는 뜻입니다. 무슨 병인지, 얼마 동안이나 앓았는지는 알 수 없습니다. 고열로 혼수상태가 지속되었습니다.

이 사람이 예수님을 찾아온 것은 소문으로 알고 있었기 때문입니다. 가나의 혼인 잔치에서 물로 포도주를 만드신 사건이라든지, 유월절 절기에 예루살렘에서 행하신 많은 이적들을 들어서 알고 있었습니다. 그 예수님이 지금 가나에 와 계시다는 소식을 듣고 무조건 달려왔습니다. 가버나움에서 가나까지는 대략 34km 정도 됩니다. 대략 80리가 넘는 거리입니다. 가버나움은 갈릴리 호숫가에 있고, 가나는 상당한 고지대에 있습니다. 갈릴리 호수가 지중해 수면보다도 300m 이상 낮은 것을 생각한다면, 가버나움에서 가나로 가는 것은 등산과도 같습니다. 그러나 그는 사랑하는 아들을 살리겠다는 일념으로 먼 길을 찾아왔습니다.

오늘 죽음에 직면한 사람이 있다면 예수님께 오십시오. 생사 문제 앞에 달리 의지할 길은 없습니다.

> "귀인들을 의지하지 말며 도울 힘이 없는 인생도 의지하지 말지니 그의 호흡이 끊어지면 흙으로 돌아가서 그날에 그의 생각이 소멸하리로다"(시 146:3-4).

어떤 위급한 문제든지 예수님께 와서 맡기십시오. 열두 해를 혈루병으로 고생하던 여인처럼, 남몰래 예수님의 옷자락만 만져도 좋습니다. 소경 바디매오처럼 소리치며 주님을 불러도 좋습니다. 세관원

삭개오처럼 나무 위에라도 기어올라 주님을 바라보십시오. 주님께 나와 맡길 때 주님과의 관계가 시작됩니다. 이것이 중요합니다. 우리가 주님께 맡기지 않는다면 주님과 나는 아무 상관이 없습니다.

> "야곱의 하나님을 자기의 도움으로 삼으며 여호와 자기 하나님에게 자기의 소망을 두는 자는 복이 있도다 여호와는 천지와 바다와 그중의 만물을 지으시며 영원히 진실함을 지키시며 억눌린 사람들을 위해 정의로 심판하시며 주린 자들에게 먹을 것을 주시는 이시로다 여호와께서는 갇힌 자들에게 자유를 주시는도다 여호와께서 맹인들의 눈을 여시며 여호와께서 비굴한 자들을 일으키시며 여호와께서 의인들을 사랑하시며 여호와께서 나그네들을 보호하시며 고아와 과부를 붙드시고 악인들의 길은 굽게 하시는도다 시온아 여호와는 영원히 다스리시고 네 하나님은 대대로 통치하시리로다 할렐루야"(시 146:5-10).

믿음의 진전

본문에서 특히 주목할 것은 왕의 신하에게 일어난 믿음의 진전입니다. 아들의 병을 호소하러 올 때부터 일종의 믿음이 있었습니다. 예를 들면, 예수님이 병을 고쳐 주신다는 정도의 믿음입니다. 하지만 예수님을 구주로 믿는 믿음은 아니었습니다. 그러다가 예수님을 만나고, 아들의 병을 고치면서 온 집안이 예수님을 구주로 믿는 신앙적 믿음으로 발전합니다.

오늘 우리에게도 이런 믿음의 변화가 필요합니다. 시작은 육신의 병 고침이지만 결국은 예수님을 구주로 믿어야 합니다. 어떤 동기에서 예수님을 찾았든지 반드시 영혼 구원으로 이어지기 바랍니다.

왕의 신하와 주님의 대화는 세 단계로 구분할 수 있습니다. 대화의 첫 단계는, "내려오셔서 내 아들의 병을 고쳐 주소서"(47절) 하고 부탁하는 장면입니다.

이 사람은 예수님께 왕진 좀 와달라고 부탁하고 있습니다. 예수님이 환자가 있는 현장에 오셔서 무슨 조치를 해야만 나을 수 있다고 생각했습니다. 그러나 예수님은 가부간의 대답 대신 책망을 하셨습니다.

"너희는 표적과 기사를 보지 못하면 도무지 믿지 아니하리라"(48절).

왕진을 가시겠다는 말씀인지, 안 가시겠다는 말씀인지? 48절 말씀에서 우리는 세 단어에 주목해야 합니다. 이 단어들 속에 주님이 무엇을 책망하셨는지 그 내용이 들어 있습니다.

첫 단어는 '믿는다' 는 말입니다. 예수님은 아들의 병을 고쳐 달라는 왕의 신하에게 믿음을 거론하셨습니다. 우리는 항상 '예수가 내게 무엇을 해줄 수 있는가?' 에 관심이 많습니다. 그러나 주님은 오히려 '예수가 누구인가?' 에 더 관심을 갖기를 원하십니다. 예수의 능력을 구하기 전에 예수님 자신을 믿으라는 말씀입니다. 예수님이 하나님의 아들이심을 믿는다면 병 고침의 문제는 자연히 해결됩니다. 그래서 주님은 아들의 병 고침에 매달린 이 사람에게, 먼저 예수 그리스도를 믿으라는 말씀을 하셨습니다.

두 번째 단어는 '표적과 기사' 라는 말입니다. 표적과 기사란 한마디로 이적이란 뜻입니다. 예수님께서는 "보지 못하고 믿는 자들은 복되도다"(요 20:29)라고 말씀하셨습니다. 그러나 대부분의 사람들은 이적을 보아야만 주님을 믿기 시작합니다. 그냥 예수님의 말씀만을 듣고 믿는 사람은 거의 없습니다. 요즘도 마찬가집니다. 성경 말씀만 듣고, 설교 말씀만 듣고 예수님을 믿는 사람이 그다지 많지 않습니다. 대개는 뭔가 기적을 체험한 후에 믿습니다. 수가 성 여인이나 사마리아 사람들은 예수님과의 대화를 통해서 예수님을 믿게 되었습니다. 그러나 갈릴리 사람들은 이적 없이는 믿으려 하지 않았습니다.

세 번째 단어는 '너희' 라는 단어입니다. 예수님은 지금 왕의 신하 한 사람의 신앙만을 탓하신 것이 아닙니다. 그 자리에 함께한 모든 사람들의 신앙을 함께 책망하신 것입니다. 이적을 보아야만 믿는 것은 보편적인 사람들의 성향입니다. 우리도 예외가 아닙니다.

첫 번째 대화를 정리하면, 왕의 신하가 예수님께 아들을 살려 달라고 할 때, 주님은 도대체 너희는 기적을 보아야만 예수님을 믿는 불신앙의 무리들이라고 책망하시는 것으로 끝이 납니다.

대화의 두 번째 단계는, "주여 내 아이가 죽기 전에 내려오소서"(49절) 하고 간청하는 장면입니다.

역시 이 사람의 빈약한 믿음이 반영된 말입니다. 그는 아이가 죽기 전에 예수님이 오셔야만 고칠 수 있다고 생각했습니다. 예수님도 죽은 사람에게는 어쩌실 수 없다고 생각했습니다. 예수님을 선지자로 알았든지, 의사로 알았든지, 이적 행하는 자로 알았든지 다 마찬가지입니다. 예수를 인간으로만 아는 한 결코 죽어도 살려낸다는 믿음을 가지기는 힘듭니다. 예수의 신성을 믿는 자만이 비로소 그의 무한한 능력을 믿을 수 있습니다.

그러나 여기서 우리가 본받아야 할 것은 이 사람의 믿음의 분량이 아닙니다. 오직 주님만을 의지하는 태도입니다. "너희는 표적과 기사를 보지 못하면 도무지 믿지 아니하리라"(48절)고 주님이 책망하셨지만 그는 묵묵히 받아들였습니다. '뭐라고 책망하셔도 좋습니다.

내 아들만 고쳐 주십시오.' 그에게 있어서 오직 한 가지 관심사는 예수님이 자기의 부탁을 들어주시느냐, 거절하시느냐 하는 것뿐이었습니다.

이 사람의 요청에 대해서 주님은 말씀하십니다.

> "가라 네 아들이 살아 있다"(50절).

이 말씀은 설명이라기보다는 명령입니다. 주님의 말씀은 그대로 하나님의 명령입니다. "나사로야 나오라"(요 11:43), "에바다"(막 7:34), "달리다굼"(막 5:41), "잠잠하라 고요하라"(막 4:39), "더러운 귀신아 그 사람에게서 나오라"(막 5:8). 이 모든 명령은 다 "빛이 있으라!"(창 1:3) 하신 창조의 말씀과 똑같은 명령입니다. 주님의 명령에 따라 사람도, 바다도, 풍랑도, 귀신도, 질병도, 생명까지도 움직였습니다. 그러므로 "네 아들이 살아 있다"는 말씀은 곧 병이 나았다는 선언입니다.

주님은 이 사람이 요구했던 대로 가버나움에 내려가지 않으셨습니다. 환자 근처에도 가지 않으셨습니다. 말씀만 하셨습니다. 그것으로써 병은 이미 고쳐졌습니다. 주님은 이 사람의 믿음 분량과 상관없이 병을 고쳐 주셨습니다.

우리는 이 장면을 보면서 용기를 얻습니다. 우리는 언제나 내 믿음이 작기 때문에, 또는 내가 주님에 대해서 많이 알지 못하기 때문에 주님께 응답을 받지 못한다고 생각합니다. 그러나 주님은 왕의 신하의 믿음이 커지기를 기다리지 않으시고 사람부터 살려 주셨습니다. 그러므로 있는 모습 그대로 주님을 의지하십시오. 믿음이 작으면 작은 대로 부탁하시고, 크면 큰 대로 부탁하십시오. 주님이 요구하시는 것은 우리가 주님을 의탁하는 일입니다.

대화의 세 번째 단계는, 왕의 신하가 주님의 말씀을 믿고 돌아가는 장면입니다.

> "예수께서 이르시되 가라 네 아들이 살아 있다 하시니 그 사람이 예수께서 하신 말씀을 믿고 가더니"(50절).

그는 처음 주님에게 가버나움까지 와달라고 부탁했습니다. 그다음에는 자기 아들이 죽기 전에 와달라고 간청했습니다. 그런데 이제는 주님의 말씀만을 믿고 돌아가고 있습니다. 왜 이렇게 태도가 변했을까요? 두 가지로 생각해 볼 수 있습니다.

첫째는 주님과 만남으로써 그의 믿음이 발전했기 때문입니다. 수가 성 여인도, 나다나엘도 주님과의 만남을 통해서 믿음을 가지게 되었습니다. 누구든지 주님을 만나는 사람은 주님을 신뢰하게 됩니다. 둘째는 그가 오직 아들의 병 고치는 문제에만 집중했기 때문입니다. 그는 오직 아들의 생사에만 관심이 있었기 때문에 아들이 살았다고 하니까 그냥 돌아갔습니다. 아마 두 가지 이유가 복합적으로 작용했을 것입니다. 믿음도 커졌고, 아들이 살았다고 하니 돌아간 것입니다.

그러면 그가 믿고 돌아간 결과는 어떠했습니까?

> "내려가는 길에서 그 종들이 오다가 만나서 아이가 살아 있다 하거늘 그 낫기 시작한 때를 물은즉 어제 일곱 시에 열기가 떨어졌나이다 하는지라"(51-52절).

그가 집에 당도하기도 전에 그의 하인들이 달려오고 있었습니다. 주인이 예수님을 부르러 간 후에 초조하게 아들의 임종을 지켜보던 하인들은, 갑자기 아이의 병세가 나아지는 것을 보고 깜짝 놀랐습니다. 갑자기 열이 내리더니 정상으로 돌아왔습니다. 완전히 나은 것이 분명했기 때문에 하인들은 주인을 찾으러 나섰습니다. 첫째는 병이 나았다는 것을 알리기 위해서이고, 둘째는 의사를 불러올 필요가 없다는 것을 알리기 위해서입니다. 서로 가고 오는 도중에 길에서 만났습니다.

"주인님, 아이가 살아났습니다."

"언제 내 아들이 살아났느냐?"

"어제 일곱 시에 열기가 떨어졌습니다."

시간을 기억하고 있었던 것을 보면 병세가 갑자기 호전된 것이 분명합니다. 왕의 신하는 그 시간이 바로 주님께서 "네 아들이 살아 있다"고 말씀하신 시간임을 깨달았습니다. '아하! 그분이 바로 그리스도였구나!' 비로소 예수님에 대한 인식의 변화가 일어났습니다.

왕의 신하에게 일어난 믿음의 변화를 보십시오. 처음에 그는 예수님을 신통력을 가진 사람 정도로 알았습니다. 그는 예수님에게 가버나움으로 내려와서 아들의 병을 고쳐 달라고 부탁했습니다. 주님께서 기적을 보아야만 믿는 사람이라고 책망하셨을 때 죽기 전에 내려와 달라고 요청했습니다. 주님이 누구시든지 오직 아들의 병을 고치는 데만 주력했습니다. 아들이 살았다고 하니까 그 말을 믿고 내려갔습니다.

그런데 정말 주님의 말씀대로 아들이 살아났습니다. 여기서 그는 비로소 정신을 차렸습니다. 내 아들의 병을 고쳐 주신 주님은 누구신가? 도대체 예수란 분은 어떤 분이기에 말씀 한마디로 죽을 사람을 살려내시는가? 예수님은 누구신가? 우리는 반드시 이 질문에 도달해야 합니다.

오늘 우리도 갖가지 계기로 교회를 찾습니다. 병들어서, 돈이 떨어져서, 마음의 상처 때문에, 불가항력의 문제 때문에. 교회생활을 하면서 문제가 해결되는 경험을 합니다. 병을 고칩니다. 돈 문제가 풀립니다. 마음의 위로를 받습니다. 불가능한 문제가 해결됩니다. 그러나 그것이 신앙은 아닙니다. 신앙은 바로 예수님이 누구신지 알고 믿는 데서 시작됩니다. 어떤 경로를 통해서든지 예수님의 신성에 접하는 계기가 되시기 바랍니다. 주님은 말씀하셨습니다. '나를 믿지 못하겠거든 내가 하는 일을 믿으라! 내가 행하는 일을 믿는다면 내가 어떤 이인지 알게 되리라!'

> "만일 내가 내 아버지의 일을 행하지 아니하거든 나를 믿지 말려니와 내가 행하거든 나를 믿지 아니할지라도 그 일은 믿으라 그러면 너희가 아버지께서 내 안에 계시고 내가 아버지 안에 있음을 깨달아 알리라"(요 10:37-38).

인생의 모든 삶을 통해서, 교회생활을 통해서 주님의 행적과 만나시기 바랍니다. 그리고 반드시 주님을 알고 믿게 되시기 바랍니다. 그것이 주님의 뜻입니다.

두 가지 구원을 받았습니다

왕의 신하는 예수께 나아와서 두 가지 구원을 받았습니다.

첫째, 질병으로부터의 구원입니다.

아들의 병을 고쳤습니다. 질병과 죽음은 인류에게 내리신 보편적인 형벌입니다. 인간이 하나님을 떠날 때 죽음에 직면할 수밖에 없었습니다. 예수 그리스도는 바로 이 질병에서 우리를 건지시는 구주십니다.

> "우리 연약한 것을 친히 담당하시고 병을 짊어지셨도다"(마 8:17).
>
> "그가 찔림은 우리의 허물 때문이요 그가 상함은 우리의 죄악 때문이라 그가 징계를 받으므로 우리는 평화를 누리고 그가 채찍에 맞으므로 우리는 나음을 받았도다"(사 53:5).

주님은 많은 병자들을 고쳐 주셨습니다. 중풍병, 걷지 못하는 사람, 듣지 못하는 사람, 앞 못 보는 사람, 혈루병, 나병 환자, 열병 환자, 원인을 알 수 없는 갖가지 질병 등. 오늘 주님을 만나서 이 모든 병에서 고침 받기를 주님의 이름으로 축원합니다.

둘째, 그는 영혼 구원을 받았습니다.

> "그의 아버지가 예수께서 네 아들이 살아 있다 말씀하신 그때인 줄 알고 자기와 그 온 집안이 다 믿으니라"(53절).

온 집안이 다 예수님을 믿게 된 것! 그것이 주님의 목표입니다. 단순히 질병을 고치는 것이 목표가 아닙니다. 육신의 병만 고치려 한다면 종합병원에 가는 게 낫습니다. 예수 믿고 하나님 자녀가 된 것이 진짜 구원입니다. 어떤 중풍병자가 들것에 실려 왔을 때, 주님은 먼저 "네 죄 사함을 받으라"고 명령하셨습니다(마 9:1-8). 육신의 병을 고친다 해도 곧 죽음을 맞이하는 것은 필연입니다. 먼저 주님을 통해 죄 사함을 받아야 합니다. 그래야만 하나님의 심판을 면합니다. 지옥에 떨어지지 않습니다. 하나님의 자녀가 됩니다. 왜냐하면 죄로 말미암아 하나님과 원수 되었기 때문입니다. 인간의 모든 불행은 하나님과 원수 된 것 때문이요, 하나님과 원수 된 것은 죄 때문입니다. 그러므로 죄 사함을 받아야 합니다.

예수 그리스도는 인생들을 하나님의 품으로 인도하시기 위해서 오셨습니다. 주님은 우리 인간들의 죄악을 대신 지시고 십자가에서 죽으셨습니다. 그리고 우리를 죽은 자 가운데서 다시 살려내시기 위해서 다시 살아나셨습니다. 주님은 지금도 우리 죄를 용서하시려고 부르십니다.

> "수고하고 무거운 짐 진 자들아 다 내게로 오라 내가 너희를 쉬게 하리라"(마 11:28).
>
> "나는 선한 목자라 선한 목자는 양들을 위하여 목숨을 버리노라"(요 10:11).
>
> "나는 세상의 빛이라"(요 8:12),
>
> "내가 곧 생명의 떡이니라"(요 6:48).
>
> "내가 곧 길이요 진리요 생명이니 나로 말미암지 않고는 아버지께로 올 자가 없느니라"(요 14:6).

사도 베드로는 예수님의 죽음과 부활을 증거하면서 이렇게 외쳤습니다.

> "다른 이로써는 구원을 받을 수 없나니 천하 사람 중에 구원을 받을만한 다른 이름을 우리에게 주신 일이 없음이라"(행 4:12).

바울 사도는 빌립보 감옥의 간수에게 이렇게 외쳤습니다.

"주 예수를 믿으라 그리하면 너와 네 집이 구원을 받으리라"(행 16:31).

주님을 찾아온 왕의 신하는 아들의 병을 고치는 것만으로 끝나지 않았습니다. 그 자신과 온 가족이 예수를 구주로 믿게 되었습니다. 먼저 주님께 나와서 죄 사함을 받으십시오. "하나님! 나는 지금까지 하나님을 인정하지 않고 살았습니다. 하나님을 섬기지도 않고, 하나님 말씀대로 살지도 않았습니다. 내 죄를 회개합니다. 이제 예수님께서 내 죄를 대신하여 십자가에서 죽으신 것을 내가 믿습니다. 예수님을 나의 구주, 나의 하나님으로 내 마음에 영접합니다. 지금 내게 오셔서 내 인생의 주인이 되어 주세요!"

이 신앙고백을 하시기 바랍니다. 나 혼자만이 아니라 온 가족이 함께 이 고백을 하시기 바랍니다. 그래서 영원히 하나님 자녀로 사시기를 주님의 이름으로 축원합니다. 할렐루야!

/네가 낫기를 원하느냐?/

요한복음 5:1-9

그 후에 유대인의 명절이 되어 예수께서 예루살렘에 올라가시니라 예루살렘에 있는 양문 곁에 히브리 말로 베데스다라 하는 못이 있는데 거기 행각 다섯이 있고 그 안에 많은 병자, 맹인, 다리 저는 사람, 혈기 마른 사람들이 누워 [물의 움직임을 기다리니 이는 천사가 가끔 못에 내려와 물을 움직이게 하는데 움직인 후에 먼저 들어가는 자는 어떤 병에 걸렸든지 낫게 됨이러라] 거기 서른여덟 해 된 병자가 있더라 예수께서 그 누운 것을 보시고 병이 벌써 오래된 줄 아시고 이르시되 네가 낫고자 하느냐 병자가 대답하되 주여 물이 움직일 때에 나를 못에 넣어 주는 사람이 없어 내가 가는 동안에 다른 사람이 먼저 내려가나이다 예수께서 이르시되 일어나 네 자리를 들고 걸어가라 하시니 그 사람이 곧 나아서 자리를 들고 걸어가니라 이날은 안식일이니

예수께서 유대인의 명절에 예루살렘에 올라가셨습니다.

"그 후에 유대인의 명절이 되어 예수께서 예루살렘에 올라가시니라"(1절).

이 명절이 무슨 절기인지는 의견이 분분합니다. 유월절, 오순절, 수전절, 부림절 등. 최근의 학자들은 부림절로 보는 견해가 많습니다.

이 절기에 예수님은 예루살렘 양문에 이르셨습니다.

베데스다 연못가의 환자들

본문의 배경은 베데스다 연못입니다.

> "예루살렘에 있는 양문 곁에 히브리 말로 베데스다라 하는 못이 있는데 거기 행각 다섯이 있고 그 안에 많은 병자, 맹인, 다리 저는 사람, 혈기 마른 사람들이 누워 [물의 움직임을 기다리니 이는 천사가 가끔 못에 내려와 물을 움직이게 하는데 움직인 후에 먼저 들어가는 자는 어떤 병에 걸렸든지 낫게 됨이러라]"(2-4절).

예루살렘은 성곽으로 둘러싸여 있습니다. 성 둘레에 여러 개의 크고 작은 문이 있습니다. 느헤미야의 기록에 보면 분문, 샘문, 양문, 어문, 옛문, 골짜기문, 수문, 마문, 함밉갓 문 등의 이름이 나옵니다. 베데스다 연못은 양문(羊門) 곁에 있습니다. 양문이란 이름은 이 근처에 있는 양을 매매하는 시장이 있어서 붙여진 이름으로, 오늘날에는 스데반 문이라고 부릅니다. 근래에 이 스데반 문 근처에서 '성 안나의 쌍둥이 연못'(St. Anne's twin pools)이라는 연못이 발굴되었는데, 사람들은 이 연못이 바로 베데스다 연못이 아닌가 생각합니다.

베데스다란 이름은 히브리어로 '베트 헤세다', 즉 '은혜의 집'이란 뜻입니다. 이 연못이 언제 어떻게 생겼는지 알 수는 없습니다. 연못의 용도에 대해서도 양을 목욕시키는 곳, 혹은 성결 예식을 거행하던 곳이라는 주장이 있습니다. 예수님 당시에는 일반인들의 목욕 장소로 사용되었습니다.

언제부터인가 이 연못이 병을 고치는 신통력이 있다고 소문이 났습니다. 본문 말씀 3-4절에 보면 이 연못에 천사가 내려오면 물이 움직이고 그때 먼저 뛰어드는 사람은 치료된다고 설명합니다. 이 구절이 우리 성경에는 괄호 속에 있습니다. 왜냐하면 가장 권위 있는 시내 산 사본이나 바티칸 사본 등에 빠져 있기 때문입니다. 아마도 천사에 대한 소문은 일반인들의 속설이기 때문에 정경에 포함시키지 않았던 것 같습니다.

연못의 물이 움직였다고 하는 것을 보면 이 연못이 간헐천이었을 가능성이 있습니다. 연못 속에서 주기적으로 물이 솟아났기 때문에 물이 움직였을 것이며, 그때마다 새로 솟아난 물에 들어가면 효험을 보았으리라는 추측입니다. 오늘날에도 샘물 효험론은 어디에나 있습니다. 어느 샘물을 먹으면 무슨 병이 낫는다는 소문입니다.

소문 때문에 베데스다 연못 근처에는 많은 환자들이 모여들었습니다. 맹인, 다리 저는 사람, 움직일 수 없는 환자들까지 들러 왔습니다. 이곳에는 다섯 개의 행각이 있었습니다. 이 행각은 일반인들의 휴식처로 지어졌지만, 환자들이 몰려들면서부터는 환자들의 거처가 되었습니다. 베데스다라는 이름과는 반대로 이곳은 불행한 환자들의 집이 되었습니다. 오늘 본문 말씀의 주인공은 바로 이 행각에 머무는 환자입니다.

38년 된 병자의 신고(辛苦)

본문의 주인공은 38년 된 병자입니다.

> "거기 서른여덟 해 된 병자가 있더라"(5절).

그의 병명이 무엇인지는 모릅니다. 본문에서 알 수 있는 것은 그가 평생토록 고통스러운 생애를 보냈다는 점입니다.

첫째, 그는 38년 동안을 불구자로 지냈습니다.

어떤 주석가는 이 병자가 보낸 38년을 이스라엘 민족의 광야 생활에 비유합니다(신 2:14). 광야 38년 동안 이스라엘은 집이 없었고, 안식이 없었습니다. 이 병자의 삶이 그랬습니다. 38년이란 세월은 긴 기간입니다. 저는 목회를 시작한 지 30년도 안 되었는데 평생 보낸 것 같습니다. 즐겁게 일하면서 보냈는데도 길게 느껴지는데, 환자로 38년을 보냈다면 얼마나 지루했을까요? 그의 나이가 몇인지는 모릅니다. 그가 중년이 지났다면 거의 평생을 병자로 지낸 셈입니다.

둘째, 치유의 기회조차 항상 남에게 빼앗기고 있었습니다.

> "병자가 대답하되 주여 물이 움직일 때에 나를 못에 넣어 주는 사람이 없어 내가 가는 동안에 다른 사람이 먼저 내려가나이다"(7절).

생존경쟁의 끝없는 패배자입니다. 연못가에 앉아 있다가 물이 솟아오르는 것을 보면 사람들이 일제히 물로 달려갑니다. 이 사람 역시 움직여 보지만 매번 빨리 움직이는 사람들에게 밀려납니다. 이 세상은 삶의 경쟁이 치열합니다. 누가 남보다 형편이 낫다고 남에게 양보하는 법이 없습니다. 서로 이기기 위해서 남의 죽음을 상관치 않습니다. 이런 상황에서 항상 뒷전으로 밀리는 사람이 바로 이 사람이었습니다.

셋째, 그는 누구의 도움도 받지 못했습니다.

아마 가족들조차 이 사람을 버린 것 같습니다. 앉은 자리에서 연못까지 몇 발자국이나 되겠습니까? 누가 몇 초만 들어다 주면 물에 들어갈 수 있습니다. 그 몇 초간의 도움이 단 한 번이라도 있었다면 그는 벌써 완쾌되었을지도 모릅니다. 그러나 아무도 도와주지 않았습니다. '나는 1년 된 병자니까 38년 된 당신이 먼저 고치세요' 하면서 양보하는 사람이 없었습니다.

이 환자의 모습 속에서 우리는 현대인의 고단한 삶을 엿볼 수 있습니다. 평생 자립 기반이 없는 불안정한 삶, 치열한 경쟁과 패배, 철저한 개인주의 속에 고립된 삶! 이 사람의 마음을 지배한 것은 좌절과 원망입니다. 욥의 친구 엘리바스는 인생을 이렇게 표현합니다.

> "사람은 고생을 위하여 났으니 불꽃이 위로 날아가는 것 같으니라" (욥 5:7).

네가 낫고자 하느냐?

이 환자에게 주님이 뭐라고 하셨습니까?

> "예수께서 그 누운 것을 보시고 병이 벌써 오래된 줄 아시고 이르시되 네가 낫고자 하느냐"(6절).

먼저 "네가 낫고자 하느냐?"고 물으셨습니다. 이 말씀 속에는 몇 가지 의미가 담겨 있습니다.

첫째, 아직도 삶의 의욕이 있는지, 아직도 삶에 대한 기대가 있는지, 자신의 삶에 대한 존재 가치를 묻는 질문입니다.

"긴 병에 효자 없다"는 속담이 있습니다. 긴 세월 시달리다 보면 의욕보다는 체념이 많습니다. '인생 살아 봤자 뭐 있나? 살수록 고생이지!' 그래서 예수님은 이 사람에게 아직도 삶의 여망이 있는지 물으신 것입니다. 아직도 삶의 목표가 있고, 아직도 살 가치를 느끼는지 말입니다.

세상에는 삶의 의욕을 잃어버린 사람들이 많습니다. 근로 의욕을 잃은 노동자들, 경영 의욕을 잃은 사업가들, 개혁 의지를 상실한 정치인들, 연구 의욕을 상실한 학자들, 여생의 의욕을 상실한 은퇴자들, 재기 의욕을 상실한 중년의 실패자들 등. 주님은 이런 사람들에게 물으십니다. '너는 삶의 의욕이 있느냐?'

며칠 전 신문에 보니까 하루에 자살을 네 번이나 실패하고 경찰에 입건된 분이 있었습니다. 목을 매려고 했는데 두 차례나 몸무게에 줄이 끊어졌습니다. 번개탄을 피워 놓고 죽으려고 했는데 불이 꺼졌습니다. 다시 피웠는데 차에 불이 나는 바람에 경찰에 붙잡혔습니다. 죽는 것도 맘대로 안 됩니다. 하나님이 데려가실 때가 되어야 갑니다. 아무 때나 갈 수도 없어요. 오랜 기간 고통받았다면, 이제 자신에게 물어보십시오. '나는 살 의욕이 있는가?' 주님은 물으십니다. '너는 삶의 의욕이 있느냐?'

고난의 때는 부름의 때입니다. 이런 때에 주님 앞에 나오십시오.

> "내 영혼아 네가 어찌하여 낙심하며 어찌하여 내 속에서 불안해하는가 너는 하나님께 소망을 두라 그가 나타나 도우심으로 말미암아 내 하나님을 여전히 찬송하리로다"(시 43:5).

오늘 주님을 만나셔서 삶의 의욕을 찾으시고 소망을 찾으시기 바랍니다.

"우리가 환난 중에도 즐거워하나니 이는 환난은 인내를, 인내는 연단을, 연단은 소망을 이루는 줄 앎이로다"(롬 5:3-4).

둘째, 자신을 고칠 의향이 있는지, 치유 갱생에 대한 의지가 있는지 묻는 질문입니다.

우리말 성경에는 "네가 낫고자 하느냐"로 번역했습니다. 영문 성경은 다양하게 번역합니다. "Do you want to get well?"(NIV). "Do you wish to get well?"(NASB). "Wilt thou be healed?"(Webster). "Wilt thou be made whole?"(KJV).

'낫는다'(*ὑγιής*)는 말은 육신적 치유(heal)만을 의미하지 않습니다. 건전해짐, 온전해짐(get well, be made whole)을 의미합니다. 주님의 질문은 '병을 고치겠느냐?' 는 의미보다 한 사람의 인생으로서 '온전해지기를 바라느냐?' 는 질문입니다. 병자의 소망은 물론 병을 고치는 것입니다. 그러나 건강만이 인생의 전부는 아닙니다. 건전한 인생으로 고쳐져야 합니다.

이 환자는 주님에게 원망 섞인 말을 했습니다.

"나를 못에 넣어 주는 사람이 없어 내가 가는 동안에 다른 사람이 먼저 내려가나이다"(7절).

자신이 병을 고치지 못하는 원인이 남들에게 있다는 투입니다. 나를 돕는 사람이 없어서, 남들이 먼저 움직이기 때문에! 불행의 원인을 자신에게서 찾지 않고 남의 탓을 합니다. 고칠 대상은 남이 아니라 나 자신입니다. 요즘 한국 사회의 병이 무엇입니까? 밤낮 남의 탓만 하는 것입니다. '너 때문이야!' '내가 시험에 떨어진 것도 너 때문이고, 공부 못하는 것도 너 때문이고, 못사는 것도 너 때문이고, 사업이 안 되는 것도 너 때문이고, 정치가 안 되는 것도 너 때문이고, 머리 나쁜 것도 너 때문이고, 심지어는 도둑질, 강도질 하는 것도 너 때문이고, 살인하고 사기 친 것도 너 때문이야! 그러니 너만 없어져라!' 요즘 곳곳에서 떼를 쓰고 폭력을 행사하는 사람들의 심보가 다 그렇지 않습니까? 민주 사회에서 나와 의견이 다르다고 매도하는 것이 민주 시민입니까?

여러분! 내 인생의 문제를 남의 탓으로 돌리지 마십시오. 오늘 정말 나를 고칠 의향이 있으십니까? 주님은 그것을 물으십니다. '네가 정말 새로운 인생으로 갱생할 생각이 있느냐?' 예수님이 원하시는 것은 신병 치료가 아닙니다. 새사람으로 거듭나는 중생입니다. 새로운 삶의 시작, 갱생입니다. 새사람이 되려는 의지를 품으십시오. 그리고 주님을 만나십시오.

일어나 자리를 들고 걸어가라

주님은 이 사람에게 말씀하셨습니다.

> "예수께서 이르시되 일어나 네 자리를 들고 걸어가라 하시니 그 사람이 곧 나아서 자리를 들고 걸어가니라 이날은 안식일이니"(8-9절).

"일어나 네 자리를 들고 걸어가라!"

주님은 다만 말씀만 하셨습니다. 환자를 진맥하거나 진찰하지 않으셨습니다. 환부를 만지지도 않으셨습니다. 어떤 처방전을 써주지도 않으셨습니다. 오직 말씀으로 명령하셨습니다. "일어나 네 자리를 들고 걸어가라!" "Stand up, pick up your sleeping mat, and walk" (NLT). 세 가지 명령어로 되어 있습니다. '일어나라! 자리를 들어라! 걸어라!' 앞서서 가버나움에서 온 왕의 신하에게도 동일한 명령을 하셨습니다. "가라 네 아들이 살아 있다!"

말씀만 하셨어도 말씀대로 되었습니다. 왕의 신하의 아들이 살아났습니다. 오늘 38년 된 환자가 일어났습니다. 누워 있던 자리를 들었습니다. 걸었습니다.

'자리'(*κράβαττόν*)라는 말은 환자가 누워 있던 두꺼운 깔개를 말합니다. 영문에는 'mattress' 혹은 'camping bed' 라고 번역했습니다. 주로 짚으로 만들었습니다. '자리' 를 들고 가라는 것은 영원히 다시 깔고 눕지 말라는 뜻입니다. 두 번 다시 매트리스 신세를 지지 말라, 완전히 치료받으라는 말씀입니다. 주님의 치료는 완전합니다. 명령대로, 말씀대로 되었습니다. 할렐루야!

어떻게 말씀대로 될 수 있습니까? 예수 그리스도는 신싱을 시니신 하나님의 아들이시기 때문입니다. 귀신도 주님 말씀에 복종합니다(눅 4:36). 생명 없는 육체, 죽은 육체도 주님 명령에 복종합니다(요 11:43-44). 생명이 없는 무생물, 풍랑과 바다도 주님 명령에 복종합니다. "그가 누구이기에 바람과 바다도 순종하는가?"(막 4:41) 하였습니다. 예수님은 창조주십니다(요 1:3).

오늘 우리도 주님의 명령에 순종해야 합니다. 그럴 때 기적이 일어납니다. 주님의 명령에 순종한 사람들을 보십시오.

> "마리아가 이르되 주의 여종이오니 말씀대로 내게 이루어지이다 하매 천사가 떠나가니라"(눅 1:38).
>
> "그의 어머니가 하인들에게 이르되 너희에게 무슨 말씀을 하시든

지 그대로 하라 하니라"(요 2:5).

"시몬이 대답하여 이르되 선생님 우리들이 밤이 새도록 수고하였으되 잡은 것이 없지마는 말씀에 의지하여 내가 그물을 내리리이다 하고"(눅 5:5).

예수님의 어머니 마리아는 철저하게 주님의 말씀에 순종하였습니다. 수제자 베드로는 주님의 말씀에 순종함으로 자신의 첫 번째 기적을 체험했습니다. 주님의 말씀은 곧 하나님의 음성입니다. 어떤 말씀이든지 믿고 순종하십시오. 그 말씀의 효력을 매일의 삶을 통해서 체험하시기 바랍니다.

베데스다가 되신 예수님

'베데스다' (בֵּית־ חֶסֶד)는 은혜, 혹은 자비의 집이란 뜻입니다. 주님은 이 환자에게 진정한 베데스다가 되셨습니다. 자비, 혹은 은혜란 말은 많지만, 세상에는 진정한 자비를 베풀 자가 없습니다. 오직 주님만이 우리에게 자비를 베푸십니다.

첫째로 주님은 도움의 베데스다가 되셨습니다. 둘째로 주님은 치유의 베데스다가 되셨습니다. 셋째로 주님은 구원의 베데스다, 거듭남의 베데스다가 되셨습니다. 병만 고쳐 주신 게 아닙니다. 새로운 인생이 되게 하셨습니다.

오늘 우리에게 정말로 중요한 것은 육신의 병을 고치는 것이 아닙니다. 질병의 배후에서 역사하는 죄의 병을 고치는 일입니다. 인류의 질병이 어디서 왔습니까? 왜 인간은 죽어야 합니까? 죽는 것은 자연법칙이 아닙니다. 죄 때문에 죽는 영혼의 법칙 때문입니다. 성경은 선언합니다. '인류가 하나님을 떠났기 때문에 사망이 왔다!' 하나님을 모르는 무신론의 병, 불신앙의 병이 최대의 병입니다. 모든 질병은 인류에 대한 하나님의 주권적인 심판입니다. 그러므로 질병 치료보다 중요한 것은 죄악을 치료하는 일입니다.

예수 그리스도는 바로 우리의 구주십니다. 우리의 병을 고치실 뿐 아니라, 우리 죄를 대신 지시고 십자가에서 죽으셨습니다. 그리고 성도를 부활시키시기 위해서 사망을 이기고 부활하셨습니다. 주님이 이 사람의 병을 고쳐 주신 참 목적은 자신이 구주이심을 알리시기 위함입니다.

예수님은 이 사람을 나중에 다시 만나셨습니다. 그리고 다시는 죄를 짓지 말라고 권고하셨습니다. 아마도 이 사람은 방탕한 생활의 죗값으로 평생 불구가 되었던 모양입니다. 그러므로 중요한 것은 팔다리만 멀쩡하게 고치는 것이 아닙니다. 하나님을 떠난 불신앙을 완전하게 고치라는 말씀입니다. 그것은 예수 그리스도를 구주로 영접하고 거듭나야만 가능한 일입니다. 예수 믿고 구원받는 여러분과 여러분의 가정이 되시기를 축원합니다.

마지막으로 강조할 것은 은혜입니다. 주님이 주시는 모든 것은 은혜입니다. 베데스다의 중요 단어는 '헤세드'(חֶסֶד)입니다. 주님은 이 사람의 믿음과는 전혀 상관없이 병을 고쳐 주셨습니다. 이 사람은 메시아에 대한 신앙이 없었습니다. 메시아는커녕 병이 나은 후에도 자기를 고쳐 준 사람이 누구인지도 몰랐습니다(13절). 전적으로 무능한 사람입니다. 그렇다면 이 사람이 고침 받은 것은 믿음이 좋기 때문이 아닙니다. 신앙과는 전혀 상관이 없습니다. 다만 한 가지 주님께서 이 사람을 불쌍히 여기신 때문입니다. 은혜입니다. 주님이 오늘 우리를 건져 주시는 이유는 우리의 믿음이 좋기 때문이 아닙니다. 우리가 전적으로 무능한 자임을 아시고 불쌍히 여기시기 때문에 고쳐 주시는 줄 믿으시기 바랍니다.

하나님께서 자기 백성을 택하시는 것은 외적인 조건에 따른 것이 아닙니다. 하나님은 세상의 지혜로운 자를 버리시고 미련한 자에게 은혜를 베푸시며, 부한 자들을 버리시고 가난한 자들에게 은혜를 베푸십니다. 유식자를 버리시고 무식자를 택하시며, 교만한 자를 버리시고 겸손한 자를 취하십니다. 하나님은 잘났다고 큰소리치는 사람들을 버리시고 전적 무능을 자인하는 사람을 구원하십니다.

그러므로 우리는 오늘 38년 된 병자처럼 자신의 전적 무능을 깨닫는 자가 되어야 합니다. 굳이 38년 동안 병자가 되어야만 인간의 무능함을 깨닫겠습니까? 죽을병 들기 전에, 사고 나서 불구자 되기 전에, 실패하기 전에, 재산 날아가기 전에, 노년이 되기 전에, 권좌에서 밀려나기 전에, 인기 떨어지기 전에 나 자신이 얼마나 무능자인지 깨닫게 되기를 바랍니다. 주님은 그런 자에게 은혜를 베푸십니다.

> "그때에 맹인의 눈이 밝을 것이며 못 듣는 사람의 귀가 열릴 것이며 그때에 저는 자는 사슴같이 뛸 것이며 말 못하는 자의 혀는 노래하리니 이는 광야에서 물이 솟겠고 사막에서 시내가 흐를 것임이라"(사 35:5-6).

/다시는 죄를 범치 말라/

요한복음 5:9-18
이날은 안식일이니 유대인들이 병 나은 사람에게 이르되 안식일인데 네가 자리를 들고 가는 것이 옳지 아니하니라 대답하되 나를 낫게 한 그가 자리를 들고 걸어가라 하더라 하니 그들이 묻되 너에게 자리를 들고 걸어가라 한 사람이 누구냐 하되 고침을 받은 사람은 그가 누구인지 알지 못하니 이는 거기 사람이 많으므로 예수께서 이미 피하셨음이라 그 후에 예수께서 성전에서 그 사람을 만나 이르시되 보라 네가 나았으니 더 심한 것이 생기지 않게 다시는 죄를 범하지 말라 하시니 그 사람이 유대인들에게 가서 자기를 고친 이는 예수라 하니라 그러므로 안식일에 이러한 일을 행하신다 하여 유대인들이 예수를 박해하게 된지라 예수께서 그들에게 이르시되 내 아버지께서 이제까지 일하시니 나도 일한다 하시매 유대인들이 이로 말미암아 더욱 예수를 죽이고자 하니 이는 안식일을 범할 뿐만 아니라 하나님을 자기의 친아버지라 하여 자기를 하나님과 동등으로 삼으심이러라

안식일과 예수님

38년 된 병자를 고쳐 주신 일에 대하여 유대인들은 환자를 책망하고 예수님을 비방했습니다.

"이날은 안식일이니 유대인들이 병 나은 사람에게 이르되 안식일인데 네가 자리를 들고 가는 것이 옳지 아니하니라"(9-10절).

안식일 규칙을 위반했다는 것입니다. '왜 안식일에 침상을 들고 다니느냐?' 유대인들이 안식일을 지키는 금지 조항만도 총 39조 234항에 달합니다. 그중에는 이런 규례들이 있습니다. "안식일에는 가까운 사람의 포도주 단지나 기름 단지를 무단 차용할 수 있다. '그것을 빌려 달라'는 말을 하지 않기 위해서." 이것은 일종의 거래 행위를 막기 위한 규정입니다. 거래에는 글 쓰는 일이 뒤따르는데 안식일에 글 쓰는 일은 금지되어 있습니다. 또 이런 규칙도 있습니다. "안식일에 어떤 사람이 이방인들이나 도둑이나 악령이 무서워서 혹은 수난 중에 잠이 필요한 사람을 위해서 등불을 끄는 것은 괜찮은 일이나, 등이나 기름이나 양초를 아끼려는 마음으로 끈다면 죄가 된다." "안식일에 어떤 사람이 치아의 통증을 감소시키기 위해서 식초를 이에 넣는 것은 금지된다. 그러나 일상의 음식을 만드는 데 사용하는 것은 괜찮다."

〈미쉬나〉에 보면, 안식일의 39종류 금지 조항의 마지막에 이런 규칙이 있습니다. "어떤 것이든 한 장소에서 다른 곳으로 옮기지 말라." 여기에 매우 재미있는 규칙이 있습니다. "만일 어떤 사람이 침상에 앉은 사람을 침상째로 들고 나오면 죄가 아니다. 왜냐하면 그 침상은 사람에게 종속된 물건이기 때문이다. 그러나 만일 침상만 들고 나오면 물건 운반 죄에 해당한다." 바로 이런 규례들을 위반했기 때문에 병자가 침상을 들고 간 것을 책망하고, 예수님께서 안식일에 병 고쳐 주신 것을 비방했습니다.

이 장면을 보면서 우리는 놀라움을 금할 수 없습니다. 바리새인들은 38년 동안 누워 있던 사람이 일어난 일에 대해서는 일체의 반응이 없습니다. 평생 불구자가 일어났으면 당연히 먼저 기뻐하고 축하해야 마땅한 일 아닙니까? 그런데도 유대인들은 이를 짐짓 무시하고 정죄부터 했습니다. 그것이 과연 하나님의 뜻일까요? 하나님은 바리새인들의 교리를 위해서 존재하시는 분인가요? 인간 생명이 율법을 위해 존재하나요? 참 신앙은 생명을 살립니다. 주님은 생명을 살리기 위해 오셨습니다.

> "내가 온 것은 양으로 생명을 얻게 하고 더 풍성히 얻게 하려는 것이라"(요 10:10).

안식일 문제는 곧 요한복음의 주제인 예수님의 신성 문제와 연관되어 있습니다. 주님은 안식일 문제로 비방하는 자들에게 "내 아버지께서 이제까지 일하시니 나도 일한다"(17절)고 하셨습니다. 이 말씀을 하시자마자 유대인들은 흥분해서 예수님을 죽이려고 했습니다. 왜 그랬을까요? 예수께서 하나님을 '내 아버지' 라고 부르셨기 때문입니다. 유대인들도 하나님을 아버지라고 부르지 않는 것은 아닙니다. 그러나 그것은 어디까지나 넓은 의미에서 하나님의 지음을 받은 자들로서 하나님을 아버지라고 부른 것입니다. 주기도문에도 "하늘에 계신 우리 아버지"라고 부르고 있지 않습니까? 우리도 통상 하나님을 아버지라고 부릅니다.

그러나 예수님은 '내 아버지' 라고 하셨습니다. 이 말은 '우리 아버지' 라는 말과는 의미가 다릅니다. 유대인들은 이 말을 예수 개인의 사적인 아버지라고 이해했습니다. 그러한 그들의 이해에 대하여 예수님은 전혀 부인하지 않으셨습니다. 만일 유대인들이 주님의 말씀을 오해하고 있었다면 주님은 분명히 이를 바로잡으셨을 것입니다. "너희가 내 말을 잘못 알아들었구나!" 혹은 "나는 그런 뜻으로 한 말이 아니다!" 하고 변명하셨을 것입니다. 그러나 예수님은 자신이 한 말의 의미에 대하여, 또는 바리새인들이 알아들은 의미에 대하여 조금도 변명하지 않으셨습니다. 하나님을 '내 아버지' 라고 할 때 자신과 아버지를 동등한 위치에 놓고 계셨던 것이 분명합니다. 오늘날에도 예수님의 신성에 대하여 이의를 제기하는 이단자들이 있습니다. 사도 요한은 예수님의 신성을 확실히 기록합니다.

> "태초에 말씀이 계시니라 이 말씀이 하나님과 함께 계셨으니 이 말씀은 곧 하나님이시니라"(요 1:1).

주님은 "나와 아버지는 하나이니라"(요 10:30)고 말씀하셨습니다. 부활 직후에 도마는 주님을 향해 이렇게 외쳤습니다.

> "나의 주님이시요 나의 하나님이시니이다"(요 20:28).

그러면 예수님의 신성과 안식일은 무슨 상관이 있을까요? 아주 큰 상관이 있습니다. 주님은 말씀하시기를 "인자는 안식일의 주인"(마 12:8; 눅 6:5)이라고 하셨습니다.

'인자' 란 명칭은 예수님의 별명입니다. 이 명칭이 결코 어떤 사람을 지칭한 것이 아닙니다. 그러므로 인자가 안식일의 주인이라는 말은 모든 사람이 안식일의 주인이라는 뜻이 아닙니다. 하나님의 아들 예수 그리스도가 바로 안식일의 주인이라는 뜻입니다. 천지를 창조하신 후에 안식일을 제정하신 하나님과 동등하게, 예수 그리스도 역시 안식일의 주인이라는 뜻입니다. 하나님 아버지는 하늘과 땅의 모든 권세를 그 아들에게 맡기셨습니다. 안식일 역시 하나님의 아들에게 맡기신 의미 있는 날입니다. 신약성경은 이날을 '주의 날' (Lord's

Day)이라고 부릅니다(계 1:10).

안식일에 환자를 고치신 일에 대하여 주님은 답변하셨습니다.

> "내 아버지께서 이제까지 일하시니 나도 일한다"(17절).

하나님 아버지께서 안식일에 일하시니 나도 일한다는 말씀입니다. 폭탄선언입니다. 〈탈무드〉에 의하면, 안식일에는 바늘 하나라도 운반하지 못하게 되어 있습니다. 그런데 하나님 아버지는 안식일에도 여전히 일하고 계신다고 합니다. 과연 그럴까요? 그렇습니다. 우리는 지금 이 자리에 앉아서 편안히 예배드리고 있지만, 이 시간에도 하나님은 쉬지 않고 우주를 움직이고 계십니다. 태양에서는 끝없이 에너지가 생산되고 있습니다. 지구는 초속 29.8km로 공전하고, 초속 463m로 자전하면서 태양계 궤도를 유지하고 있습니다. 달과 수많은 천체들이 쉬지 않고 움직입니다. 안식일이라고 태양계가 멈추는 법이 없습니다.

지구상의 수많은 동물들이 생존을 위해 태어나고 자라고 신진대사를 하고 있습니다. 수많은 식물들이 겨울을 나고 싹을 내고 자라납니다. 안식일이라고 생명 작용을 멈추고 죽어 지내지는 않습니다. 우리의 인체는 태어나는 순간부터 숨을 거둘 때까지 쉬지 않고 일을 합니다. 심장이 계속 일을 하고, 위와 간과 소화기관이 계속 움직입니다. 피가 계속 온몸을 돌고 뇌는 계속 온몸을 통제하고 있습니다. 안식일이라고 심장이 멈추는 일이 있습니까? 포항제철의 용광로 불을 꺼뜨리면 어마어마한 손해가 난다고 합니다. 그래서 24시간 움직이고 있습니다.

지금도 지구 주위에는 많은 인공위성이 돌고 있습니다. 통신, 기상 관측, 각종 연구를 위해 이들은 24시간 동안 지구의 통제를 받으면서 움직이고 있습니다. 수만 가지의 기계들이 계속 움직입니다. 우리의 인체 하나를 움직이기 위해서도 24시간 일해야 합니다. 하물며 천하의 생물을 생육하고 번성케 하며 하늘의 별들을 움직이기 위해 하나님은 얼마나 많은 일을 하셔야만 할까요?

하나님은 한 사람의 생명을 유지시키는 일에서부터 온 우주를 움직이는 일까지 끝없이 일하고 계십니다. 이 일은 안식일이라고 멈추지 않습니다. 성경은 말씀합니다.

> "이스라엘을 지키시는 이는 졸지도 아니하시고 주무시지도 아니하시리로다"(시 121:4).

인간들을 쉬게 하신 하나님은 쉬지 않으십니다. 이제 예수님이 하신 말씀이 이해가 됩니까? '아버지께서 쉬지 않고 일하시니 나도 일한다!' 안식일은 주님이 일하시는 날입니다. 구원의 날입니다. 영적 진료를 하시는 날입니다.

예수님은 안식일에 선을 행하는 것이 옳다고 하셨습니다. 병자를 고쳐 주신 일은 단순한 의료 사업이 아닙니다. 인류를 파멸에서 구하시는 구원 사업입니다. 38년 된 병을 고치는 것이 목적이 아닙니다. 그 영혼을 지옥에서 천국으로 인도하시는 것이 목적입니다. 우주를 창조하신 하나님이 지금도 쉬지 않고 섭리하고 계시는 것처럼, 인류를 구원하러 오신 예수님도 쉬지 않고 구원의 일을 하고 계십니다. 이것이 어찌 안식일을 범하는 죄가 되겠습니까? 예수님은 안식일의 주인이요 소유권자십니다. 주님은 안식일에도 쉬지 않고 선한 일을 하고 계십니다.

여러분, 안식일에 빠지지 말고 주님 앞으로 나아와 치료받으십시오. 주님은 안식일에도 쉬지 않고 우리를 위해 진료를 계속하십니다. 주님은 안식일에 가버나움의 귀신 들린 자를 고치셨습니다(눅 4:31). 회당에서 손 마른 자를 고치셨습니다(눅 6:6). 18년 동안을 귀신 들려 앓으며 꼬부라져 조금도 펴지 못하는 한 여자를 고치셨습니다(눅 13:10). 고창병을 고치셨고(눅 14:1), 날 때부터 맹인 된 자의 눈을 뜨게 하셨습니다(요 9:1).

오늘 이 자리에 앉아 계신 여러분! 주님은 지금 이 순간에도 여러분을 위하여 일하십니다. 아멘! 우리 병을 고치십니다. 우리 영혼을 구원하십니다. 상처받은 우리 마음을 위로하고 계십니다. 사람의 힘으로 해결할 수 없는 곤고한 일들을 지금 해결하고 계십니다. 이 모든 은혜에 참여하십시오. 할렐루야!

고침 받은 이후에

첫째, 잃어버렸던 예수님을 성전에서 만났습니다.

우리가 보기에 이 사람은 매우 무책임한 사람으로 보입니다. 우선 이 사람은 자기 병을 고쳐 주신 예수님을 잃어버렸습니다. 평생 앓던 병을 고쳤으면 당연히 자기 병을 고쳐 준 사람에 대한 감사의 말은 할 줄 알아야 할 것 아닙니까? 이 사람은 자기가 나은 것에만 정신이 팔려 예수님에 대해서는 깜빡했습니다. 자기중심적인 사람들은 신앙 안에 들어와서도 신앙의 대상을 잃어버립니다. 왜 안식일에 침상을 들고 가느냐고 사람들이 비난하는 소리를 듣고서야 비로소 병을 고쳐 주신 은인을 찾았지만, 주님은 이미 그 자리에 계시지 않았습니다.

뿐만 아니라 이 사람은 안식일에 대한 질문에 대해서도 모든 책임을 예수님께 떠넘기고 있습니다.

"대답하되 나를 낫게 한 그가 자리를 들고 걸어가라 하더라 하니" (11절).

'나를 낫게 한 그 사람이 침상을 들고 가라고 했다. 나는 모르겠다!' 오늘날에도 주님의 능력을 힘입어 육신의 병을 고치고, 고난에서 벗어나고, 물질적 풍요를 누리는 사람들이 많습니다. 그러나 자신의 모습에만 도취되어 축복을 주신 주님을 망각하고 지내는 신자들이 많습니다. 밤낮 내 생각만 하지 주님 생각은 하지 않습니다. 하나님이 내게 무엇을 요구하시는지 자신의 의무는 잊어버립니다.

그러나 그에게 퍽 다행이었던 것은, 그가 성전에 출입함으로 다시 주님을 만나게 된 일입니다. 어떤 사람들은 이 사람이 성전에 들어간 것을 대수롭지 않게 평가합니다. 이 사람이 특별히 하나님께 감사하러 들어갔다든지, 경건하게 예배드리기 위해서 성전에 갔다고 생각하지는 않습니다. 단지 유대인의 관습에 따라서 성전에 갔을 뿐이라고 생각합니다. 왜냐하면 우리가 대강 앞에서 보았듯이 이 사람은 그다지 선한 사람도 아니며, 책임 있는 사람도 못 되기 때문입니다. 그러나 이 사람이 성전에 갔던 것은 결과적으로 매우 잘한 일이었습니다. 주님을 다시 만날 수 있었기 때문입니다.

그러므로 우리는 부지런히 성전을 출입해야 합니다. 사회생활에서 잃어버린 예수님을 성전에서 만날 수 있으며, 가정에서 잃어버린 예수님을 성전에서 다시 만날 수 있습니다. 일주일간 주님을 잊고 살다가 성전에 와서야 주님을 되찾는 사람들이 요즘도 많습니다. 오늘 여러분도 세상에서 주님을 잃었다면 매주 이 성전에 나와 주님을 만나시기 바랍니다. 그러나 바람직한 것은 결코 주님을 잊지 않는 것입니다. 양이 목자를 어찌 잊을 수 있겠습니까?

둘째, 더 심한 것이 생기지 않게 다시는 죄를 범치 말라고 하셨습니다.

> "그 후에 예수께서 성전에서 그 사람을 만나 이르시되 보라 네가 나았으니 더 심한 것이 생기지 않게 다시는 죄를 범하지 말라 하시니" (14절).

구원 이후의 성화의 문제입니다. 이 말씀의 교훈은 두 부분입니다. 먼저는, '더 심한 것이 생기지 않게 하라'는 경고입니다.

육체의 병은 고쳐지기도 합니다만 다시 병들 수도 있습니다. 한번 치료되었다고 영원히 병들지 말라는 법은 없습니다. 같은 병이 도질 수도 있고, 다른 병이 생겨날 수도 있습니다.

'더 심한 것' 이란 뭘까요? 38년간 침상에 누워 있는 병보다 더 심한 병이란 뜻입니다. 이와 같이 더 심한 병이 우리가 범죄할 때에 나타날 수도 있다는 말씀입니다. 범죄와 질병의 연관성에 주목하십시오. 이 세상의 모든 병을 일률적으로 죄의 크기에 비례한다고 단정할 수는 없습니다. 예외도 있습니다. 욥은 누구보다도 의롭게 살았지만 피부가 썩도록 심한 악질을 앓았습니다. 하나님께서 욥의 신앙을 연단하시고 입증하시기 위해서 주신 병이었습니다. 그러나 넓은 의미에서 본다면 세상의 모든 병은 인류의 범죄 때문에 내려진 하나님의 심판입니다. 인류가 하나님을 저버렸을 때 내려진 첫 번째 벌은 사망이요, 이 육체적 사망의 한 수단이 바로 질병입니다. 좁은 의미에서 본다면 개개인이 병을 앓게 되는 한 원인도 바로 각자의 죄악 때문입니다.

38년 된 병자가 인류 보편의 질병 환경 속에서 병을 앓았을 수도 있습니다. 전국에 전염병이 돈다면 그 지역 내의 사람들은 누구나 전염병에 걸릴 확률이 매우 높습니다. 그러나 이 38년 된 환자가 자신의 지나친 죄악 때문에 반신불수의 몸이 되었을 가능성도 많습니다. 주님은 바로 이 점을 말씀하셨습니다. '보라. 너는 병이 다 나았다. 그러나 아직도 안심할 수는 없다. 네가 죄악에 빠진다면 더 큰 병도 걸릴 수 있다.'

여기서 죄악이라는 것은 물론 도덕적이고 윤리적인 범죄일 수도 있지만, 그보다는 종교적 의미에서의 범죄입니다. 다시 말하면 하나님을 떠나서 제멋대로 살지 말라는 뜻입니다.

우리는 온갖 질병의 홍수 속에서 살고 있습니다. 만일 우리가 이 세상에 떠돌아다니는 바이러스나 세균들을 다 볼 수 있다면, 우리는 북한 군대가 탱크를 몰고 내려오는 것보다 더 큰 공포심을 가질 것입니다. 다행히 하나님께서 이 병균들을 적당히 통제하시고 섭리하시기 때문에 우리는 건강을 누리고 있는 것입니다. 그러므로 건강하다고 방탕해서는 안 됩니다. 바르게 살기를 힘써야 합니다. 만일 하나님이 주신 건강을 간음죄에 사용하고, 술 취하는 데 쓰고, 폭력에 사용하고, 더러운 열심 내는 데 쓴다면 38년 된 병자보다 더 심한 병이 우리에게도 내려질 수 있습니다.

사람들은 건강을 위해서 억대 헬스클럽 회원이 되기도 합니다. 아침마다 조깅도 하고, 수영도 하고, 테니스도 합니다. 부지런히 건강진단을 하고 병원을 출입합니다. 그러나 근본적으로 나의 건강은 하나님 손에 있음을 알아야 합니다. 건강한 자라고 장수하는 것이 아니요, 약자라고 하루아침에 무너지는 것이 아닙니다.

주님은 이 사람에게 "더 심한 것이 생기지 않게 하라"고 하셨습니다. 우리의 죄가 우리를 병들게 합니다. 그러므로 건강한 사람은 병들지 않기 위해서 죄짓지 말아야 하고, 병 고침 받은 사람은 또다시 병들지 않기 위해서 죄짓지 말아야 합니다. 오직 하나님을 경외하는 것으로 건강을 삼으시기를 축원합니다.

명령의 두 번째 부분은 '다시는 죄를 짓지 말라'는 명령입니다.

신체적 컨디션이나 장래의 사업 계획을 말씀하지 않으셨습니다. 오직 그의 영혼의 죄 문제를 말씀하셨습니다. 현대 교회에서 죄의 문제는 설교의 금기 사항입니다. 대부분의 교회들이 축복에 초점을 둔 설교를 합니다. 축복을 전하지 말라는 말이 아닙니다. 예수만 믿으면 창녀도 복 받고, 도둑놈도 복 받고, 사기꾼도 복 받고, 남을 등쳐먹는 놈도 복 받고, 이중 삼중 생활하는 사람도 다 복 받는다고 외쳐대니까 문제지요. 죄가 해결되지 않은 곳에 어떻게 축복이 존재합니까? 여전히 강도짓하고, 여전히 도둑질하고, 여전히 사기 치는데도 잘산다면 축복이 아니라 저주지요.

물론 교회에 나와서 병 고침 받을 수도 있습니다. 암도 낫고, 당뇨병도 낫고, 심장병도 낫고, 다 나을 수 있습니다. 38년 된 병자도 예수 만나는 바람에 믿음도 없이 병부터 고친 게 사실입니다. 그러나 거기서 머물면 아무것도 아닙니다. 영혼의 문제를 해결해야 합니다.

영혼의 문제가 무엇입니까? 바로 죄의 문제입니다. 영혼의 죄를 해결하지 않는다면 잠시 잠깐 향락은 누릴지 모르지만, 영원한 지옥에 떨어지고 맙니다. 주님은 이 사람에게 영혼의 문제를 일깨워 주셨습니다. '네 영혼의 죄 문제를 해결해라. 그래야 완전히 구원받는다.'

이 사람이 수가 성 여인처럼 예수가 메시아라는 사실을 믿게 되었는지는 언급이 없습니다. 미루어 볼 때 그랬을 가능성이 높습니다.

그는 나가서 자신을 고친 분은 예수라고 선전했습니다. 베데스다에서 38년 된 병을 고친 것도 축복이지만, 성전에서 예수를 구주로 믿게 된 것이야말로 더 큰 축복임을 믿으시기 바랍니다.

우리는 대부분 육신의 병 고침을 받은 경험이 있습니다. 주님은 오늘 우리에게 말씀하십니다. "너희 '죄의 문제' 는 어떻게 되었느냐?" 예수님은 우리의 죄를 근본적으로 해결하시는 분입니다. 주님을 만난 이상 여러분의 죄 문제를 근본적으로 해결하시기 바랍니다.

> "너희가 회개하여 각각 예수 그리스도의 이름으로 세례를 받고 죄 사함을 받으라 그리하면 성령의 선물을 받으리니"(행 2:38).
>
> "너희가 회개하고 돌이켜 너희 죄 없이함을 받으라 이같이 하면 새롭게 되는 날이 주 앞으로부터 이를 것이요"(행 3:19).
>
> "너희는 여호와를 만날 만한 때에 찾으라 가까이 계실 때에 그를 부르라 악인은 그의 길을, 불의한 자는 그의 생각을 버리고 여호와께로 돌아오라 그리하면 그가 긍휼히 여기시리라 우리 하나님께로 돌아오라 그가 너그럽게 용서하시리라"(사 55:6-7).

/하나님의 아들을 믿으라/

요한복음 5:19-29

그러므로 예수께서 그들에게 이르시되 내가 진실로 진실로 너희에게 이르노니 아들이 아버지께서 하시는 일을 보지 않고는 아무것도 스스로 할 수 없나니 아버지께서 행하시는 그것을 아들도 그와 같이 행하느니라 아버지께서 아들을 사랑하사 자기가 행하시는 것을 다 아들에게 보이시고 또 그보다 더 큰 일을 보이사 너희로 놀랍게 여기게 하시리라 아버지께서 죽은 자들을 일으켜 살리심같이 아들도 자기가 원하는 자들을 살리느니라 아버지께서 아무도 심판하지 아니하시고 심판을 다 아들에게 맡기셨으니 이는 모든 사람으로 아버지를 공경하는 것같이 아들을 공경하게 하려 하심이라 아들을 공경하지 아니하는 자는 그를 보내신 아버지도 공경하지 아니하느니라 내가 진실로 진실로 너희에게 이르노니 내 말을 듣고 또 나 보내신 이를 믿는 자는 영생을 얻었고 심판에 이르지 아니하나니 사망에서 생명으로 옮겼느니라 진실로 진실로 너희에게 이르노니 죽은 자들이 하나님의 아들의 음성을 들을 때가 오나니 곧 이때라 듣는 자는 살아나리라 아버지께서 자기 속에 생명이 있음같이 아들에게도 생명을 주어 그 속에 있게 하셨고 또 인자 됨으로 말미암아 심판하는 권한을 주셨느니라 이를 놀랍게 여기지 말라 무덤 속에 있는 자가 다 그의 음성을 들을 때가 오나니 선한 일을 행한 자는 생명의 부활로, 악한 일을 행한 자는 심판의 부활로 나오리라

아버지는 믿어도 아들은 믿지 않음

이 세상에서 하나님을 가장 잘 믿는다고 자부하는 사람들이 바로 유대인들입니다. 그러나 그들은 하나님이 보내신 하나님의 아들은 믿지 않았습니다. 오늘날에도 많은 사람들이 하나님을 믿는다고 합니다. 그러면서도 하나님의 아들은 믿지 않습니다. 오늘 본문 말씀은

바로 그런 사람들에게 주신 말씀입니다. '예수를 믿는 것이 곧 하나님을 믿는 것이다. 왜냐하면 예수님은 하나님이 보내신 하나님의 아들이기 때문이다!'

아버지가 하시는 일을 아들이 행함

그러면 예수님이 하나님의 아들이심을 보여주는 확실한 증거는 무엇입니까? 그것은 바로 아버지가 하시는 일을 예수님이 행하신다는 사실입니다. 앞서 아버지께서 일하시니 나도 일한다고 했습니다. 본문도 강조합니다. 아버지가 하시는 일을 아들이 다 행하십니다.

> "그러므로 예수께서 그들에게 이르시되 내가 진실로 진실로 너희에게 이르노니 아들이 아버지께서 하시는 일을 보지 않고는 아무것도 스스로 할 수 없나니 아버지께서 행하시는 그것을 아들도 그와 같이 행하느니라"(19절).

아버지의 행하시는 것을 아들도 다 할 수 있다! 아버지가 하신 일이 무엇입니까? 천지를 창조하신 일, 우주 만물을 운행하시는 일, 인류의 역사를 움직이시는 일, 한 사람 한 사람의 생애를 창조하시고 섭리하시는 일 등 이 모든 일을 예수께서 다 행하십니다. 교리적으로 표현하면, 아들은 아버지와 동일한 본성, 동일한 능력을 갖고 계십니다. 왜냐하면 예수님과 하나님 아버지 사이에는 내면적 교통과 신성의 결합이 있기 때문입니다. 성부 성자의 일치입니다. 본문은 성부와 성자의 관계를 두 가지로 설명합니다.

첫째, 아들은 아버지의 하시는 일을 주시하고, 그 일들을 그대로 행하십니다.

이 말씀은 예수님이 아버지를 모방(imitation)한다는 뜻이 아닙니다. 아버지와 동일한 본성(sameness of nature)으로 아버지의 일을 할 수 있다는 뜻입니다. 또한 이 말은 아들이 아버지에게 종속된다는 뜻도 아닙니다. 아들이 아버지의 뜻을 존중한다는 뜻이요, 동시에 아버지와 일치한다는 뜻입니다(요 6:57, 7:16, 8:26, 38, 10:30, 14:9). 우리는 아들이 하시는 일을 통해서 아버지를 봅니다.

> "나를 본 자는 아버지를 보았거늘 어찌하여 아버지를 보이라 하느냐"(요 14:9).

둘째, 아버지와 아들의 사랑의 관계입니다.

> "아버지께서 아들을 사랑하사 자기가 행하시는 것을 다 아들에게 보이시고"(20절).

아버지는 사랑으로 보여주시고 아들은 사랑으로 따라 행하십니다. 오늘 우리가 정말 주님을 사랑한다면 주님이 좋아하시는 일을 보고 기꺼이 따라 행해야 합니다. 아버지와 아들은 사랑의 본성으로 하나 되어 있습니다.

더 큰 일 두 가지

본문 말씀에 보면 아버지께서 아들을 통해 더 큰 일을 보이시겠다고 합니다. 여기서 주님이 사용하신 '일'이란 단어는 '*ἔργον*' 입니다. 영어의 'work' 에 해당하는 말입니다. 평범하게 일한다는 뜻이지만, 성경에서는 종종 이적을 설명할 때 사용됩니다. 하나님이 하실 때는 그냥 일이지만 인간이 볼 때는 엄청난 이적입니다. 천지 창조, 생명체의 창조, 우주의 운행, 생태계의 보존, 다 엄청난 일들입니다. 그런데 아버지께서 아들을 통해 더 큰 일을 보여주시겠다고 합니다.

> "아버지께서 아들을 사랑하사 자기가 행하시는 것을 다 아들에게 보이시고 또 그보다 더 큰 일을 보이사 너희로 놀랍게 여기게 하시리라"(20절).

그러면 예수님이 보여주실 더 큰 일이 무엇일까요?

첫째, 죽은 자를 살리는 일입니다.

> "아버지께서 죽은 자들을 일으켜 살리심같이 아들도 자기가 원하는 자들을 살리느니라"(21절).

사람을 죽이고 살리는 일은 하나님만의 권한입니다. 유대 랍비의 교훈에 이런 말이 있습니다. "하나님의 손에 세 개의 열쇠가 있는데, 이는 어느 누구의 손에도 넘겨주지 않으신다. 첫째는 비를 내리시는 열쇠(신 28:12), 둘째는 태의 열쇠(창 30:22), 셋째는 죽은 자를 일으키는 열쇠다(겔 37:13)."

오래된 유대인의 기도문 중에 이런 구절이 나옵니다. "오 주여, 당신은 영원히 전능하시나이다. 당신은 죽음에서 생명을 회복하시나이다……당신은 자비로 생명을 유지하시며, 죽은 자를 소생시키시며……누구를 당신에 비교하리이까? 죽은 자를 소생시키시니 당신은 신실하십니다"(shemoneh esreh).

하나님은 흙으로 사람을 빚으시고 그 속에 생명을 불어넣으셨습니다(창 2:7).

"나는 죽이기도 하며 살리기도 하며 상하게도 하며 낫게도 하나니 내 손에서 능히 빼앗을 자가 없도다"(신 32:39).

"여호와는 죽이기도 하시고 살리기도 하시며 스올에 내리게도 하시고 거기에서 올리기도 하시는도다"(삼상 2:6; 왕하 5:7).

이렇게 생사여탈권을 가지신 하나님 아버지께서 죽은 인류를 부활시키는 일은 아들에게 맡기셨습니다.

예수님은 생명의 본체이십니다(요 14:6, 6:48). 예수님은 믿는 자를 살리십니다.

"또 증거는 이것이니 하나님이 우리에게 영생을 주신 것과 이 생명이 그의 아들 안에 있는 그것이니라 아들이 있는 자에게는 생명이 있고 하나님의 아들이 없는 자에게는 생명이 없느니라"(요일 5:11-12).

"두려워하지 말라 나는 처음이요 마지막이니 곧 살아 있는 자라 내가 전에 죽었었노라 볼지어다 이제 세세토록 살아 있어 사망과 음부의 열쇠를 가졌노니"(계 1:17-18).

둘째, 종말에 인류를 심판하는 일입니다.

"아버지께서 아무도 심판하지 아니하시고 심판을 다 아들에게 맡기셨으니 이는 모든 사람으로 아버지를 공경하는 것같이 아들을 공경하게 하려 하심이라 아들을 공경하지 아니하는 자는 그를 보내신 아버지도 공경하지 아니하느니라"(22-23절).

심판권은 하나님의 고유 권한입니다. 아브라함은 하나님을 가리켜 세상을 공의로 심판하실 분이라고 했습니다(창 18:25). 이스라엘의 사사 입다는 암몬족이 쳐들어왔을 때 하늘을 우러러 외치기를 "심판하시는 여호와께서 오늘 이스라엘 자손과 암몬 자손 사이에 판결하시옵소서"(삿 11:27)라고 했습니다. 하나님은 노아 시대 홍수로 인류를 심판하셨고, 죄악 된 소돔과 고모라 사람들을 불로 심판하셨습니다. 그러나 종말 심판은 아들이신 예수 그리스도에게 맡기셨습니다.

"아버지께서 아들에게 주신 모든 사람에게 영생을 주게 하시려고 만민을 다스리는 권세를 아들에게 주셨음이로소이다"(요 17:2).

"이제는 어디든지 사람에게 다 명하사 회개하라 하셨으니 이는 정하신 사람으로 하여금 천하를 공의로 심판할 날을 작정하시고 이에 그를 죽은 자 가운데서 다시 살리신 것으로 모든 사람에게 믿을 만한 증거를 주셨음이니라"(행 17:30-31).

이렇게 종말 심판을 아들에게 맡기신 이유는 예수님의 인자 됨에 있습니다. 인간의 몸을 입고 오신 예수님이시기에 예수님께 인류 심판을 맡기셨습니다.

하나님 아버지께서는 자신이 행하지 않으신 큰 일 두 가지를 예수님께 맡기셨습니다. 죽은 자를 살리는 일과 종말에 인류를 심판하는 일입니다. 사람에게 가장 치명적이고 중요한 두 가지를 예수님이 손에 쥐고 계십니다. 그러므로 우리는 예수님을 굳게 믿지 않을 수 없습니다. 주님께 생명을 의탁해야 하고, 예수님께 심판의 사면을 받아야 합니다.

죽은 자들이 하나님의 아들의 음성을 들을 때가 오리라

심판은 멀지 않습니다. 심판은 이미 내려져 있습니다. 영적으로는 이미 사망했고, 육신도 곧 사망합니다. 이렇게 죽은 자들이 하나님 아들의 음성을 들을 때가 옵니다.

> "진실로 진실로 너희에게 이르노니 죽은 자들이 하나님의 아들의 음성을 들을 때가 오나니 곧 이때라 듣는 자는 살아나리라"(25절).

여기서 '죽은 자들' 은 누구입니까? 25절에 죽은 자들과 28절에 무덤 속에 있는 자들은 의미가 다릅니다. 25절에 죽은 자들은 육체는 살아 있지만 영적으로 죽은 자들입니다. 28절에 죽은 자들은 육체적으로 죽은 자들입니다. 육체는 살아 있으나 영적으로 죽은 자들도 주님의 음성을 듣고, 육체적으로 무덤 속에 있는 사람도 주님의 음성을 들을 때가 있습니다. 다른 점이 있다면 영적으로는 죽어 있지만 아직 육체적으로 살아 있는 사람, 즉 현세에 있는 사람에게는 아직 구원의 기회가 있다는 점입니다.

먼저 말씀드릴 대상은, 육체는 살아 있지만 영적으로는 죽어 있는 자들입니다. 영적 사망자, 영혼이 죽은 사람들입니다.

영적 사망이란 비존재나 멸절(mortality)을 의미하지 않습니다. 육체적으로 살아 있고 영혼도 존재하기는 합니다. 단지 하나님과 단절된 것이 문제입니다. 성경은 하나님과 단절된 상태에 있는 사람을 영적 사망자라고 합니다. 나사로의 무덤 앞에서 예수님이 말씀하셨습니다.

"예수께서 이르시되 나는 부활이요 생명이니 나를 믿는 자는 죽어도 살겠고 무릇 살아서 나를 믿는 자는 영원히 죽지 아니하리니 이것을 네가 믿느냐"(요 11:25-26).

25절에 죽어도 산다는 말은 육체적으로 죽은 자가 살아난다는 뜻입니다. 26절에 살아서 나를 믿는 자는 영원히 죽지 않는다는 말은 육체적으로 살아 있을 때 믿는 자는 영적으로 영원히 죽지 않는다는 뜻입니다. 여기서 영원히 죽지 않는다는 말은 하나님 품에서 영원히 보낸다는 뜻입니다.

오늘 이 세상에는 영적 사망자들이 가득합니다. 몸은 살았으나 영혼은 하나님과 단절되어 있습니다.

"어리석은 자는 그의 마음에 이르기를 하나님이 없다 하는도다"(시 14:1).

무신론자, 우상숭배자, 자기 숭배자들입니다. 하나님을 인정하지 않고, 믿지 않고, 경배하지 않습니다. 하나님을 떠난 영혼은 죽은 것과 같습니다. 영혼이 존재하기는 하나 쉴 곳이 없습니다.

루이 14세가 살던 왕궁도 영혼의 거처는 아닙니다. 군대가 지키는 요새도 영혼의 피난처는 아닙니다. 세상에서 제아무리 돈 많고, 지식 많고, 권세가 많다 해도, 하나님을 떠난 영혼은 허무와 고독과 두려움 속에 떨며 살아야 합니다. 이런 영혼들이 궁극적으로 갈 곳은 영원한 지옥뿐입니다. 호화 묘지가 영혼의 거처가 될 수 없습니다. 찬란하게 지어 놓은 신당이나 사당도 영혼의 거처가 아닙니다. 그러므로 하나님을 모르고, 하나님과 단절된 영혼의 죽음이야말로 가장 무서운 죽음입니다. 영원히 불행하기 때문입니다.

세상 사람들은 이 영적 사망을 잘 의식하지 못합니다. 자신이 영적으로 죽었는지 살았는지 모릅니다. 인생이 뭔지 모릅니다. 어디서 와서 어디로 가는지 모릅니다. 영원한 운명을 모르고 오직 벌레처럼 현재에만 매달려 삽니다.

> "존귀하나 깨닫지 못하는 사람은 멸망하는 짐승 같도다"(시 49:20).

이 영적 사망의 세상에 주님이 오셨습니다. 그때부터 예수 그리스도의 음성을 들은 사람들은 모두 살아났습니다.

> "내가 진실로 진실로 너희에게 이르노니 내 말을 듣고 또 나 보내신 이를 믿는 자는 영생을 얻었고 심판에 이르지 아니하나니 사망에서 생명으로 옮겼느니라"(24절).

이미 영생을 얻었습니다. 이미 사망에서 생명으로 옮겨졌습니다. 심판에 이르지 않습니다. 구원이 보장되었습니다. 예수님의 음성을 들은 사람들은 육체와 상관없이 영혼이 먼저 완전히 구원받습니다. 완료형입니다. 이미 구원이 확정되었습니다. 하나님 자녀가 되었습니다. 천국 시민이 되었습니다. 하늘나라 거주권이 확보되었습니다. 지옥에 떨어지는 심판을 받지 않습니다. 주 안에서 살게 되었습니다. 영적 평안을 얻습니다. 천국 소망으로 살게 됩니다. 육체의 죽음을 두려워하지 않습니다. 내 영혼이 하나님 품에 있는 것을 알고, 육체의 부활을 믿기 때문입니다. 영적으로 살아난 사람들은 하나님의 말씀을 경청합니다. 하나님의 뜻을 알려고 합니다. 영생을 바라보고 의와 진실과 거룩을 따르려고 합니다. 곧 하나님의 품으로 돌아갈 것을 알기 때문입니다. 이 모든 것이 예수 믿는 자의 특권입니다. 할렐루야! 아멘!

중요한 것은 주님의 음성을 듣는 일입니다. 우리는 항상 주님의 음성을 들어야 합니다. 물리적인 소리를 귀로 들으라는 말이 아닙니다. 예수님의 복음을 마음으로 들으라는 말씀입니다. 이 땅에 살아 숨쉬는 동안에 열심히 주님의 음성을 들으십시오.

생명의 부활과 심판의 부활

다음으로 말씀드릴 대상은 무덤 속에 있는 자들입니다.

> "이를 놀랍게 여기지 말라 무덤 속에 있는 자가 다 그의 음성을 들을 때가 오나니"(28절).

장차 무덤 속에 있는 자들이 주님의 음성을 듣습니다. 육체적으로 본다면 죽은 지 5천 년 된 사람이나 죽은 지 하루밖에 안 된 사람이나 마찬가집니다. 불에 태워 화장한 사람이나 무덤에서 썩은 육체나 마찬가집니다. 그 사라진 시신들이 주님의 음성을 듣습니다. 생명 없는 육체, 흙으로 돌아가서 사라져 버린 육체가 주님의 음성을 듣습니다. 그리고 다시 살아납니다. 어떻게 그런 일이 일어날까요? 성경은 이렇게 예고합니다.

에스겔서 37장에 보면 에스겔은 골짜기에 뼈가 가득한 환상을 보았습니다. 공동묘지의 해골이 뒹구는 을씨년스러운 모습입니다. 하나님이 에스겔에게 물으셨습니다. "이 뼈들이 살겠느냐?" 절망적이지요. 그러나 하나님은 에스겔에게 그 뼈들을 향해 하나님의 말씀을 대언하라고 하셨습니다. 에스겔은 명령대로 대언합니다.

> "너희 마른 뼈들아 여호와의 말씀을 들을지어다 주 여호와께서 이 뼈들에게 이같이 말씀하시기를 내가 생기를 너희에게 들어가게 하리니 너희가 살아나리라 너희 위에 힘줄을 두고 살을 입히고 가죽으로 덮고 너희 속에 생기를 넣으리니 너희가 살아나리라……생기야 사방에서부터 와서 이 죽음을 당한 자에게 불어서 살아나게 하라"(겔 37:4-6, 9).

에스겔이 하나님의 말씀을 대언하자마자 뼈들이 연결되고 가죽이 붙고 힘줄이 생기고 살이 생겼습니다. 곧 하나님의 생명이 그 속에 불어넣어져서 활력이 넘치는 사람들이 되어서 일어났습니다. 큰 군대가 되었습니다. 할렐루야!

이러한 종말적 부활은 두 가지 특징이 있습니다. 첫째로 전 인류적인 부활입니다. 아담 이후로 존재했던 모든 인류 중에 단 한 사람도 예외 없이 다 살아난다는 뜻입니다. 비공식적이고 은밀한 사건이 아니라 전 인류에게 일어날 대사변입니다. 둘째로 심판적인 부활입니다. 이 부활의 시점에서부터 인간의 영원한 운명이 시작됩니다. 영원한 행복이 시작되는가 하면, 영원한 형벌이 시작되기도 합니다. 말하자면 이 부활은 최후 운명의 가름길입니다(마 25:46; 행 24:15; 고후 5:10; 살후 1:7-10).

그때 사람들의 운명은 단 두 가지로 나뉩니다. 첫째는 생명의 부활입니다. 생명의 부활이란, 영생에 들어가는 사람들의 부활입니다. 생명의 부활에 참여한 사람들은 영혼과 육체가 완전한 행복한 상태에 도달하게 됩니다. 둘째는 심판의 부활입니다. 심판의 부활이란, 영원한 지옥 불행의 시작입니다. 두 번 다시 하나님께 돌이킬 기회를 박탈당합니다. 영원히 회개의 기회가 없습니다. 오직 하나님 없는 곳에서 고통의 나날을 보내는 것입니다. 주님은 이런 사람들을 향하여 말씀하시기를, 차라리 태어나지 않는 것이 나을 뻔하였다고 하셨습니다. 심판의 부활에 참여하는 자들은 이미 지옥에 있는 영혼에 육체를 덧입히는 셈입니다.

그러면 누가 생명의 부활에 참여하고, 누가 심판의 부활에 참여합니까? 오늘 말씀은 그들의 행위에 따르리라고 말씀합니다.

> "선한 일을 행한 자는 생명의 부활로, 악한 일을 행한 자는 심판의 부활로 나오리라"(29절).

여기서 말하는 선한 일이나 악한 일이란 단순한 도덕적인 선행이 아닙니다. 하나님을 믿고 예수 그리스도를 믿는 신앙을 말합니다. 또한 그 믿음의 결과로써 나타나는 행위들입니다.

생명의 부활에 참여하는 자는 참 신앙의 사람들입니다. 마태복음 25장 31-46절에서 주님은 이렇게 말씀하셨습니다.

> "내 아버지께 복 받을 자들이여 나아와 창세로부터 너희를 위하여 예비된 나라를 상속받으라 내가 주릴 때에 너희가 먹을 것을 주었고 목마를 때에 마시게 하였고 나그네 되었을 때에 영접하였고 헐벗었을

때에 옷을 입혔고 병들었을 때에 돌보았고 옥에 갇혔을 때에 와서 보았느니라……내가 진실로 너희에게 이르노니 너희가 여기 내 형제 중에 지극히 작은 자 하나에게 한 것이 곧 내게 한 것이니라"(마 25:34-36, 40).

오늘 여러분이 주님을 믿는 믿음이, 또한 그 믿음의 행위들이 장차 생명 부활의 길이 될 것입니다.

심판의 부활에 참여하는 자들은 불신앙자들입니다. 성경은 하나님을 불신하는 것을 최고의 악으로 규정합니다. 그런 의미에서 이 세상 모든 사람들은 하나님 앞에 악한 자들입니다. 세상 사람들은 하나님과 하나님의 아들을 인정하지 않습니다. 하나님의 말씀을 평생 무시하고, 인간의 뜻대로만 삽니다. 하나님 없는 마음에서부터 온갖 범죄가 나옵니다.

아간은 하나님의 명령을 우습게 여기고 도둑질을 하다가 죽임을 당했습니다. 아합의 집은 하나님을 무시하고 우상에 빠져서 평생 성전을 더럽히고 선지자를 학대했습니다. 그 결과 그의 가문은 아들의 대에서 멸절되고, 그 자신은 어디서 날아온지 모르는 화살에 맞아 죽고, 그의 왕비 이세벨은 높은 창문에서 내던져져서 갈갈이 찢겨져 죽임을 당했습니다. 헤롯 아그립바 1세는 하나님을 무시하고 자신을 높여 신의 소리라고 거들먹거리다가 온몸에 충이 먹어 창자가 빠져나와 죽임을 당하고 말았습니다. 아나니아와 삽비라는 하나님을 우습게 여기고 하나님의 종을 속이다가 부부가 모두 사도 앞에서 고꾸라져 죽임을 당하고 말았습니다.

우리의 행위 하나하나가 심판의 대상임을 늘 기억하시기 바랍니다. 하나님을 무시하든지, 성직을 우습게 여기든지, 교회를 우습게 여기든지 자유입니다. 남모르게 충성하든지 말든지 자유입니다. 악하게 살든지 선하게 살든지 자유입니다. 그러나 그 결과만은 분명합니다. 생명의 부활과 심판의 부활로 나타날 날이 옵니다.

아들을 믿으라

오늘 말씀의 결론입니다.

> "내가 진실로 진실로 너희에게 이르노니 내 말을 듣고 또 나 보내신 이를 믿는 자는 영생을 얻었고 심판에 이르지 아니하나니 사망에서 생명으로 옮겼느니라"(24절).

아들의 말을 듣고, 아들을 보내신 아버지를 믿으라!

신앙의 양대 기둥이 있습니다. 첫째는 예수 그리스도의 모든 말씀을 듣는 일입니다. '천국 복음' 에 귀를 기울이라는 말씀입니다. 둘째로 아들을 보내신 아버지를 믿는 일입니다. 그런데 여기서는 아버지만 믿으라는 뜻이 아닙니다. 아버지가 보내신 아들을 믿으라는 뜻입니다. 우리가 하나님 아버지를 믿되 아들을 통해서 아버지를 믿는 것입니다. 결국 아버지와 아들은 동일한 신앙의 대상입니다. 하나님께서 아들에게 아버지가 하시는 모든 일을 보이시고, 아들로 하여금 그보다 더 큰 일들을 하게 하신 것이나, 죽은 자를 살리시고 인류를 심판하는 일을 아들에게 맡기신 것도 결국은 아들을 믿으라는 말씀입니다. 아버지가 받으시는 모든 공경을 아들이 받도록 만드신 것입니다. 아들을 높이는 자는 아버지를 높이는 자요, 아들을 높이지 않는 자는 아버지를 높이지 않는 자입니다. 하나님의 아들을 공경하는 것이 우리의 살길입니다.

아들에 대한 태도가 영원한 운명을 결정합니다. 아들을 믿어야 합니다. 어떻게 하는 것이 믿는 것입니까? 무디 목사님이 필라델피아에서 설교하고 있을 때였습니다. 한 여인이 강단 아래서 목사님을 주시하면서 설교를 듣고 있었습니다. 그래서 설교가 끝난 후에 내려가서 물었습니다. "그리스도인이신가요?"

"아닙니다. 저는 3년 동안 그리스도를 찾아다녔습니다만 만나지 못했습니다."

"그런데 죄인에게 가까이 찾아오시는 예수님을 어찌 3년 동안 찾아다녔는데도 못 찾으셨나요?"

"그렇다면 제게 문제가 있나요? 제가 어떻게 하면 될까요?"

"당신은 즉시 예수를 믿기만 하면 됩니다."

"오! 저는 믿으라는 말을 너무 많이 들어서 넌더리가 납니다. 믿으라는 말이 도대체 무엇인지 모르겠습니다."

"그러면 믿으라는 말 대신에 맡기라는 말로 바꿔 봅시다."

그랬더니 그 여자는 말합니다. "그러면 제가 '믿고 맡깁니다' 라고 말하면 하나님이 저를 구원해 주실까요?"

"당신이 하나님께 믿고 맡긴다면 하나님은 구원해 주실 것입니다."

"그러면 알겠습니다. 믿고 맡깁니다. 그러나……." 한숨을 쉬고서 여자는 말합니다. "그런데 더 좋아진 것을 느끼지 못하겠습니다."

이 여자는 3년 동안 믿은 것이 아니라 느낌(feeling)을 쫓아다녔던 것입니다. 믿음은 감정 이전의 신뢰요, 법적인 조치입니다. 하나님과의 약정입니다. 내가 믿고 신뢰하고 행하면 그대로 됩니다.

하나님의 아들에게 모든 것을 맡기시기 바랍니다. 나의 몸과 영혼을 맡기고, 나의 가정과 사업을 맡기고, 나의 삶을 맡기고, 나의 현재와 장래를 다 맡겨야 합니다. 특히 내가 죽어서 무덤에 들어간 이후의 영원한 삶까지 모두 다 맡기시기 바랍니다. 그것이 우리가 할 일입니다. 아멘!

/예수님에 대한 증언/

요한복음 5:30-47

내가 아무것도 스스로 할 수 없노라 듣는 대로 심판하노니 나는 나의 뜻대로 하려 하지 않고 나를 보내신 이의 뜻대로 하려 하므로 내 심판은 의로우니라 내가 만일 나를 위하여 증언하면 내 증언은 참되지 아니하되 나를 위하여 증언하시는 이가 따로 있으니 나를 위하여 증언하시는 그 증언이 참인 줄 아노라 너희가 요한에게 사람을 보내매 요한이 진리에 대하여 증언하였느니라 그러나 나는 사람에게서 증언을 취하지 아니하노라 다만 이 말을 하는 것은 너희로 구원을 받게 하려 함이니라 요한은 켜서 비추이는 등불이라 너희가 한때 그 빛에 즐거이 있기를 원하였거니와 내게는 요한의 증거보다 더 큰 증거가 있으니 아버지께서 내게 주사 이루게 하시는 역사 곧 내가 하는 그 역사가 아버지께서 나를 보내신 것을 나를 위하여 증언하는 것이요 또한 나를 보내신 아버지께서 친히 나를 위하여 증언하셨느니라 너희는 아무 때에도 그 음성을 듣지 못하였고 그 형상을 보지 못하였으며 그 말씀이 너희 속에 거하지 아니하니 이는 그가 보내신 이를 믿지 아니함이라 너희가 성경에서 영생을 얻는 줄 생각하고 성경을 연구하거니와 이 성경이 곧 내게 대하여 증언하는 것이니라 그러나 너희가 영생을 얻기 위하여 내게 오기를 원하지 아니하는도다 나는 사람에게서 영광을 취하지 아니하노라 다만 하나님을 사랑하는 것이 너희 속에 없음을 알았노라 나는 내 아버지의 이름으로 왔으매 너희가 영접하지 아니하나 만일 다른 사람이 자기 이름으로 오면 영접하리라 너희가 서로 영광을 취하고 유일하신 하나님께로부터 오는 영광은 구하지 아니하니 어찌 나를 믿을 수 있느냐 내가 너희를 아버지께 고발할까 생각하지 말라 너희를 고발하는 이가 있으니 곧 너희가 바라는 자 모세니라 모세를 믿었더라면 또 나를 믿었으리니 이는 그가 내게 대하여 기록하였음이라 그러나 그의 글도 믿지 아니하거든 어찌 내 말을 믿겠느냐 하시니라

구주시며 재판장이신 예수님

예수님은 생명의 구원자이신 동시에 심판자이십니다.

"내가 아무것도 스스로 할 수 없노라 듣는 대로 심판하노니 나는 나의 뜻대로 하려 하지 않고 나를 보내신 이의 뜻대로 하려 하므로 내 심판은 의로우니라"(30절).

구원의 반대편에는 심판이 있습니다. 예수님은 하나님이 보내신 구원자이십니다. 동시에 인류의 심판을 위임받은 심판자이십니다. 구주이신 예수님을 믿어야 하지만, 심판자이신 예수님도 믿어야 합니다. 예수 그리스도는 장차 전 인류를 한자리에서 심판하십니다. 그의 판결에 따라 영생에 들어가는 사람도 있지만 반대로 지옥에 떨어지는 사람도 있습니다. 하나님은 이 사실을 전 인류에게 미리 공포하셨습니다. 누가 우리의 재판장인지를 미리 알려 주셨습니다.

미리 선포하신 까닭이 무엇이겠습니까? 그분에게 미리 사죄의 길을 찾으라는 뜻입니다. 그분에게 미리 자신의 운명을 부탁하고 맡기라는 뜻입니다. 이 세상에 살아 있는 동안에 자신의 재판에 대한 준비를 하라는 말씀입니다. 이것은 인류를 향한 하나님의 특별한 배려입니다. 문제는, 이러한 하나님의 뜻을 알지 못하고 예수 그리스도를 믿지 않고 부인하는 데 있습니다. 하나님이 친히 세우신 재판장을 무시해 버리면 더 이상 구제의 길은 없습니다. 예수의 심판권을 믿지 못한다면 우리는 영원히 파멸적 심판을 면치 못할 것입니다.

재판장에게 가장 중요한 것은 재판장으로서의 정당성입니다. 과연 그가 정당한 재판장인가? 그의 재판이 옳은가? 유대인들은 예수님이 구주이심을 부인했고, 재판장이심은 더욱 믿지 않았습니다. 그래서 오늘 본문 말씀에서는 예수님의 정당성을 여러 가지로 증명합니다. 구주로서, 혹은 심판자로서 예수님은 왜 정당한가? 그 증표는 무엇인가? 본문 말씀은 그 증명에 초첨이 맞춰져 있습니다.

"내가 만일 나를 위하여 증언하면 내 증언은 참되지 아니하되 나를 위하여 증언하시는 이가 따로 있으니 나를 위하여 증언하시는 그 증언이 참인 줄 아노라"(31-32절).

신명기 말씀에 보면 중요한 재판에는 반드시 두 명 이상의 증인이 있어야 합니다(신 19:15). 주님은 오늘 말씀을 통해서 다섯 가지 증거들을 제시하십니다. 이 말씀을 통해서 '오늘 우리가 예수님을 믿는 것이 왜 정당한가?' 유대인처럼 예수님을 의심하지 말고, 확신을 갖고 믿으시기 바랍니다.

예수를 증거하는 다섯 가지 증거

첫째, 세례 요한입니다.

"너희가 요한에게 사람을 보내매 요한이 진리에 대하여 증언하였느니라"(33절).

요한은 세상에 와서 예수가 세상 죄를 지고 가는 하나님의 어린양이라고 증언했습니다. 예수님께 요단 강에서 세례를 베풀면서 하나님의 성령이 그 위에 임하시는 것을 목격하고, 이분이 하나님의 아들이라는 하늘의 음성을 들었습니다. 감옥에 갇힌 후에도 그는 제자들을 예수님께 보내서 "오실 그이가 당신입니까, 아니면 다른 메시아를 기다려야 합니까?"라고 질문을 던졌습니다. 요한의 사명은 예수가 하나님의 아들이요 메시아이심을 밝히는 것이었습니다. 이러한 그의 증언 결과로 그의 제자였던 안드레와 요한이 예수님의 제자가 되었습니다.

둘째, 예수님의 역사입니다.

요한이 비록 증언을 했지만 사람의 증언이 꼭 필요한 것은 아니었습니다.

"그러나 나는 사람에게서 증언을 취하지 아니하노라 다만 이 말을 하는 것은 너희로 구원을 받게 하려 함이니라 요한은 켜서 비추이는 등불이라 너희가 한때 그 빛에 즐거이 있기를 원하였거니와"(34-35절).

여기서 '나'라는 말과 '너희'라는 말이 강조적입니다. '나는 사람의 증거가 필요 없다. 다만 너희를 위해서 세례 요한을 보냈을 뿐이다'라는 뜻입니다. 세례 요한이 비록 목숨을 바치고 순교하면서 주님을 증거했다 할지라도 그러한 증거는 주님 자신을 위한 것이라기보다는 오히려 유대인들을 위한 것이었습니다. 유대인들은 세례 요한 같은 선지자를 갈망하는 백성이었습니다. 이런 그들에게 하나님은 세례 요한을 보내셨습니다. 유대인들은 세례 요한이 등장할 때 매우 기뻐했습니다. 400년 만에 나타난 선지자를 열광적으로 좋아했습니다.

그러나 그가 유대인들을 독사의 자식들이라고 비판하고, 예수를 메시아라고 증거하자마자 배척해 버렸습니다. 요한은 그들을 비추기 위해서 잠깐 보낸 등불입니다. 그러나 그들이 배척함으로 더 이상 그들의 등불이 될 수 없었습니다. 그러므로 이제는 주님 자신이 자기를 증거합니다.

"내게는 요한의 증거보다 더 큰 증거가 있으니 아버지께서 내게 주사 이루게 하시는 역사 곧 내가 하는 그 역사가 아버지께서 나를 보내신 것을 나를 위하여 증언하는 것이요"(36절).

주님은 스스로 자신의 메시아이심을 충분히 입증할 수 있었습니다. 그 증거는 바로 주님 자신이 행하신 수많은 역사들입니다. 탄생, 죽음, 부활, 가르침, 기적들이 다 구주시며 심판자이신 신성의 증표들입니다. 앞서 38년 된 병자를 고치신 사건 역시 이러한 역사의 일부입니다.

셋째, 하나님 아버지의 증거입니다.

"또한 나를 보내신 아버지께서 친히 나를 위하여 증언하셨느니라 너희는 아무 때에도 그 음성을 듣지 못하였고 그 형상을 보지 못하였으며 그 말씀이 너희 속에 거하지 아니하니 이는 그가 보내신 이를 믿지 아니함이라"(37-38절).

아버지의 증거는 구약 시대에 세 가지로 나타났습니다. 첫째는 음성입니다. 모세는 시내 산에서 하나님의 음성을 듣고 기록했습니다. 그때부터 수많은 선지자들이 하나님의 음성을 듣고 전했습니다. 둘째는 형상입니다. 하나님은 영이십니다. 형체가 없습니다. 그러나 야곱은 하나님의 얼굴을 보았다고 고백합니다(창 32:30). 믿음의 사람들은 하나님의 형상에 대한 체험이 있습니다. 셋째는 기록된 말씀입니다. 아버지께서 직접 들려주신 신언(神言)이나, 선지자들이 기록한 말씀입니다.

이 세 가지 아버지의 증거들은 신약에 와서 예수님을 위해 함께 나타났습니다. 첫째로 예수님이 세례를 받으실 때 하늘에서 아버지의 음성이 들려왔습니다.

"이는 내 사랑하는 아들이요 내 기뻐하는 자니 너희는 그의 말을 들으라 하시는지라"(마 17:5).

둘째로 예수님은 사람의 모습으로 오신 하나님의 형상이십니다.

"나를 본 자는 아버지를 본 것이라"(요 14:9).

셋째로 주님은 태초부터 있는 말씀이십니다(요 1:1).

그러나 이러한 아버지의 증거들을 유대인들은 다 배척했습니다. 성부 하나님의 음성을 듣지 않고, 그리스도를 통해 나타내신 하나님의 형상을 보지 않고, 그 말씀을 마음에 새기지 않았습니다.

넷째, 기록된 성경의 증거입니다.

"너희가 성경에서 영생을 얻는 줄 생각하고 성경을 연구하거니와 이 성경이 곧 내게 대하여 증언하는 것이니라"(39절).

성경은 영생을 얻는 책입니다. 문학작품도 아니고, 역사책도 아니고, 법률책도 아니고, 과학 서적도 아닙니다. 오직 영생을 얻는 책입니다. 유대인들은 구약성경에서 영생을 얻으리라고 생각하고 밤낮 성경을 파고들었습니다. 그러나 그들의 결정적인 실수는 성경에서 예수님을 발견하지 못한 것입니다. 구약은 오실 예수를 기록한 책이요, 신약은 오신 예수를 기록한 책입니다. 유대인들이 성경에서 예수를 찾지 못한 것은 비극입니다.

오늘날에도 많은 사람들이 성경 안에서 윤리나 도덕률을 찾아내면서도 구주이시며 재판장이신 예수님을 찾아내는 데는 실패합니다. 성경을 부지런히 읽고 묵상하고 탐구하시기 바랍니다. 그러나 무엇보다 중요한 것은 성경에서 예수 그리스도를 만나는 일입니다. 성경 속에서 예수님의 인격과 만나시기 바랍니다. 성경 속에 예수님이 있고, 예수님 안에 생명이 있습니다.

1782년 영국의 카더 이드리스(Cader Idris) 마을의 초라한 집에 메리 존스(Mary Jones)라는 소녀가 있었습니다. 그는 가난한 직공의 딸이었습니다. 그는 어려서부터 아버지의 베 짜는 일을 배웠습니다. 그러면서 주일학교에 다녔으며 하나님의 말씀을 열심히 배우고 암송했습니다. 그들이 사용하던 성경은 웨일스어로 된 성경(the Welsh Bible)이었습니다. 그러나 가난한 웨일스 사람들은 이 성경을 구하기가 어려웠습니다. 메리 존스는 마을에서 4km나 떨어진 곳에 가서 성경을 빌려 읽곤 했습니다. 그는 성경을 가지고 싶었습니다. 그래서 몇 년 동안 용돈을 저축하여 마침내 성경을 살 만한 돈을 모았습니다. 그러나 성경을 파는 곳은 이드리스 마을에서 40km나 떨어져 있었습니다.

그렇지만 그는 성경을 가지고픈 열망에서 발라(Bala)라는 마을까지 걸어서 갔습니다. 신발을 아끼느라고 가방에 넣고 맨발로 걸었습니다. 발라(Bala)에 도착하니 날이 저물었습니다. 성경을 파는 찰스 목사님을 만날 수가 없었습니다. 그래서 다음 날 아침 찰스 목사님을 찾아가서 용건을 이야기했습니다. 그런데 서글픈 사건이 벌어졌습니다. "성경을 얻기 위해 여기까지 오셨는데 대단히 미안합니다. 당신에게 줄 성경이 없군요. 런던으로부터 받은 성경책은 이미 몇 달 전에 다 팔리고, 친구들이 예약해 놓은 것 한두 권밖에 없습니다."

그 말을 듣고 메리는 눈물을 줄줄 흘렸습니다. 이 장면을 바라보던 찰스는 깊은 감동을 받았습니다. '저렇게 성경을 사랑할 수가 있을까?' 그래서 그는 예약되었던 성경을 그녀에게 팔았습니다. 메리 존스는 넘치도록 감사했습니다.

1802년 12월에 찰스는 종교서적보급회(the Committee of the Religious Tract Society)라는 단체에 나가서 웨일스 지역의 성경 보급을 호소하면서 메리 존스의 이야기를 했습니다. 많은 사람들이 감동을 받았습니다. 그리하여 웨일스뿐만 아니라 모든 나라를 위해 성경을 보급하는 단체를 만들기로 했습니다. 그것이 바로 성서공회의 시작입니다.

지금은 성경이 보급된 나라마다 성서공회가 있습니다. 이 사건의 주인공 메리 존스는 82세까지 장수하고 세상을 떠났습니다. 그녀가 세상을 떠날 때 침대맡에 이 성경이 놓여 있었습니다. 그녀는 이미 성경을 수백 번 읽어서 그 모든 말씀들을 마음에 간직하고 있었습니다. 그녀가 간직했던 성경은 대영성서공회로 넘겨졌습니다. 지금도 그녀가 임종할 때 펼쳤던 구절이 그의 묘비에 새겨져 있습니다. "풀은 마르고 꽃은 떨어지되 오직 주의 말씀은 세세토록 있도다."

그녀의 묘비에는 덧붙여서 이런 비문이 새겨졌습니다. "직공 토머스 루이스의 미망인 메리. 1864년 12월 28일 82세의 나이로 죽다. 이 비석은 웨일스의 소녀 메리 존스가 16세였던 1789년 토머스 찰스 목사로부터 성경을 구입하기 위해 아버그위노린에서 발라까지 걸어갔던 것을 기념하기 위해 칼빈주의 감리교 신자들과 다른 친구들의 기부금으로 세워졌다. 성경에 대한 그녀의 갸륵한 열정으로 인해 오늘날 영어 및 외국어 성서공회가 세워지게 되었다."

다섯째, 모세의 증언입니다.

모세의 증언이란 모세 오경, 유대인들이 말하는 토라, 창세기부터 신명기까지 다섯 권의 성경을 가리키는 말입니다. 유대인들은 하나님께서 천사의 손을 통해 모세에게 율법을 주셨다고 생각했습니다. 그래서 그들은 모세를 매우 존경했고, 자신들이 모세의 직계 제자들임을 자랑스럽게 생각했습니다. 그런데 오늘 말씀에 보니 그들이 자랑스럽게 여기는 그 모세가 유대인들을 고소하고 있습니다. 왜냐하면 모세의 의도대로 말씀을 받지 않았기 때문입니다.

> "내가 너희를 아버지께 고발할까 생각하지 말라 너희를 고발하는 이가 있으니 곧 너희가 바라는 자 모세니라 모세를 믿었더라면 또 나를 믿었으리니 이는 그가 내게 대하여 기록하였음이라 그러나 그의 글도 믿지 아니하거든 어찌 내 말을 믿겠느냐 하시니라"(45–47절).

유대인들은 모세의 율법서에서 예수님을 찾지 못했습니다. 모세오경을 구원의 말씀으로 받지 않았습니다. 오히려 하나님을 빙자하여 사람들을 고소하고 정죄하는 명령문으로 만들어 버렸습니다. 그러나 자세히 보면 모세의 율법에는 그리스도에 대한 풍부한 예언이 들어 있습니다. 창세기 3장 15절의 여자의 후손, 아벨의 제사, 유월절의 어린 양, 성막과 성물, 레위 제사법, 광야의 놋뱀, 반석의 물, 하늘의 만나 등 이 모든 것들이 다 그리스도의 모형들입니다. 그러나 유대인들은 이러한 메시아의 모습은 외면했습니다. 오직 정죄의 율법만 받아들였습니다. 바로 그 정죄의 율법에 의하여 그들이 정죄를 당하고 있습니다.

본문에 고소한다는 말은 현재형으로 되어 있습니다. 모세의 고발은 지금도 계속되고 있다는 뜻입니다. 유대인뿐만 아니라 모세의 증거를 믿지 않는 모든 사람들을 모세는 지금도 고발하고 있습니다.

왜 믿지 못하는가?

그러면 이러한 풍부한 증거에도 불구하고 사람들은 왜 예수를 믿지 못하는가? 오늘 말씀은 네 가지 원인으로 말씀하고 있습니다.

첫째, 하나님이 보내신 아들을 믿지 않기 때문입니다.

"그 말씀이 너희 속에 거하지 아니하니 이는 그가 보내신 이를 믿지 아니함이라"(38절).

앞서 말씀드린 바와 같이, 유대인들은 하나님을 믿는다고 하면서도 하나님이 보내신 아들은 인정하지 않았습니다. 어떤 증거들이 있다 해도 하나님의 아들이란 존재 자체를 인정하고 싶지 않았습니다. '하나님이 아들을 보내셨어? 그런 일이 어떻게 있을 수 있지?' 하나님의 아들을 인정하지 않는 강한 선입견이 문제입니다.

둘째, 사람들이 생명을 얻는 데 무관심하기 때문입니다.

"그러나 너희가 영생을 얻기 위하여 내게 오기를 원하지 아니하는도다"(40절).

미국 대형 마트에서 세일하는 날이면 아비규환입니다. 미리 문앞에 몰려와서 대기하다가 땡 하면 일제히 매장으로 달려듭니다. 마치 쓰나미에 밀려가는 것 같습니다. 없어도 살 수 있는 물건 몇 가지 건지려고, 그것도 공짜도 아니고 돈 주고 사는 건데, 엄청난 공을 들입니다. .

그런데 영생을 얻는 문제에는 도무지 관심이 없어요. 밤잠 낮잠

다 자고 갈 데 다 가고, 시간이 남아서 기지개를 켜면서도 교회에는 나오지 않습니다. 돈 주고 사는 것도 아니고 공짜로 줘도 안 옵니다. 육신의 손톱이 곪으면 애간장이 타면서, 영원한 운명에는 흥미가 없습니다. 어린아이들은 먼 장래를 생각할 줄 모릅니다. 당장에 배고프면 울고, 먹을 것 주면 대만족입니다. 세상 사람들은 이와 같은 영적 유아들입니다. 돈 몇 푼 생기면 기뻐하고, 사라지면 슬퍼합니다. 하찮은 자존심 상했다고 싸우고, 추켜 주면 우쭐합니다. 잠깐의 즐거움 때문에 에이즈, 가정 파괴의 리스크를 껴안습니다. 그러면서도 영생 문제만은 남의 나라 얘기로 듣습니다. 영생에 대한 무관심! 이것이 바로 불신앙의 원인입니다.

셋째, 하나님을 사랑하는 마음이 없기 때문입니다.

"다만 하나님을 사랑하는 것이 너희 속에 없음을 알았노라"(42절).

신앙은 종교적 의전이 아닙니다. 교리도 아니고, 성경 지식도 아닙니다. 오직 하나님과의 사랑의 관계입니다. 하나님의 사랑을 깨닫고, 하나님을 사랑하는 것이 신앙입니다. 주님은 서기관과의 문답에서 이렇게 말씀하셨습니다.

"첫째는 이것이니 이스라엘아 들으라 주 곧 우리 하나님은 유일하신 주시라 네 마음을 다하고 목숨을 다하고 뜻을 다하고 힘을 다하여 주 너의 하나님을 사랑하라 하신 것이요"(막 12:29-30).

우리는 하나님이 두렵기 때문에 믿는 것이 아닙니다. 하나님이 한두 가지 복을 주시기 때문에 믿는 것도 아닙니다. 우리는 하나님과

뗄 수 없는 생존적인 관계에 있기 때문입니다. 하나님은 우리를 지으셨고, 지금 이 순간에도 우리의 생명을 공급하시고 모든 삶의 환경을 제공해 주십니다. 한 끼의 양식도, 아름다운 의복도, 편안한 거처도, 생수 한 모금도, 한 숨의 산소도 다 하나님의 선물입니다. 하나님은 인간 생존의 제공자이십니다. 이러한 하나님을 중심에서 사랑하시기 바랍니다.

오늘 말씀은 아가페란 단어를 사용합니다. 생존의 제공자이신 하나님께 대한 헌신입니다. 유대인들은 하나님을 사랑한 게 아니라 '하나님에 관한 그들의 사상'을 사랑했습니다. 오늘 우리 중에도 하나님을 사랑하는 것이 아니라 하나님에 관한 나의 생각을 사랑하는 경우가 많습니다.

> "인자야 네 민족이 담 곁에서와 집 문에서 너에 대하여 말하며 각각 그 형제와 더불어 말하여 이르기를 자, 가서 여호와께로부터 무슨 말씀이 나오는가 들어 보자 하고 백성이 모이는 것같이 네게 나아오며 내 백성처럼 네 앞에 앉아서 네 말을 들으나 그대로 행하지 아니하니 이는 그 입으로는 사랑을 나타내어도 마음으로는 이익을 따름이라 그들은 네가 고운 음성으로 사랑의 노래를 하며 음악을 잘하는 자같이 여겼나니 네 말을 듣고도 행하지 아니하거니와 그 말이 응하리니 응할 때에는 그들이 한 선지자가 자기 가운데에 있었음을 알리라"(겔 33:30-33).

로버트 홀(Robert Hall)은 우리가 하나님을 사랑하고 있는지 확인하는 방법을 이렇게 말합니다. "첫째, 하나님의 통제 아래 있는가? 둘째, 하나님과 친밀한 교제를 갖고 있는가? 셋째, 하나님의 말씀을 사모하고 있는가? 넷째, 하나님의 백성을 사랑하고 있는가? 다섯째, 하나님의 아들을 사랑하고 있는가? 여섯째, 은혜에 감사하고 있는가? 일곱째, 죄에 대하여 얼마나 예민한가? 여덟째, 이 세상 풍조에 영향 받지 않는가?"

요즘 매일성경을 통하여 시편 18편을 보셨습니까? "나의 힘이 되신 여호와여 내가 주를 사랑하나이다"(시 18:1), 이 고백을 하시기 바랍니다.

넷째, 사람의 영광만 취하기 때문입니다.

> "너희가 서로 영광을 취하고 유일하신 하나님께로부터 오는 영광은 구하지 아니하니 어찌 나를 믿을 수 있느냐"(44절).

바리새인들은 하나님의 영광을 찾기 전에 인간들의 영광을 자랑했습니다. 자신들이 모세의 직계 제자들이라는 자랑 때문에 시장에서나 거리에서나 잔칫집에서나 상석에 앉기를 즐겼습니다. 경문을 넓히고, 옷술을 남들보다 유별나게 장식하고, 자신을 드러내기를 힘썼습니다. 사람들은 이렇게 자기 이름을 자랑하는 자들은 환영하고, 예수님처럼 아버지의 이름으로 오신 분은 배척했습니다. 요즘 교인들은 목사보다는 저명인사의 연설에 관심이 많습니다. 특별 집회에 목사가 설교하면 오지 않습니다. 탤런트, 운동선수, 가수, 정치인, 튀는 연사가 와야 사람들이 모입니다.

예수님 당시의 대중들을 상상해 보십시오. 공회원이 부르고, 헤롯 임금이 부르고, 로마 총독이 부른다면 얼마나 많은 사람들이 몰려왔겠습니까? 그런데 하나님의 아들이 부른다고 하니까 오는 사람들이 별로 없었습니다. 그러나 인간의 영광을 따르는 것이 과연 내 인생에 무슨 결과가 있겠습니까? 아무 효험도 없습니다. 하나님은 보시고, 들으시고, 아십니다.

"너희가 나를 대적하여 입으로 자랑하며 나를 대적하여 여러 가지로 말한 것을 내가 들었노라"(겔 35:13).

인간의 영광을 자랑하는 것 때문에 하나님께로부터 오신 예수 그리스도의 영광을 볼 수 없습니다.

심판주 예수를 믿으라

예수 그리스도는 인류 유일의 구주시며 심판자이십니다. 이런 사실을 오늘 본문 말씀은 다섯 가지로 증거하고 있습니다. 세례 요한이 증거했습니다. 예수님의 이적들이 증거했습니다. 하나님 아버지께서 친히 음성으로 증거하셨습니다. 하나님이 기록하신 성경이 증거했습니다. 모세가 증거했습니다. 성령도 우리 안에서 증거하십니다.

더 이상의 증거가 필요 없습니다. 예수님은 아담 이후 존재한 모든 인류의 심판자이십니다. 예수님은 현재에도 전 세계 사람들을 판결하고 계십니다. 주님은 상선벌악(賞善罰惡)의 주관자이십니다. 성도의 삶에 깊이 관여하고 계십니다. 뿐만 아니라, 역사의 마지막 법정에서 우리를 판결하실 재판장이십니다. 단 한 사람의 예외도 없이 주님의 심판대 앞에 설 것입니다.

하나님은 오늘 우리가 주님을 믿기 원하십니다. 믿음을 가로막는 원인들이 있습니다. 하나님 아버지는 인정하면서 그가 보내신 아들을 인정하지 않는 불신앙, 즉 예수께 대한 불신앙입니다. 영생에 대한 무관심입니다. 현세주의, 물질주의입니다. 하나님을 사랑하지 않는 영적 무감성입니다. 사람의 영광만 취하려는 인본주의입니다. 이런 것들에서 벗어나야 합니다.

주님을 믿고 주님께 맡기십시오. 주님 손에 우리의 영원한 운명이 달려 있습니다. 세상 떠나기 전에 주님을 구주로 믿고 영접하십시오. 주님은 지금 자기를 의지하는 모든 사람들을 사면하고 계십니다. 주님을 믿고 의지하는 자에게 하나님의 자녀가 되는 권세를 주십니다. 하나님의 자녀가 되는 축복, 구원의 복을 받으십시오! 그보다 더 큰 축복은 없습니다. 할렐루야!

요한복음 설교 1
사람의 몸으로 오신 하나님

2013년 2월 20일 인쇄
2013년 2월 25일 발행

지은이 | 김영규
발행인 | 이형규
발행처 | 쿰란출판사

주소 | 서울특별시 종로구 이화동 184-3
TEL | 02-745-1007, 745-1301~2, 747-1212, 743-1300
영업부 | 02-747-1004, FAX / 02-745-8490
본사평생전화번호 | 0502-756-1004
홈페이지 | http://www.qumran.co.kr
E-mail | qrbooks@gmail.com
qrbooks@daum.net
한글인터넷주소 | 쿰란, 쿰란출판사

등록 | 제1-670호(1988.2.27)

책임교열 | 박은아 · 김향숙

값 13,000원

ISBN 978-89-6562-415-8 93230